ポイント

レクチャー

POINT LECTURE

テーマ別

世界史

編
角田展子
TSUNODA HIROKO

山川出版社

はじめに
―『ポイントレクチャー　テーマ別世界史』の目的と使用方法―

　本書は，高校世界史の内容をさまざまなテーマで再構成し，一部を空欄にした解説と，大学入試問題による演習を組み合わせた学習参考書です。世界史学習の基本には，教科書にしたがって古代から現代の歴史の流れをおさえる，または各国史や地域史のようにある地域をタテで俯瞰していくなどの方法がありますが，本書では通史学習を一通り終えたあとを想定し，テーマごとに整理する形をとっています。

　大学入試問題はあるテーマにそってつくられることが多いので，このようにテーマごとに整理することは対策としても有効です。本書ではテーマごとに問題演習を設けていますので，解説を読み空欄を埋めたあとは，そちらにも挑戦してみましょう。大学入試問題で問われるのはどういった点なのかが自ずとわかってくると思います。

1 本書のコンセプト

　高等学校で学習する世界史の内容を29のテーマで整理しました。例えば，「テーマ14　感染症の歴史」では，古代から現代，オリエントから中国といったように時代や地域をまたいで歴史上重要な感染症をとりあげ，社会に与えた影響にもふれています。各テーマはいたずらに奇をてらったものではなく，大学入試問題でもよく問われるものを中心に選びました。また時には，テーマをより深く理解するために教科書には載っていない細かな知識も加えていますが，基本的には教科書の記述をベースにしています。

2 本書の利用方法

①必ずしもテーマ1から順番に学習する必要はありません。どのテーマでも興味を持ったテーマから始めてみましょう。空欄やゴチック体にした用語は通史学習でも重要なものなので，しっかり覚えましょう。なお，テーマ内では通史の説明を省略している場合もあるので，教科書や資料集，用語集などもあわせて確認するとより効果的です。

②解説を理解したら，問題演習で大学入試問題に挑戦しましょう。各テーマでは，できるかぎり大学入試センター試験や私立・国公立大学で出題された問題をまんべんなく紹介し，論述問題も取り入れました。論述問題に取り組めるならばそのテーマを理解したともいえるので，ぜひ挑戦してください。

③本書の随所で，テーマに関連する映画や書籍，史料を紹介するとともに，コラムも設けています。歴史の勉強は教科書だけではありません。もちろん後世の作品はフィクションですが，その時代や人物，歴史的なできごとのイメージをつかむために映画や書籍から得られるものは大きいです。また，どこが史実と違うのかを意識しながら作品を見るなど，楽しんで世界史の学習にとりくむ工夫をしてみるのも良いでしょう。

　世界史上のテーマは無限大にありますから，本書では取り上げられなかったテーマもまだたくさんあります。テーマ史に興味を持ったみなさん，ぜひ自分なりのテーマを見つけ，そのテーマをもとに歴史を再構成してみましょう。その作業は近年重要視されている探究活動にもつながります。高校で世界史を学習するみなさんが，本書をきっかけに歴史を広くとらえ，歴史を学ぶ楽しさを感じ取ってくれたら，筆者としては望外の喜びです。

編者　角田展子

目　次

第1部　政治史・社会史

第2部　文化史・交流史

第 1 部

政治史・社会史

1 移民史

POINT 移民を送り出す要因 ＝ PUSH要因 例：宗教・政治・経済上の混乱など ┐双方に
　　　　　　移民を引きつける要因 ＝ PULL要因 例：労働力の需要，社会の安定など ┘注目！

1 アメリカ合衆国への移民

(1) 北アメリカ植民地建設期〜19世紀半ば

- イギリスやオランダ，スウェーデンなど西欧・北欧からの移民が中心
- 移住した人々の多くはアングロ＝サクソン系で，プロテスタントを信仰
  - →アメリカ社会の中心層を形成し，(^{1}　　　　　　)(White Anglo-Saxon Protestant)と呼ばれる

> (1)・(2)の時期の移民 ＝旧移民

(2) 19世紀半ば〜1880年代

- 1840年代以降，(^{2}　　　　　　　)からのカトリック系移民が急増
  - ※ **PUSH要因**：1840年代後半の(^{3}　　　　　　)**飢饉**…($\ 2\ $)の総人口840万(1844年当時)が660万(51年)に減少。100万人以上が餓死し，80万人以上がアメリカへ移住
  - ※第35代アメリカ大統領のケネディは，この時期の($\ 2\ $)移民の家系

(3) 1880年代以降

> (3)の時期の南欧・東欧からの移民 ＝新移民

- イタリア(南イタリアやシチリア島出身者が中心)などの南欧や，ロシア〈(^{4}　　　　　)**人**が中心〉などの東欧からの移民が急増
  - →識字率の低い貧農出身者が中心で，その多くが都市の下層労働者となる。宗教的にはカトリック・($\ 4\ $)教・ギリシア正教が大半を占める
  - ※ **PUSH要因**：1880年代以降，ロシアでは(^{5}　　　　　　)と呼ばれるユダヤ人への集団略奪・虐殺が多発
  - ※ **PUSH要因**：イタリアでは，1861年のイタリア王国成立後も南北間の経済格差が続く → 南イタリアやシチリア島は大地主による農業経営が中心で，農民の多くは貧しい小作人

確認！　19世紀を通じたアメリカ移民のPUSH・PULL要因

PUSH要因：**19世紀におけるヨーロッパ社会の変化**
- ヨーロッパでの人口急増 → 余剰人口の流出
- 第2次産業革命による急激な工業化 → ヨーロッパ内の伝統的社会秩序(農村社会)の崩壊
- 交通革命による移動手段の発達(鉄道網の発達や蒸気船の普及) → ヒトの移動の活発化
- ※直接要因…ジャガイモ飢饉(アイルランド)，ポグロム(ロシア)，南北の経済格差(イタリア)

PULL要因：**アメリカの西部開拓や経済的発展**
- 1848年，カリフォルニアで金鉱発見 → (^{6}　　　　　　)がおこって移民が急増
- 1862年(南北戦争中)，(^{7}　　　　　　)**法**制定 → 戦後に西部開拓が進展
- 1865年，南北戦争終結 → 同年の憲法修正第13条による(^{8}　　　　　)**制の廃止**や，その後のアメリカの工業化の進展 → 黒人($\ 8\ $)に代わる新たな労働力需要の増大

エリス島と「自由の女神」像

19世紀半ば以降，アメリカには毎年100万人以上が移住した。移民はまずニューヨーク・エリス島の移民管理局に赴き，審査をパスしなければならなかった。エリス島の隣のリバティー島には，アメリカ独立承認100周年を記念して，フランス国民の募金によって1886年に「自由の女神」像が建てられ，以後，自由の国アメリカの象徴として移民を迎え入れた。なお，移民管理局の建物は現在，移民博物館として整備されている。同館には当時の移民審査を再現したコーナーや，来館者がコンピュータで自分のルーツを検索できるシステムもあり，移民の歴史を学べるようになっている。

シチリア移民と「ゴッド・ファーザー」

シチリア島には「マフィア」と呼ばれる非合法犯罪組織があり，移民とともにアメリカでもマフィアが組織されたが，そこには移住先での相互扶助組織としての一面もあった。映画「**ゴッド・ファーザー**」シリーズ（マリオ＝プーゾ原作，フランシス＝フォード＝コッポラ監督）は，シチリア移民からニューヨーク・マフィアのボスとなった男の一生を描いている。

ラテンアメリカへの移民

ラテンアメリカ（とくにアルゼンチン）も，19世紀後半には牧畜業・食肉産業の発展を背景に，多くの移民を受け入れていた。イタリア人のデ＝アミーチスによる小説『クオーレ』（1886年）のなかの一編は，イタリアからアルゼンチンへの移民をテーマにした作品で，のちの日本のテレビアニメ「母をたずねて三千里」の原作としても知られている。

⑷ 19世紀後半以降のアジア移民の拡大

● 1863年のリンカンによる（⁹　　　　　　　）**宣言**や，65年の奴隷制の廃止（憲法修正第13条）を背景に，アメリカでは**黒人奴隷に代わる安価な労働力の需要**が増大 → 中国人移民の急増

● 中国人やインド人などアジア系の下層労働者は（¹⁰　　　　　　　）（苦力）と呼ばれ，北アメリカでは，とくに労働力が不足していた西海岸（カリフォルニア）で労働に従事

※ **PUSH要因**：1860年の（¹¹　　　　　）**条約**…中国人の海外渡航や移民を解禁

※（　10　）は，1869年に開通した最初の（¹²　　　　　　　）建設にも従事

● 19世紀後半，長時間・低賃金で働く中国人移民に脅威を感じたアイルランド系などの下層白人労働者を中心に，中国人移民への排斥運動が高まる

→1882年，移民法（最初の制定は1875年）が改正〈（¹³　　　　　　　）**法**とも呼ばれる〉され，**中国人労働者の移民が禁止される**

● 19世紀末以降，アメリカへの日本人移民が急増

※ **PUSH要因**：明治政府による日本人の海外渡航の解禁

→とくに太平洋のハワイには，集団移民がおこなわれる

● 19世紀末以降，欧米では黄禍論（黄色人種〈アジア人〉の脅威を強調してこれに対抗すべきと説く，白色人種による抑圧論）が主張される

→カリフォルニアなどでは，長時間・低賃金で働く日本人移民への排斥運動が高まる

ⅰ）1906年，サンフランシスコで東洋人学校への転学を強制する日本人学童入学拒否事件が発生

ⅱ）1924年，（¹⁴　　　　　）**法**が改正され，**日本人を含むアジア系移民が全面的に禁止される**

　　※東欧・南欧の新移民も国別割当制とし，大幅に制限

● 第一次世界大戦後の1920年代，社会主義への反発なども背景に，伝統的な白人社会の価値観が強調されて保守的な風

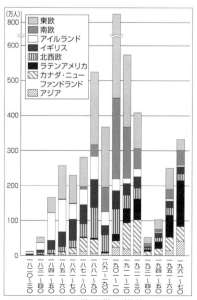

■アメリカへの移民数の推移

（凡例）東欧／南欧／アイルランド／イギリス／北西欧／ラテンアメリカ／カナダ・ニューファンドランド／アジア

潮が高まる → 1920年，(^{15} 　　　　　　　　　　　)**事件**…イタリア系移民で無政府主義
者とされた二人が殺人事件の犯人とされた事件。証拠不十分なまま27年に死刑が執行される
- 1930〜40年代，ナチス＝ドイツからの避難・亡命者（ユダヤ系の科学者・芸術家が中心）が移住

(5) 20世紀後半の移民をめぐる動き

- 1948年，(^{16} 　　　　　　　　)**宣言**…第13条（「すべて人は，自国その他いずれの国をも立ち去り，及び自国に帰る権利を有する」）で，移民の自由が認められる

- 1965年，移民法が改正され，有色人種に対する移民禁止政策が撤廃されるとともに，人数制限も大幅に緩和される
  → 70年代以降，ラテンアメリカ系（ヒスパニック）やアジア系の移民が増加
  ※ PUSH要因：内戦などの政治的混乱
  ※ PULL要因：雇用など経済的安定
- 移民をめぐる社会問題の一方，移民出身者が新産業や文化を開拓
  → アメリカ社会の潜在的な強み

著名な移民系のアメリカ人
- カーネギー（1835〜1919）…スコットランド系移民。貧困のなかから鉄鋼業で成功し，後年は社会・慈善事業に貢献。
- ガーシュイン（1898〜1937）…ユダヤ系ロシア移民の子孫。音楽家。代表作「ラプソディー・イン・ブルー」。
- ピュリッツァー（1847〜1911）…ハンガリー移民。ジャーナリスト。遺言でピュリッツァー賞を創設。

■カーネギー

2 オーストラリアへの移民

(1) オーストラリアへの移民の開始，白豪主義の形成

- 18世紀後半，イギリスがオーストラリアを領有 → イギリスの囚人を送る流刑植民地
- 19世紀半ば以降，自由移民に加えて，中国人労働者や太平洋諸島民などのアジア系移民が急増
  ※ PULL要因：19世紀半ばの金鉱発見 → ゴールドラッシュ
- 1901年，オーストラリア連邦が移民制限法を制定し，**白人以外の移民を禁止**
  → 白人を優先し，アジア系や先住民アボリジニーなど有色人種を排斥する思想・移民政策である
  (^{17} 　　　　　　)**主義**が国是となる

(2) 白豪主義の消滅

- 1950年代以降，白豪主義への批判が国内外で高まる

> 東欧・南欧からの移民の増加，東アジア諸国との経済的関係の密接化などが背景

- 1967年，住民投票でアボリジニーへの市民権が認められる
- 1973年，移民制限法が撤廃され，白豪主義は消滅 → 多文化主義へ転換

3 華僑・華人（中国人の海外移住者とその子孫）

(1) 華僑・華人と18世紀までの展開

- (^{18} 　　　　　　)…中国本土から海外へ移住した中国人やその子孫の総称。「仮住まい」の意味
  ※近年は移住先に定着して現地の国籍を取得する者も多く，彼らを「**華人**」と呼び，中国籍を保持したままの者を（　^{18}　）として区別する場合もある
- 10世紀以降，宋・元代の海上交易の発展とともに，東南アジア方面に移住する中国人が増加
- 明・清代には（^{19} 　　　　　　）**政策**がとられるが，密航者が絶えず，彼らは法に触れるのを避けるためにそのまま現地にとどまる
  ※ PUSH要因：中国の人口増加，明清交替期の社会混乱　　PULL要因：交易活動の利潤
  → (^{20} 　　　　　　)・(^{21} 　　　　　　)などの中国南部から東南アジアへ多くの中国人が移住

→彼らは強い同郷・同族意識を維持し，移住先で**中国人町**(**チャイナタウン**)を形成

(2) 19世紀半ば〜20世紀前半

- 19世紀半ば以降，華僑の移住先は，東南アジアだけでなくインド・アメリカ・西インド諸島・オーストラリア・アフリカなどへ拡大　※とくに下層労働者は**クーリー**(**苦力**)と呼ばれる

> **確認！　19世紀半ば以降の華僑のPUSH・PULL要因**
>
> PUSH要因　：アヘン戦争(1840〜42年)後の社会的混乱，北京条約(1860年)での海外渡航・移民解禁
>
> PULL要因 ：**欧米での奴隷制廃止を背景とする安価な労働力の需要の増大や，植民地経済の成長**
> - 東南アジア…マレー半島の(^{22}　　　　)**鉱山**での労働など，植民地支配下における労働力需要
> - アメリカ…19世紀半ばの金鉱発見とゴールドラッシュ，黒人奴隷に代わる労働力需要
> - 西インド諸島…奴隷制廃止後のキューバにおけるサトウキビ＝プランテーションでの労働力需要
> - オーストラリア…19世紀半ばの金鉱発見とゴールドラッシュ

- 19世紀後半，アジア間貿易(アジア各地を相互に結ぶ地域間貿易)が成長
  →華僑が活躍し，経済的成功者も輩出 →(^{23}　　　　　　)らの清朝打倒の革命運動を支援
- 東南アジアでは，華僑の経済的成功の一方で，現地商人との軋轢も発生
  ※1911年にインドネシアで結成されたイスラーム同盟(サレカット＝イスラーム)は，当初は華僑商人に対抗するためジャワ商人が設立した相互扶助団体 → のち反植民地・民族主義運動組織
- 19世紀後半，クーリーを扱う貿易は廃止されるが，自由移民は1930年代頃まで継続
  →植民地支配下で徴税などを担った華僑は，東南アジアなど各地の経済・政治面で影響力を保持

(3) 第二次世界大戦後(20世紀後半以降)

- 第二次世界大戦後，東南アジア諸国の独立や中華人民共和国の成立で，華僑をとりまく経済・政治環境が激変 → 多くが移住先の国籍を取得して華人となる一方，現地住民との軋轢も深まる
- 1963年，マレーシアが独立し，現地住民のマレー人への優遇政策をとる → 華人が反発
  →65年，(^{24}　　　　　　　　)が分離・独立(初代首相：リー＝クアン＝ユー〈中国系〉)
- 20世紀末以降，冷戦終結や中国の改革・開放などを背景に，華僑・華人の影響力は拡大

4 印僑(インド人の海外移住者とその子孫)

(1) 印僑とその背景

> 中国人労働者とともにクーリー(苦力)と呼ばれる

- (^{25}　　　　　)…インドから海外へ移住したインド人やその子孫の総称。19世紀半ば以降の大英帝国の拡大にともなって，アフリカ・西インド諸島・東南アジアなど各地のイギリス領へ移住
  ※ PUSH要因　：イギリスの進出による**伝統的な綿織物業の崩壊**や，農村の困窮
  ※ PULL要因 ：欧米での奴隷制廃止(イギリスでは1833年) → **奴隷に代わる安価な労働力の需要**
  →西インド諸島…サトウキビ＝プランテーション，ペルシア湾岸…港湾建設，セイロン島…紅茶プランテーション，東南アジア…マレー連合州における**天然**(^{26}　　　　　　)のプランテーションや鉄道建設，南アフリカ…港湾・鉱山・鉄道建設や綿花プランテーション
- 「インド独立の父」(^{27}　　　　　　　)は，イギリスに留学して弁護士資格を取得後，1893〜1915年まで南アフリカに滞在し，弁護士としてインド人労働者の権利保護に尽力

(2) 印僑の活動や近年の特徴

- 19世紀後半以降，経済的に成功する印僑も登場 → 国民会議などイギリスからの独立運動を支援
- 20世紀後半以降，科学者や医師，IT産業のエンジニアなど，頭脳労働で活躍する移民が増加

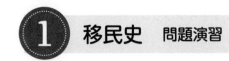

移民史　問題演習

問1　次の年表に示したa～dの時期のうち，アメリカ合衆国において東欧からの移民が急速に増加し始めた時期として最も適当なものを，下の①～④のうちから一つ選べ。　　　　　　　　　　　　＜センター試験　世界史A　2016年＞

```
          a
  1790年  帰化の条件を定めた帰化法が制定される
          b
  1848年  カリフォルニアで，金が発見される
          c
  1924年  国別の移民割当数を定めた移民法が成立する
          d
```

　　①　a　　　　②　b　　　　③　c　　　　④　d

問2　アメリカ合衆国における移民の歴史について述べた次の文aとbの正誤の組合せとして正しいものを，下の①～④のうちから一つ選べ。　　　　　　　　　　　　　　　　　　　　＜センター試験　世界史A　2014年＞

　　a　1920年代の移民法によって，移民受け入れ制限が全廃された。
　　b　強制移住法により，移民はミシシッピ川以西の居留地に移された。
　　①　a―正　b―正　　　　②　a―正　b―誤
　　③　a―誤　b―正　　　　④　a―誤　b―誤

問3　アメリカへの移民に関する記述のうち，最も適切なものを1つ選べ。　　　＜早稲田大学　社会科学部　2016年＞
　　a．1880年代から急増した北欧系・東欧系移民は「新移民」と呼ばれた。
　　b．1902年に制定された中国人移民禁止法は，アメリカ史上で初めての移民制限法であった。
　　c．1830年代半ばからのアイルランドのジャガイモ飢饉の際に大量のアイルランド人がアメリカに移住した。
　　d．1924年に制定された移民法によって日本人の移民は事実上禁止されることになった。

問4　アメリカへのアジア系移民に関する以下の記述の中から，誤っているものを一つ選びなさい。

　　　　　　　　　　　　　　　　　　　　　　　　　　　　　　　　　　　　＜明治大学　政治経済学部　2008年＞

　　A．西部側からの大陸横断鉄道の建設に中国系移民の多くが従事したが，総じて低賃金で過酷な労働を強いられた。
　　B．19世紀の後半，ヨーロッパ系移民を上回るアジア系移民がアメリカに渡ったため，現地社会との摩擦を起こすこととなった。
　　C．日露戦争以後の日本のアジア進出とアジアにおけるアメリカの外交的孤立化を背景として，日米関係の冷却が進み，日系移民に対する排斥運動が高まった。
　　D．アメリカは1924年の移民法で移民管理全般を強化したが，その結果日本人移民は締め出される事となった。

問5　アメリカ合衆国への移民に関して線部が正しくないものをひとつ選びなさい。

　　　　　　　　　　　　　　　　　　　　　　　　　　　　　　　　　　　　＜同志社大学　社会学部　2017年＞

　　①　中国人などのアジア系労働者は，「クーリー（苦力）」と呼ばれて，さげすまれた。
　　②　1840年代半ばに大飢饉が発生したアイルランドから，多くの移民がアメリカに渡った。
　　③　1848年革命で統一が実現したイタリアでは，経済発展から取り残された南部から多くの移民が流出した。

④　1924年に制定された移民法は，東欧・南欧からの移民流入が制限され，<u>日本などアジアからの流入も事実上禁止された</u>。

問6　アメリカは1875年以来，数回にわたり移民を制限する移民法を制定した。1924年の移民法の特徴を1行（50字以内）でしるせ。　　　　　　　　　　　　　　　＜立教大学　異文化コミュニケーション・経済・法　2010年＞

問7　人類の歴史は，移動や移住の歴史でもある。とりわけ大航海時代における「新大陸」と「旧大陸」の出会いにより，その展開は大洋を越えてグローバルな規模にまで拡大した。むろん人口移動の中には自発的なもののみならず，強制されたものもあった。このような移民などの様々な人口移動について，「新大陸」と「旧大陸」の相互連関を中心に，下の語句や表・グラフを参考にして350字以内で論述しなさい。　　　　＜名古屋大学　2009年＞

プランテーション　　　ゴールドラッシュ　　　ジャガイモ　　　移民法

表　アフリカからの人口移動（移動先の地域）

（単位：千人）

	北アメリカ	カリブ海域	ブラジル
16世紀	―	7	50
17世紀	21	497	560
18世紀	348	3599	1686

（推計による概数。その他の移動先は省略）

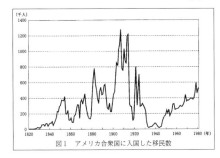

図1　アメリカ合衆国に入国した移民数

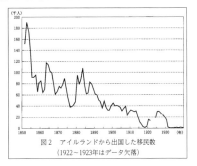

図2　アイルランドから出国した移民数
（1922～1923年はデータ欠落）

問8　19世紀後半から1920年代までの間に，ヨーロッパからはあわせて約5100万人が，北米をはじめ南米やオセアニア地域に向けて移住したといわれる。だが，それに劣らず，アジアからの移民が急増したのもこの時代である。なぜ，この時期にアジアからの移民が急増したのか，その移民たちはどこに向かい，現地の社会にいかなる影響を与えたのか，下記の四つの用語をすべて使って説明しなさい（180字程度）。　　　　＜大阪大学　2012年＞

交通・運輸革命　　　華僑・印僑　　　白豪主義　　　1924年移民法

問9　大西洋からインド洋，太平洋にかけて広がる海を舞台にした交易活動は，17世紀に入り，より活発となり，それにともなって，さまざまな開発が地球上に広く展開されるようになった。それらの開発によって生み出された商品は，世界市場へと流れ込んで人々の暮らしを変えていったが，開発はまた，必要な労働力を確保するための大規模な人の移動と，それにともなう軋轢を生じさせるものであり，そこで生産される商品や生産の担い手についても，時期ごとに特徴をもっていた。

　17世紀から19世紀までのこうした開発の内容や人の移動，および人の移動にともなう軋轢について，カリブ海と北アメリカ両地域への非白人系の移動を対象にし，奴隷制廃止前後の差異に留意しながら論じなさい。解答は，18行（540字）以内で記し，必ず次の8つの語句を一度は用いて，その語句に下線を付しなさい。

＜東京大学　2013年＞

アメリカ移民法改正（1882年）　　　リヴァプール　　　産業革命　　　大西洋三角貿易　　　奴隷州
ハイチ独立　　　年季労働者（クーリー）　　　白人下層労働者

2-1 奴隷史①——世界史における奴隷

POINT ①地域や社会によって，奴隷にもさまざまな形態があったことに注意しよう！
②近代の奴隷貿易が世界史に与えた影響を考えよう！

1 古代～近世

(1) 古代ギリシア

- 古代ギリシア…**奴隷制に立脚した社会**。農業・家内労働・鉱山労働などに奴隷がもちいられる
  ※詩人(^{1}　　　　　　)の『労働と日々』に「奴隷」の記述あり
  ※哲学者(^{2}　　　　　　　　)は，『ニコマコス倫理学』で「奴隷は生命ある道具」と表現
- アテネ…戦争捕虜や没落した市民が奴隷となる
  →人口の約３分の１が奴隷で，家内労働や(^{3}　　　　　　　　)銀山などでの鉱山労働に従事
  →前６世紀初めの**ソロンの改革で**(^{4}　　　　　　)**が禁止**される
- スパルタ…被征服民を(^{5}　　　　　　　　)という奴隷身分の農民とし，農業に従事させる

(2) 古代ローマ

- 古代ローマ…**奴隷制に立脚した社会**。農業・家内・鉱山労働，**剣闘士（剣奴）**などに奴隷がもちいられる
- 前２世紀以降，奴隷を多数使った大土地所有制〈^{6}　　　　　　〉〉が発達
  →前２～前１世紀，奴隷による反乱が頻発
  ⅰ）前135～前132年と前104～前100年，(^{7}　　　　　　)島で二度にわたる奴隷反乱が発生
  ⅱ）前73～前71年，剣闘士(^{8}　　　　　　　　)による大反乱が発生
- パクス＝ロマーナ期以降，奴隷の解放がすすみ，解放奴隷にはローマ市民権が与えられる
  ※奴隷出身者の例：ストア派のギリシア人哲学者(^{9}　　　　　　　)など

> **古代ギリシア・ローマの奴隷の実態**
> 古代ギリシアやローマの奴隷の実態はさまざまで，鉱山や農園で激しい労働に酷使された者もいたが，なかには貴族の子弟の家庭教師や執事のような仕事をした者もいた。パクス＝ロマーナ期のある一日を庶民の目線で描いた『古代ローマ人の24時間——よみがえる帝都ローマの民衆生活』（アルベルト＝アンジェラ著，河出書房新社，2010年）には，古代ローマ社会での奴隷の姿もリアルに描き出されている。

(3) インド社会

- 古代の**ヴァルナ制**における(^{10}　　　　　　　)…おもに先住民からなる隷属的階層で，上位のヴァルナへの奉仕が義務づけられる。当初はヴァイシャの仕事であった農耕・牧畜に従事
- ４～７世紀頃，シュードラの下に(^{11}　　　　　　)と呼ばれる身分階層が形成される
  →（　11　）は賤業視された皮革加工・清掃業などに従事したほか，農業や兵士業にもたずさわる
- 10世紀頃～，(^{12}　　　　　　)（ジャーティ）集団とヴァルナ制が結びつき（　12　）制度を形成
  →19世紀以降，**イギリスの支配下で**（　12　）**制度が強化される**

> ・20世紀，ガンディーは不可触民を「ハリジャン（神の子）」と呼び，差別の撤廃を呼びかける
> ・1947年，インド独立 → 50年，インド憲法施行…17条「不可触民制の廃止」
> →現在は「指定カースト」として，議席や公務員・大学入学の特別枠などの優遇措置が設けられている
> ※アンベードカル…不可触民出身の政治家。独立インドの初代法務大臣として，カースト制による差別の禁止などを規定した憲法を起草

(4) イスラーム社会

● イスラーム社会では，イスラーム法（シャリーア）によって，奴隷
となる条件が「生まれつきの奴隷」（母親の身分が奴隷の場合）か，
イスラーム世界以外からの戦争捕虜に限定される

→中央アジア・スラヴ世界・アフリカなどからの奴隷購入が主流

■ **マムルーク**

i)（¹³　　　　　　　）…アラビア語で「黒人」の意味（ザンジバル
の語源）で，おもにアフリカ東海岸からの黒人奴隷をさす。家
内労働や農業労働などに従事

※（　¹³　）の乱（869～883年）…黒人奴隷をまきこんだイラク南部での反アッバース朝反乱

ii)（¹⁴　　　　　　　　　）…トルコ人・チェルケス人など（ギリシア人・スラヴ人なども含む）の
白人奴隷をさすアラビア語

→とくにトルコ人はすぐれた**騎馬戦士**であり，奴隷として購入された彼らは**イスラーム諸王
朝の軍事力の中心となる**

※サーマーン朝…中央アジアから西アジアへの（　¹⁴　）の供給を開始

● 奴隷は交易の中心商品として，ムスリム商人によって取引される

→インド洋交易の一環として，アフリカ東海岸から奴隷が購入される

● イスラーム教では奴隷の解放が奨励され，解放されれば自由人とほぼ同じ権利を認められる

→スルタンやイマームなど，軍事的・宗教的指導者や学者として成功した事例も多い

確認！　マムルーク出身者が王朝を建設した例

王朝名	興亡年	詳細
(¹⁵　　　　　　)**朝**	977～1187	サーマーン朝のマムルーク出身のアルプテギンが，アフガニスタンにたてた政権を基盤とする王朝
(¹⁶　　　　)**朝**	1077～1231	セルジューク朝のマムルーク出身者が，ホラズム地方（アム川下流域）にたてた王朝
(¹⁷　　　　)**王朝**	1206～90	ゴール朝のマムルーク出身のアイバクが，北インドにたてた王朝
(¹⁸　　　　　　)**朝**	1250～1517	アイユーブ朝最後のスルタン・サーリフの妻シャジャル＝アッドゥッル（奴隷出身）が，サーリフ死後の1250年に（　¹⁸　）軍団によってスルタンに擁立されて開いた王朝 →彼女はわずか80日でスルタン位を新しい夫〈アイユーブ朝の（　¹⁸　）軍司令官〉にゆずり，彼が実質的には初代スルタンとなる

※マムルーク朝では，奴隷購入と教育のシステムを統合したマムルーク制度が成立し，幼少時にマムルークとして購入されたものは，軍人としての教育・訓練を受けたのちに解放されて，主人に絶対的忠誠を誓う軍団を形成した。

2 近世～近代

(1) 大西洋をまたぐ奴隷貿易の拡大

● 16世紀以降，ポルトガル・スペインがラテンアメリカ（中南米）に植民地を獲得

→鉱山開発・プランテーションなどの労働力として，アフリカから黒人奴隷を導入

● 17世紀以降，イギリス・フランスも北アメリカへ進出して植民地を獲得 → アメリカ大陸や西イ

ンド諸島で(^{19}　　　　　　）・藍・サトウキビなどのプランテーションがさかんになる

→黒人奴隷の需要が拡大して，**大西洋**(^{20}　　　　　　）がおこなわれる

●1713年，(^{21}　　　　　　　　）条約（スペイン継承戦争の講和条約）が結ばれ，イギリスが(^{22}

　　　　）と呼ばれるスペイン植民地への独占的な黒人奴隷供給権を獲得

●18世紀末，アメリカ人の(^{23}　　　　　　　）が綿繰り機を発明

→アメリカ南部で綿花栽培が拡大し，**綿花プランテーションでの奴隷需要も急増**

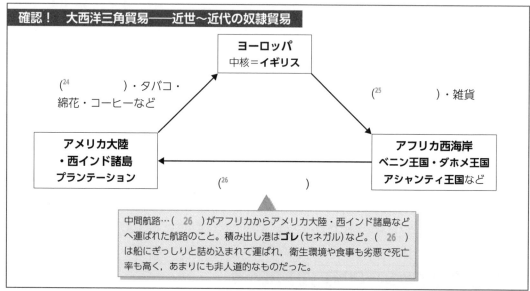

確認！　**大西洋三角貿易──近世〜近代の奴隷貿易**

ヨーロッパ
中核＝**イギリス**

(^{24}　　　　　　）・タバコ・綿花・コーヒーなど

(^{25}　　　　　　）・雑貨

アメリカ大陸
・西インド諸島
プランテーション

アフリカ西海岸
ベニン王国・ダホメ王国
アシャンティ王国など

(^{26}　　　　　　　　）

中間航路…(26)がアフリカからアメリカ大陸・西インド諸島などへ運ばれた航路のこと。積み出し港は**ゴレ**（セネガル）など。(26)は船にぎっしりと詰め込まれて運ばれ，衛生環境や食事も劣悪で死亡率も高く，あまりにも非人道的なものだった。

■**大西洋三角貿易**

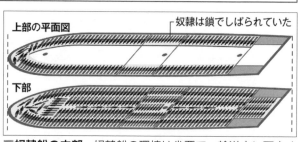

■**奴隷船の内部**　奴隷船の環境は劣悪で，輸送中に死亡するものも多かった。なお，大西洋をわたった奴隷の数は，19世紀までに１千万人以上にのぼると推定されている。

(2) 奴隷貿易が各地域に与えた影響

●イギリス…奴隷貿易で**莫大な利潤**を獲得し，資本を蓄積 → (^{27}　　　　　　）の要因

※奴隷貿易で(^{28}　　　　　　）・ブリストルなどが繁栄

●西インド諸島（ジャマイカ〈英領〉・ハイチ〈仏領〉・キューバ〈スペイン領〉など）…サトウキビやタバコのプランテーションなど(^{29}　　　　　　　　）経済が拡大し，欧米への従属がすすむ

●西アフリカ…奴隷貿易によって１千万人以上がアメリカ大陸・西インド諸島へ送られる

→労働力不足などで人口が停滞し**伝統社会が崩壊**して，甚大な社会的被害を被る

→一方，ギニア湾岸の(^{30}　　　　　　）王国・ダホメ王国・アシャンティ王国などは，奴隷の供給国として利益を得る

⑶ 奴隷制廃止の動き (18世紀後半以降)

- 18世紀後半以降, **啓蒙思想**やフランス革命の人権宣言に代表される**人権思想**, **自由労働の普及** (奴隷労働の非効率性も要因の一つ)などを背景に, 奴隷制廃止の気運が高まる

- 1794年, フランスの(31 　　　　　)が, フランス植民地における奴隷制の廃止を決議
  - →しかし, ナポレオン時代に奴隷制は復活

- 18世紀末以降, フランス植民地のハイチでは, フランス革命の影響を受けて(32 　　　　　
  　　　　　)(「黒いジャコバン」と呼ばれる)を指導者とする奴隷解放運動が高まる
  - →1804年, ハイチは初の黒人共和国として独立を達成し, 奴隷制を廃止

- イギリスでは, 政治家(33 　　　　　)が奴隷解放運動を展開
  - →イギリスは1807年に(34 　　　　　)を, 33年には(35 　　　　　)**制**を廃止

- 1807年, アメリカも奴隷貿易を廃止するが, その後は密貿易がおこなわれる

- 1848年, (36 　　　　　)下のフランスで, 奴隷制の廃止が実現

- 1863年, **南北戦争**中のアメリカで, **リンカン**大統領が(37 　　　　　)**宣言**を発表
  - →65年の**憲法修正第13条**で, **奴隷制が廃止**される

- 1888年, ブラジルで奴隷制が廃止される(アメリカ大陸で最後)

- 1948年, **世界人権宣言**…第4条で奴隷制・奴隷売買が禁止される　※「何人も, 奴隷にされ, 又は苦役に服することはない。奴隷制度及び奴隷売買は, いかなる形においても禁止する」

〔映画紹介〕近代における奴隷制や奴隷解放をテーマにした映画を紹介!

「**アメイジング・グレイス**」(マイケル゠アプテッド監督, 2006年)	イギリスの奴隷制廃止に尽力した政治家, ウィルバーフォースの生涯を描く。
「**アミスタッド**」(スティーヴン゠スピルバーグ監督, 1997年)	1839年に奴隷船アミスタッド号上でおきた黒人たちの反乱と, その後の裁判が主題。実話を忠実に再現し, 奴隷船の悲惨さと, 尊厳のために立ち上がった黒人たちの姿を描く。
「**それでも夜は明ける**」(スティーヴ゠マックイーン監督, 2013年)	19世紀半ばの自由黒人ソロモン゠ノーサップによる奴隷体験記がベース。プランテーションでの奴隷労働の実態がよくわかる。
「**グローリー**」(エドワード゠ズウィック監督, 1989年)	南北戦争の際, 北軍内に創設された初の本格的黒人部隊の姿を描く。

2-2 奴隷史②——アメリカの黒人奴隷制と解放運動

POINT 法律や憲法，ターニングポイントとなった判決の内容を確認しながら，黒人差別をめ
ぐる問題の流れをおさえよう！

1 アメリカにおける奴隷制とその廃止

(1) 南北戦争以前

- 1619年，**ヴァージニア植民地**にアフリカから黒人奴隷が導入される
  → プランテーションでの奴隷労働が急増
  ※「独立の父」ワシントンやジェファソンらもプランテーション農園主として多数の奴隷を使用
- 1775〜83年，(¹　　　　　　　　　)**戦争**…黒人兵士(軍役につくと解放された)が多数参戦
  → 独立後に北部では順次，奴隷制が廃止される　※奴隷制が廃止・禁止された州＝自由州
  ※ヴァーモント州(1777年)・マサチューセッツ州(83年)・ニューヨーク州(99年)など
- 1807年，**奴隷貿易が廃止される**(ジェファソン大統領期) → 以降，新たな奴隷はアメリカには「輸入」されないことになり，これまでの奴隷の子孫が奴隷として売買される　※もちろん密貿易なども横行し，完全に奴隷貿易が廃絶されたわけではない
- 19世紀前半，**北部の自由州と南部の奴隷州との対立が深まる**
  ⅰ) 北部…商工業が発達 → 奴隷制に反対
  ⅱ) 南部…奴隷制にもとづく綿花プランテーションが発達 → 奴隷制の維持をめざす
  → 1820年，(²　　　　　　)**協定**…(　²　)州は奴隷州となるが，以後，北緯36度30分以北には奴隷州をつくらないことを決定 → 南北の均衡がはかられる
- その後も南北対立が激化するなか，**奴隷制廃止主義(アボリショニズム)** の運動が北部で高揚
  ⅰ) 1822年，アメリカ植民協会(1816年結成)が，西アフリカのギニア湾岸に解放奴隷のための植民地を建設し，入植を開始 → 47年，植民地は(³　　　　　　)**共和国**として独立(アフリカ最初の共和国。首都：モンロヴィア)
  ⅱ) 1847年，自由黒人のフレデリック＝ダグラスが週刊新聞『**ノース・スター(北極星)**』の発行を開始 → 奴隷制廃止の論説を展開
  ⅲ) 1852年，白人の(⁴　　　　　　)が，黒人奴隷トムを主人公に奴隷制の悲惨さを描いた小説『**アンクル＝トムの小屋**』を刊行 → 奴隷解放運動が高揚
- 1850年，カリフォルニアを自由州とするが，ニューメキシコ・ユタの2準州は，将来，州に昇格する際に自由州か奴隷州かを住民の意思で決定することとする妥協的な協定が成立

アミスタッド号事件
1839年，アメリカへの奴隷船アミスタッド号内で黒人奴隷が反乱をおこし，逮捕された事件。裁判で黒人奴隷たちは，そもそもアフリカからの移送が非合法であるとし，人間の尊厳と自由を訴えた。孤立無援の黒人たちの弁護士を元(第6代)大統領アダムズが引き受け，判決では黒人たちが勝利し，彼らはアフリカに無事に戻ることができた。

「地下鉄道」
南部の黒人奴隷を北部の自由州に逃亡させた民間の逃亡援助組織。鉄道用語を暗号に使用したためこの名称がある。南北戦争後に奴隷制が合衆国全土で廃止されるまでに4〜10万人の黒人奴隷がこの組織によって北部に逃れ，自由を獲得したといわれる。ストウも仲介者の一人として活躍した。

- 1854年，（⁵　　　　　　　　　　　　　　　）法…北緯36度30分以北の（　⁵　）2 準州の設置に際して，新州における奴隷制の可否を，住民の意思で決定すると定める
  - → ミズーリ協定を無視する内容で，奴隷制の拡大を危惧する北部は反発 → 南北対立が決定的に
  - → 同年，奴隷制に反対する人々が（⁶　　　　　　　　　）を結成
- **最高裁判決** 1857年，（⁷　　　　　　　　　　　　）判決
  - ⅰ）経緯…ミズーリ州の黒人奴隷（　⁷　）は，主人とともに自由州・準州に居住したことがあったため，主人の死亡後，居住により自分は自由身分を得たとみなされるべきと主張して提訴
  - ⅱ）結果…最高裁判所は判決で，そもそも合衆国憲法は（奴隷・自由身分を問わず）黒人を市民として認めておらず，（　⁷　）には裁判をおこす権利自体がないとする。また，奴隷所有は財産権で保障されており，奴隷制を禁止するミズーリ協定は憲法違反であるともする

(2)南北戦争と奴隷制の廃止

- 1860年，共和党の（⁸　　　　　　　　　）が大統領選挙で勝利
  - → これに反発した南部諸州は，連邦からの分離を決定
- 1861年，南部諸州がアメリカ連合国を結成し，（⁹　　　　　　　）戦争が勃発
  - → 18万人以上の黒人兵士が参戦
- 1863年，リンカン大統領が**奴隷解放宣言**を発表…合衆国に対して反乱状態の地域（＝南部）の奴隷を解放すると宣言
- 1865年，北部の勝利で南北戦争が終結

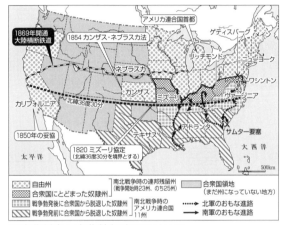

■**南北対立と南北戦争時のアメリカ**

史料　奴隷解放宣言（1863年）　※『世界史史料7　南北アメリカ　先住民の世界から19世紀まで』（歴史学研究会編，岩波書店，2008年）より

1863年1月1日において，アメリカ合衆国に対して反乱の状態にある州，あるいは州の一部が反乱の状態にあると指定された地域において，奴隷とされている者は，それ以後，永遠に自由の身分であるとする。

確認！　南北戦争後の合衆国憲法の修正（1865～70年）

- 1865年，（¹⁰　　　　　　　　　　　　）…黒人の自由権獲得を承認＝**奴隷制の廃止**
  - ※「奴隷制もしくは自発的でない隷属はアメリカ合衆国内およびその法がおよぶ如何なる場所でも存在してはならない」
- 1868年，憲法修正第14条…黒人の**市民権**を承認
  - ※「アメリカ合衆国で生まれ，あるいは帰化した者，およびその司法権に属することになった者すべては，アメリカ合衆国の市民である」
- 1870年，憲法修正第15条…黒人の**選挙権**を承認
  - ※「アメリカ合衆国市民の投票権は，人種，肌の色あるいは以前の隷属状態を理由に，アメリカ合衆国あるいはいかなる州によっても否定または制限されてはならない」
  - ※同年，黒人初の上院議員としてミシシッピ州選出のレヴェルズ議員が当選

- 一方，戦後の南部では，解放された黒人には農地が分配されなかったことから，彼らの多くは（¹¹　　　　　　　　　　）として経済的困難が続く。さらに黒人差別もいぜんとして継続
  - → 南北戦争後の1860年代半ば，テネシー州で白人至上主義の秘密結社（¹²　　　　　　　　　）（KKK）が結成され，黒人への放火・リンチなどをくりかえす

→1890年頃から，南部諸州は州法などで**黒人差別的な法律**(ジム＝クロウ法と総称)を制定し，差別を継続　※黒人の投票権の制限や，公共施設をはじめとするあらゆる場所(学校・水飲み場・バスや鉄道の座席・待合室・レストランなど)を人種ごとに分離

● **最高裁判決** 1896年，**プレッシー対ファーガソン事件判決**

ⅰ)経緯…南部のルイジアナ州では人種ごとに鉄道車両を分離する法律が施行されていたが，「有色」(ただし，その血の8分の1は黒人で，8分の7は白人)のプレッシーは白人専用車両に乗っていたことから投獄され，彼はこうした人種分離を憲法違反として提訴

ⅱ)結果…一審の裁判官ファーガソンは，憲法よりも州法を優先してプレッシーを有罪とする。その後の裁判でも有罪とされると，プレッシーは最高裁判所へ上告

→最高裁判所は一審の判決を支持し，こうした人種分離法について，分離しても提供される施設などの質が平等ならば合憲として，人種差別を合法化(「**分離すれど平等**」の原則)

→以後，1950年代にくつがえされるまでこの原則が支配的となる

❷ アメリカ黒人解放運動の進展

(1)黒人知識人による解放運動の開始

●ナイアガラ運動(1905〜10年)…指導者：(13　　　　　　　　)(パン＝アフリカ会議の指導者としても有名)。黒人の政治的・市民的・社会的権利をめざした運動 → のちNAACPに吸収される
※ナイアガラ(カナダ)は，第1回会議の開催地で，かつての「地下鉄道」の終着地点でもある

●全米黒人地位向上協会(NAACP)(1909年結成)…ナイアガラ運動の流れをくむ，黒人の市民権拡大のための運動組織。白人の自由主義者が中心だったが，デュボイスが黒人で唯一役職につく

(2)第二次世界大戦後——公民権運動の高揚

●第二次世界大戦でも黒人兵士が活躍するが，戦後も南部での人種分離・差別は継続

● **画期的な最高裁判決** 1954年，(14　　　　　　　)**判決**

ⅰ)経緯…南部・カンザス州の黒人(　14　)は，黒人用の学校に通う娘をもっとも近くにある白人用の公立学校に転学させようとしたが，拒否される

→(　14　)は，こうした人種分離制度は「平等ではない」と，その無効を訴える

ⅱ)結果…最高裁判所は，教育における平等を否定しているとして，**公立学校における人種分離制度は違憲**との判決をくだす

→法律上の人種分離は違憲との判例が確定し，「分離すれど平等」の原則がくつがえされる

●ブラウン判決以後，アフリカ系市民を中心に，南部の人種分離・差別制度の廃止を求める(15　　　　　)**運動**が高揚

ⅰ)(16　　　　　　　)**牧師**が，非暴力主義を掲げて(　15　)運動を指導

※(　16　)牧師はアメリカの思想家ソローや，インドの(17　　　　　　　)の影響を受ける

ⅱ)1955年，**バス＝ボイコット運動**…アラバマ州モントゴメリーで，**ローザ＝パークス**がバスの座席を白人にゆずらなかったために逮捕される

→(　16　)牧師の指導で，黒人らはバスの乗車を拒否する運動を1年間続け，56年には最高裁で交通機関での人種差別は違憲との判決を勝ちとる

ⅲ)1957年，**リトルロック高校事件**…ブラウン判決後，人種融合教育がすすんだが，アーカンソー州のリトルロック高校に9人の黒人生徒が入

■ローザ＝パークス

　　私には夢がある。いつの日かジョージアの赤土の丘の上で，かつての奴隷の子孫たちとかつての奴隷所有者の子孫たちが同胞として同じテーブルにつくことができるという夢です。

　　私には夢がある。今，差別と抑圧の炎熱に焼かれるミシシッピ州でさえ，自由と正義のオアシスに生まれ変われる日が来るという夢です。

　　私には夢がある。私の4人の幼い子どもたちが，いつの日か肌の色ではなく人格そのものによって評価される国に住めるようになるという夢です。

I have a dream that one day on the red hills of Georgia, the sons of former slaves and the sons of former slave owners will be able to sit down together at the table of brotherhood.

I have a dream that one day even the state of Mississippi, a state sweltering with the heat of injustice, sweltering with the heat of oppression, will be transformed into an oasis of freedom and justice.

I have a dream that my four little children will one day live in a nation where they will not be judged by the color of their skin but by the content of their character.

■ワシントン大行進で演説するキング牧師

学すると，白人住民が反対・妨害

　　→連邦軍が出動し，黒人生徒は軍の護衛のもとで登校する事態となる

● 1963年8月，奴隷解放宣言100周年にあわせて，黒人差別撤廃を訴える（¹⁸　　　　）がおこなわれる → キング牧師が，「**I have a dream（私には夢がある）**」**演説**をおこなう

● 1964年，（19　　　　　）**法**成立（ジョンソン大統領期）

　　※（　19　）法は1957・60年にも制定されているが，64年のものは史上はじめて，黒人が白人と同じ人間として基本的な諸権利を獲得した，もっとも包括的・画期的な内容

　　→同年，キング牧師がノーベル平和賞を受賞

　　→（　19　）法以降，「**アファーマティブ＝アクション**（積極的差別是正措置）」の考え方が普及

（3）公民権法成立以後

● 公民権法成立後も，白人による差別はいぜんとして続き，キング牧師の非暴力・融和的な運動に対する批判も強まる

　　→全米各地で黒人による暴動が多発（1965年のワッツ暴動〈カリフォルニア〉，67年のデトロイト暴動など）

● 1968年4月，**キング牧師が暗殺される**（テネシー州メンフィスでの「貧者の行進」出発の直前）

　　※同年，キング牧師の誕生日（1月15日）にちなみ，1月の第3月曜日は国民の祝日とされる

● 同年10月，メキシコ＝オリンピックの陸上男子200m表彰式で，金メダルのトミー＝スミス（アメリカ・黒人）と銅メダルのジョン＝カルロス（同）が，黒手袋を付けた拳を突き上げて人種差別への抗議の意思を示す

　　※こうした示威行動は「**ブラックパワー＝サリュート**」と

マルコムX

黒人解放運動の急進的指導者。獄中で黒人イスラーム教徒の組織「ネイション＝オブ＝イスラム」（NOI）に参加し，名前もマルコム＝リトルからマルコムXに改め，釈放後はNOIの指導的な地位についた。その後，メッカ巡礼を機に正統派のイスラームに接し，白人敵視や分離主義的な考えを見直してあらたな運動を開始したが，NOIから裏切り者とみなされて1965年に暗殺された。彼は多くの人物に影響を与えており，人気プロボクサーのカシアス＝クレイは彼の影響でイスラームに改宗して「モハメド＝アリ」と改名し，ベトナム戦争への徴兵も拒否した。彼の生涯を描いた映画「マルコムX」（スパイク＝リー監督，1992年）も見応えあり。

呼ばれる。サリュートは「敬礼」の意味

→オリンピックでの政治的主張と非難され，二人はメダルを剥奪されてIOCから永久追放される

- 1980年代以降，黒人の政治的・社会的地位は上昇するが，一方で黒人間の格差や移民の急増にともなう経済的苦境など，課題は多く残されている
- 1989年，初の黒人州知事として，ヴァージニア州でワイルダーが当選（任90〜94）
- 同年，ニューヨーク初の黒人市長として，ディンキンズが当選（任90〜93）　※公民権法成立以降，黒人市長は各地で誕生していたが，大都市ニューヨークでも黒人市長が誕生

■ブラックパワー＝サリュート

- 1992年，**ロサンゼルス暴動**…スピード違反をおかした黒人へ20人の白人警官が暴行を加えた事件（91年）の裁判（陪審員はすべて白人）で，白人警官全員が無罪となったことをきっかけに発生
- 2001年に初の黒人国務長官としてパウエル（〜05年）が，05年には初の女性黒人国務長官としてライスが就任（〜09年）
- 2008年，初の黒人大統領として，（20　　　　　　）**大統領**が当選（任09〜17）

〔映画紹介〕公民権運動や黒人をめぐるアメリカ社会の変遷を扱った映画を紹介！

「ミシシッピー・バーニング」（アラン＝パーカー監督，1988年）	1964年にミシシッピ州でおきた，公民権運動家3人が殺害された事件を題材に，アメリカ南部での黒人差別の根深さを描く。
「ドリーム」（セオドア＝メルフィ監督，2016年）	1960年代，黒人差別の残るNASA（アメリカ航空宇宙局）を舞台に，三人の黒人女性数学者が差別と闘い，運命を切り開いていく姿を描く。
「デトロイト」（キャスリン＝ビグロー監督，2017年）	1967年のデトロイト暴動で発生した白人警官による黒人青年殺傷事件を描く。事件現場に居合わせているかのような緊張感のある映画。
「グローリー／明日への行進」（エイヴァ＝デュヴァーネイ監督，2014年）	1965年，黒人の有権者登録への妨害に抗議してキング牧師がおこなったアラバマ州でのデモ行進と，このデモを弾圧した「血の日曜日」事件が題材。キング牧師と公民権運動を正面から描いた力作。
「大統領の執事の涙」（リー＝ダニエルズ監督，2013年）	歴代大統領に34年間仕えた黒人執事セシルを通して戦後のアメリカ社会の変遷を描く。引退したセシルがオバマ大統領によってホワイトハウスに招待されるラストシーンに涙。

② 奴隷史①・② 問題演習

問1 奴隷や奴隷制度について述べた文として正しいものを，次の①～④のうちから一つ選べ。

<センター試験　世界史B　2008年>

① アテネではソロンが，債務を負った市民が奴隷となることを防ぐ改革を行った。

② ハドリアヌス帝の時代に，スパルタクスの率いる奴隷反乱が起こった。

③ アクバルが，インドに奴隷王朝を建てた。

④ 南北戦争終結後，リンカン大統領が奴隷解放宣言を出した。

問2 世界史上の奴隷制について述べた次の文aとbの正誤の組合せとして正しいものを，下の①～④のうちから一つ選べ。

<センター試験　世界史B　2013年>

a　古代ギリシアでは，戦争捕虜などを奴隷として使った。

b　アメリカ合衆国では，奴隷が綿花などの栽培に従事した。

① a－正　b－正　　　② a－正　b－誤

③ a－誤　b－正　　　④ a－誤　b－誤

問3 19世紀中ごろまで，アメリカ合衆国の南部諸州では，アフリカ系の人々を労働力として使う奴隷制が存在していた。通常，奴隷所有者はヨーロッパ系の男性であった。所有者が奴隷の売却を決めると，奴隷の家族は離散を強いられることが多かった。1852年に　ア　が著した『アンクル＝トムの小屋』には，競売によって引き裂かれる奴隷家族の悲劇が描写され，奴隷制廃止運動を活気づけた。この運動は，最終的には1863年の　イ　による奴隷解放宣言として結実した。また，奴隷所有者の男性を頂点とする社会のあり方は，奴隷制廃止運動と連携した女性参政権運動からも批判の対象となった。　　　　<センター試験　世界史B　2014年>

文章中の空欄　ア　と　イ　に入れる語の組合せとして正しいものを，次の①～④のうちから一つ選べ。

① ア－ストウ夫人　　　　イ－リンカン　　　② ア－ストウ夫人　　　　イ－ラ＝ファイエット

③ ア－ヘミングウェー　　イ－リンカン　　　④ ア－ヘミングウェー　　イ－ラ＝ファイエット

問4 黒人奴隷貿易や黒人奴隷制度に関する記述のうち，最も適切なものを1つ選べ。

<早稲田大学　社会科学部　2016年>

a．イギリスでは，1807年に世界で初めて奴隷貿易を禁止する法律が，また1833年に奴隷制度を廃止する法律が制定された。

b．アフリカのギニア地方では15世紀から19世紀の間に，ベニン王国，ガーナ王国，ダホメ王国などの黒人王国がアメリカ大陸向けの黒人奴隷貿易で繁栄した。

c．イギリスは，1713年のパリ条約で新大陸への奴隷貿易特権（アシエント）をスペインから獲得して以降，大西洋の三角貿易で巨利を得るようになった。

d．北米では1619年にニューイングランド植民地に黒人奴隷がもたらされたのが黒人奴隷貿易の最初とされている。

問5 南北戦争後の黒人を取りまく社会状況に関する記述のうち，適切でないものを1つ選べ。

<早稲田大学　社会科学部　2016年>

a．南部では多くの黒人がシェアクロッパーとなり，貧しい生活を余儀なくされた。

b．テネシー州で結成されたクー＝クラックス＝クランによる黒人への迫害活動が，南部各地に広がった。

c．奴隷から解放された黒人がアフリカに移住し，リベリア共和国を建国した。

d．1865年の合衆国憲法修正第13条によってアメリカの奴隷制は正式に廃止された。

問6　奴隷制廃止をイギリスよりも早く18世紀末に決定したにも関わらず，その後まもなく廃止を撤回したため，最終的にイギリスよりも奴隷制廃止が遅れた国はどこか。　　＜上智大学　神・総合人間科・法・外国語学部　2012年＞

　　a　アメリカ　　　b　スペイン　　　c　ブラジル　　　d　フランス　　　e　ポルトガル

問7　16世紀から19世紀前半にかけてヨーロッパが海外に膨張していく過程で，新しい性格を持つ奴隷制が広がっていった。近代奴隷制と呼ばれるものである。この奴隷制の拡大に関わった国々を明示しつつ，近代奴隷制の特徴と展開過程を300字以内で説明せよ。　　＜京都大学　2001年＞

問8　黒人奴隷制に関する次の文章を読んで，問いに答えなさい。　　＜一橋大学　2017年＞

　　ユネスコが1994年に奴隷貿易，奴隷制の記憶を掘り起こす「奴隷の道」プロジェクトを開始して以降，21世紀に入り，環大西洋世界の奴隷貿易に再び注目が集まっている。国連総会では，①ハイチ革命200周年にちなみ，2004年を「奴隷制に対する闘いとその廃止を記念する国際年」とすると宣言され，また1807年に世界に先駆けて奴隷貿易を禁止したイギリスでは，200周年を前に首相が「遺憾の意」を表明した。

　　下の表は，16世紀以降の環大西洋圏の地域別奴隷輸入数を示したものだが，従来，大西洋奴隷貿易は，英仏などヨーロッパ諸国を起点にアフリカとカリブ海域を結ぶ，主に北大西洋で展開された三角貿易に関心が向けられてきた。だが，表からもわかるとおり，最も多くの奴隷を輸入したのはポルトガルの植民地，ブラジルであり，近年の研究では，ラテンアメリカ地域，とりわけブラジルとアフリカを直接結ぶ南大西洋の奴隷貿易について，その独自のメカニズムに関心が集まっている。

	ヨーロッパ	英領北米	蘭領カリブ	デンマーク領カリブ	英領カリブ	仏領カリブ	スペイン領	ブラジル	アフリカ
1501〜1600	700	0	0	0	0	0	17,400	29,200	0
1601〜1700	2,990	15,100	124,000	18,000	311,300	38,400	225,600	782,200	3,200
1701〜1800	5,320	297,600	294,700	68,600	1,811,800	996,400	146,000	1,990,700	2,300
1801〜1866	0	78,360	25,000	22,000	195,100	86,100	753,500	2,061,380	149,900
	9,010	391,060	443,700	108,600	2,318,200	1,120,900	1,295,500	4,863,480	155,400

（表）環大西洋圏の地域別奴隷輸入数（1501〜1867年）

David Eltis and David Richardson, *Atlas of the Transatlantic Slave Trade*
(New Haven: Yale University Press, 2010)より作成。

　　問い　下線部①にあるハイチ革命を契機に，南北アメリカ大陸における奴隷貿易廃止，奴隷解放の流れは加速した。最後に奴隷制が廃止されたのは，最も多くの黒人奴隷を受け入れてきたブラジル（1888年）であった。この19世紀の南北アメリカ大陸で達成された奴隷解放の歴史のなかで，ハイチとアメリカ合衆国の二つのケースだけは，他とは異なる特徴があったが，それはどのようなものだったか簡潔に答えよ。（100字以内）

3-1 東アジア史の諸テーマ①──中国歴代王朝・制度史の総まとめ

POINT とくに官吏任用制・税制・軍事制度は要チェック！ タテの流れを意識して確認しよう。

1 中国歴代王朝・制度史一覧表

※表中の空欄部分は，事項が詳細すぎたり，諸説あるので，割愛していることを示す

王朝〔首都〕	建国者	統治体制	官吏任用制	土地制度	税制・労役	軍事制度	貨幣
殷（商）〔殷墟〕	湯王	神権政治					貝貨
周〔鎬京→洛邑〕	武王	封建制					**青銅貨幣**（戦国時代）
秦〔咸陽〕	始皇帝が中国統一 ※建国は前8世紀頃	〔中央官制〕**丞相・太尉・御史大夫** 〔地方統治〕**郡県制**			田租・人頭税・労役など	兵役	**半両銭**（銅銭）
前漢〔長安〕	劉邦（高祖）	〔中央官制〕丞相・太尉・御史大夫 ※秦の制度を継承 〔地方統治〕**郡国制 → 郡県制**	**郷挙里選** ※武帝時代に開始	※豪族による大土地所有	田租・人頭税・労役など	兵役	**五銖銭**（銅銭）
後漢〔洛陽〕	劉秀（光武帝）	〔中央官制〕前漢の制度を継承 〔地方統治〕郡県制 ※州を設置	郷挙里選	※豪族による大土地所有	田租・人頭税・労役など	兵役	
魏〔洛陽〕	曹丕（文帝）	漢の制度を継承	**九品中正**	屯田制 ※曹操時代に開始	田租・人頭税・労役など	兵戸制	

王朝	皇帝	制度	官吏登用	土地制度	税制	兵制	貨幣
西晋〔洛陽〕	司馬炎（武帝）	魏の制度を継承	九品中正	占田・課田法	田租・戸調式など		
東晋（南朝）〔建康〕	司馬睿（元帝）	西晋の制度を継承 ※土断法（戸籍整理策）			田租・調など		
北魏（北朝）〔平城→洛陽〕	拓跋珪（道武帝）	中国式の官制を導入 ※三長制（村落制度）		均田制	租・調・労役など	※**府兵制**（西魏以降）	**五銖銭**（銅銭）
隋〔大興城（長安）〕	楊堅（文帝）	〔中央官制〕三省六部（唐代の原型）・御史台 〔地方統治〕州県制 ※郡を廃止	科挙		**租調庸制**	府兵制	
唐〔長安〕	李淵（高祖）	〔中央官制〕**三省六部・御史台** 〔地方統治〕州県制 ※道・府を設置 〔周辺民族統治〕羈縻政策（都護府）		均田制 ↓ **佃戸制** ※地主による大土地所有	租調庸制 ↓ **両税法**・労役	府兵制 ↓ **募兵制**	開元通宝（銅銭）・飛銭（手形）
北宋〔開封〕	趙匡胤（太祖）	〔中央官制〕中書省（門下省を吸収）・枢密院（軍事）・御史台・三司（財政） 〔地方統治〕路・府・州・県	科挙 ※**殿試**の開始	佃戸制 ※地主による大土地所有	両税法・労役	募兵制 ※保甲法	**宋銭**（銅銭）・**交子**（紙幣）
南宋〔臨安〕	高宗	北宋の制度を継承	科挙			募兵制	宋銭（銅銭）・**会子**（紙幣）

元 〔大都〕	フビライ (世祖)	〔中央官制〕 中書省・枢密院・御史台・六部 〔地方統治〕 **行中書省**・路・府・州・県 ※路以下にダルガチ(達魯花赤,監督官)を派遣	科挙の一時停止 ※武人・色目人など実務官僚を重視		両税法 ・ 労役	※モンゴル人が中心	銅銭 ・ 金や銀 ・ **交鈔** (紙幣)
明 〔南京→北京〕	朱元璋 (洪武帝)	〔中央官制〕 六部(皇帝直属) 五軍都督府(軍事) **都察院**(監察) **内閣**(永楽帝時代〜,皇帝補佐) 〔地方統治〕 省・道・府・州・県 ※里甲制(農村統治)	科挙	佃戸制 ※地主による大土地所有	両税法 ・ 労役 ↓ **一条鞭法**	**衛所制** (軍戸)	宝鈔 (紙幣) ・ 洪武通宝 永楽通宝 (銅銭) ・ **銀** ※16世紀に流通増
清 〔瀋陽→北京〕	ヌルハチ (太祖)	〔中央官制〕 六部・都察院 内閣→**軍機処** 〔地方統治〕 省・道・府・州・県 〔藩部統治〕 **理藩院**	科挙 ↓ 1905年廃止		一条鞭法 ↓ **地丁銀制**	**八旗** ・ **緑営** ※清末に郷勇が活躍 ↓ 新軍 (洋式軍隊)	**銀** ・ 銅銭

2 統治体制

(1)殷・周〜春秋・戦国時代

- 殷…王都のもとに多くの邑(城郭都市)が従属する形で成立した,多数の氏族集団の連合国家
  - →殷王は神意を占って国事を決定し,宗教的権威で多くの邑を支配する**神権政治**を実施
    - ※殷王が直接統治する範囲は王都周辺のみ。(^{1}　　　　　)(大邑商)は後期の王都の遺跡
- 周…殷に服属していたが,前11世紀頃に殷を滅ぼして華北を支配
  - →周王は,一族・功臣・土着の首領らに領地(封土)を与えて諸侯とし,その地位・領地を世襲させるかわりに軍役・貢納の義務を課す(^{2}　　　　　)**制**による統治を実施
- 春秋時代…周の権威が衰え,覇者と呼ばれた有力諸侯が列国の主導権をにぎる
- 戦国時代…周王を無視し王を称する諸侯が増加 → 各国が王に権力を集中する富国強兵策を推進

→前4世紀，秦は法家の商鞅による改革で国力を増大

(2)秦・漢〜魏晋南北朝時代

- 前221年，秦王の政（始皇帝）が中国を統一 → **中央集権的な統治体制**を導入
  - 〔中央官制〕(^{3}　　　　　)（行政）・太尉（軍事）・御史大夫（監察）
  - 〔地方統治〕(^{4}　　　　　)**制**…戦国時代から秦で実施していたものを，始皇帝が全国に施行。
    全国を36郡（のち48郡）に分けて郡の下に県をおき，中央から派遣した官吏におさめさせる
- 前漢…秦の制度を継承。一方，全国統治では**郡県制と封建制を併用する**(^{5}　　　　　)制を採用
  → (^{6}　　　　　　　　　　)（前154年）鎮圧後，**実質的な郡県制**となる → 中央集権体制が確立
- 後漢…前漢の制度を継承するが，内政重視の方針をとる。また地方統治では，郡の上に州を設置
- 魏晋南北朝時代…後漢の滅亡以降，華北の「五胡」や華南の漢人による王朝が興亡
  → 北魏は均田制や村落制度の(^{7}　　　　)**制**を実施するとともに，中国の官制や州県制などを
    導入（**漢化政策**）。また西魏は府兵制を創始して，のちの王朝にも影響を与える

(3)隋・唐

- 隋が中国の南北を統一し，**均田制・租調庸制・府兵制による中央集権体制の確立**をめざす
- 隋を倒した唐は，隋の制度を継承 → 律・令・格・式にもとづく(^{8}　　　　　　)体制を整備
  - 〔中央官制〕(^{9}　　　　　)（中書・門下・尚書）・(^{10}　　　　　)（吏・戸・礼・兵・刑・工）・御
    史台　※外交を担当する鴻臚寺などの九寺や，教育機関の国子監などの五監も整備

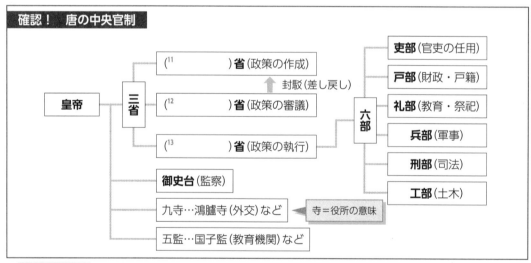

確認！　唐の中央官制

〔地方統治〕(^{14}　　　　　)**制**…道・府・州・県による地方行政区画
　※南北朝時代に州が増加したことを受けて隋は郡を廃止し，州に県を直接管理させる。のち唐
　　が州・県の上に道，州と同級の行政単位として府を設置

- 唐は東西の征服地に(^{15}　　　　　)を置き，その地の有力者に統治をゆだねる（**羈縻政策**）
- 唐中期，均田制・租調庸制・府兵制が崩壊 → 募兵制のもとで(^{16}　　　　　)が辺境を防備
  → (^{17}　　　　　　)（755〜763年）後には，中央政府の統制力が弱まり，有力な節度使が地方の
    行政・財政を握って**藩鎮**として独立の傾向を示す

(4)宋（北宋・南宋）・遼・金

- 宋（北宋）…各地の藩鎮を平定し，中国の主要部を統一 → (^{18}　　　　　)**主義**をとって節度使の
  勢力をそぎ，軍事・行政・財政の政策決定権を皇帝が握る中央集権体制の確立をめざす
  - 〔中央官制〕**中書省**（中書門下省，行政）・**三司**（財政）・**枢密院**（軍事）・**御史台**（監察）

〔地方統治〕府・州・県の上に，唐代の道にかわって**路**がおかれる

● 北方民族の圧迫で北宋の財政が逼迫 → 11世紀後半，(^{19} 　　　　　　　)が改革を実施

● 靖康の変(1126～27年)で北宋が滅亡 → 江南を中心に南宋が存続　※北宋の制度を継承

● **遼**…中国北方の契丹(キタイ)による国家だが，中国内地(燕雲十六州)も支配

　→ 部族制に基づく北面官，州県制に基づく南面官による(^{20} 　　　　　　)**体制**をとる

● **金**…女真による国家。部族制に基づく(^{21} 　　　　　　　　)と州県制による二重統治体制をとる

(5)元

● 元…モンゴル帝国の(^{22} 　　　　　　　)が，中国に支配の重心を移して成立

　→ 中国統治では，伝統的な中央集権の統治体制・官僚機構を取り入れる

　〔中央官制〕中書省(行政)・枢密院(軍事)・御史台(監察)

　〔地方統治〕中書省の出先機関として各地に(^{23} 　　　　　　　)を設置し，その下に路・府・
　州・県をおく　※路以下には**ダルガチ(達魯花赤)**と呼ばれるモンゴル人の長官・監督官を派遣

(6)明

● 明…1368年，(^{24} 　　　　　　　)(太祖)が元を北方に追いやって成立

　→ 元末の混乱をおさめるため，(24)は中書省とその長官の丞相を廃止して(^{25} 　　　　　　)**を
　皇帝に直属させる**など，皇帝のもとに権力を集中させる中央集権体制を確立

　〔中央官制〕**六部**(行政，皇帝に直属)・**五軍都督府**(軍事)・**都察院**(監察)

　　→ 1402年，永楽帝の時代に皇帝の補佐役として(^{26} 　　　　　　)が設置され，のち権限が拡大
　　されて，その主席は事実上の宰相の役割を担うようになる

　〔地方統治〕元代の行中書省を廃止し，省ごとに権限を大幅に縮小した布政使司(行政)・都指
　揮使司(軍事)・按察使司(監察)を設置

● 明は，農村の統制や徴税のために(^{27} 　　　　　　)制を実施

　※(27)制…110戸で1里を構成し，そのうち10戸を里長戸として，残り100戸の甲首戸を10甲
　に分け，10年一巡の輪番で(27)内の徴税事務や治安維持にあたらせる制度

(7)清

● 1616年，中国東北地方で(^{28} 　　　　　　)(太祖)がアイシン(後金)を建国

　→ 35年，ホンタイジ(太宗)が内モンゴルのチャハルを平定 → 36年，国号を清に改称

　→ 44年の明滅亡後，清は北京に遷都し中国全土へ支配を拡大 → 明の統治体制・官僚機構を継承

　〔中央官制〕**六部**(行政)・**都察院**(監察)

　ⅰ)当初は内閣が皇帝を補佐したが，雍正帝時代の1732年に皇帝直属の諮問機関として(^{29}
　　　　　　　)が設置され，のち**内閣にかわる最高決定機関**となる

　ⅱ)清は中国内地・東北地方・台湾を直轄統治する一方，モンゴル・青海・チベット・新疆を藩
　部とし，(^{30} 　　　　　　)(対ロシア外交も担当)に統轄させる
　　※(30)はホンタイジが内モンゴル平定時に設置した蒙古衙門が前身
　　→ それぞれモンゴルではモンゴル王侯が，チベットでは黄帽派チベット仏教の指導者ダライ
　　　=ラマが，新疆ではウイグル人有力者(ベグ)が，清の監督官のもとで現地を支配

　〔地方統治〕全国を18(のち22)省に区分し，その下に府・州・県をおく。各省には巡撫(長官)・
　布政使(行政)・按察使(監察)を設置し，さらに1～3省を統括する総督をおく

● 清末の1911年，新政で軍機処が廃止され，責任内閣制が導入される

❸ 官吏任用制

(1)漢・魏～隋初

- (^{31}　　　　　　　　)…前漢・武帝時代に開始。優秀な人材を地方で選び，**地方長官が中央に推薦**
  - →豪族の子弟が多く推薦されて官僚となる
- (^{32}　　　　　　　　)…魏・文帝(曹丕)時代に開始。中央から派遣された**中正官が，地方の人材を9等級に評価して中央に報告し，中央はそれに見合った官品を与える**
  - →中正官と結びついた有力豪族の子弟が高位の官品を独占 → **門閥貴族**の形成
- 魏以降，九品中正が存続 → 南北朝時代には個人の才能が重視されるようになり，隋で廃止

(2)隋～清

- (^{33}　　　　　　　)…隋・文帝(楊堅)が開始した，**学科試験による官吏任用制度**
  - →門閥貴族への偏重の打破をめざす　※清末の1905年に廃止されるまで存続
- 唐代…科挙を継続・発展
  - ⅰ)試験の構成：郷試(地方での予備試験) → 礼部の試験(貢挙) → 吏部の採用試験(詮試)
  - ⅱ)試験科目：進士科(文学)・明経科(儒学)・秀才科(政治学)

    > 門閥貴族に有利

    →唐代以降，とくに進士科が重視されるようになる
  - ※一方，父祖の功績によってその子孫に無試験で官位を与える制度(「恩蔭」)も併存
- 7世紀末～8世紀初め，皇帝となった(^{34}　　　　　　　)が，科挙官僚を積極的に登用
  - →政治の担い手が門閥貴族から科挙官僚へと転換するきっかけとなる
- 宋代…文治主義を採用し，科挙を官吏登用法の中心として整備
  - →科挙官僚が皇帝の手足として政治を担う体制が確立
  - ⅰ)(^{35}　　　　　　)…太祖(趙匡胤)が導入した，**皇帝みずからがおこなう科挙の最終試験**
    - →皇帝と合格者の結び付きを強めることにより，君主権の強化をめざす
  - ⅱ)試験の構成：州試・解試(地方試験，3年に一度) → 省試(礼部での試験) → (　35　)
    - ※宋代以降，科挙の科目は**進士科に統一**される
  - ⅲ)宋代には，科挙を突破して官界で勢力をのばした人々を中心に(^{36}　　　　　　　)と呼ばれる知識人層が形成され，彼らが政治・社会を主導
- 元代…当初，科挙を停止 → 14世紀前半に復活するが，元では武人や中央アジア・西アジア出身の(^{37}　　　　　　　)など実務官僚が重視され，漢人の士大夫には不利
- 明代…(^{38}　　　　　　　)を官学とし，『四書大全』『五経大全』を編纂して科挙制を整備
- 清代…科挙の受験者数が増大し，科挙制に学校制度が結びつく
  - ※17世紀，科挙制は西欧に伝えられ，イギリス・フランスなどの高等文官採用試験の参考になる

(3)清末以降

- 清末…近代化改革にともない，儒教的教養を重視する科挙への批判が高まる
- 1898年の(^{39}　　　　　　　)で科挙の改革が試みられるとともに，京師大学堂などの新たな教育機関が設立される
- 1905年，光緒新政のなかで**科挙が廃止**される
- 1912年，京師大学堂が北京大学に改称

4 土地制度

(1)春秋・戦国時代～魏晋南北朝時代

- 中国では，春秋・戦国時代の氏族制度の崩壊以降，**小家族(5～6人程度)単位の農業経営**が中心
  - →秦・漢は，皇帝が官僚を通じて小家族の農民を直接支配する体制をめざす
- 一方，漢代には没落した農民を奴隷・小作人として支配下に入れた(^{40}　　　　　)が勢力を拡大
  - →(　40　)の大土地所有を制限する政策もとられるが，効果はあがらず
- 後漢末～魏晋南北朝時代，戦乱で土地を失った農民は，放浪するか豪族の土地(荘園)で隷属
  - →諸王朝は農民生活の安定と税収確保のため，土地所有に介入する政策を実施
    - ⅰ)(^{41}　　　　　)**制**…三国時代の魏で実施された土地制度。荒廃地を官有地として流民や農民に耕作させて(民屯)，収穫の半分以上を徴収 → 魏の重要な財源となる

      > 食料自給のため，辺境の軍隊に耕作させる軍屯は漢代から存在

    - ⅱ)**占田・課田法**…西晋で実施された，土地所有を制限する制度
      - ※占田…身分に応じて土地所有の上限を定め，戸調や兵役を課す
      - ※課田…内容について諸説あり。農民に土地を強制的に割り当てて，収穫の一部を税として徴収した制度とも考えられている
    - ⅲ)(^{42}　　　　　)**制**…北魏で創始された，豪族の大土地所有を制限する土地制度。土地を農民に均等に配分して税を徴収し，死後に返還させる

(2)隋・唐

- 隋・唐は，北朝の均田制を継承・発展

  > ・**口分田**(北魏・隋では「露田」)…死後に返還
  > ・**永業田**(北魏では「桑田」)…子孫に相続可能

<均田制の比較>

	給田対象	露田	桑田	麻田(麻の産地で桑田に代替)
北魏	男(15～69歳)	80畝	20畝	10畝
	女(既婚者)	40畝		5畝
	奴婢	奴80畝，婢40畝	奴のみ20畝	奴10畝，婢5畝
	耕牛(4頭が限度)	1頭：60畝		

	給田対象	露田	永業田	その他の特徴
隋	丁男(18～59歳)	80畝	20畝	●奴婢・耕牛への受給廃止
	妻(18～59歳)	40畝		●煬帝のとき，妻への受給廃止

	給田対象	口分田	永業田	その他の特徴
唐	丁男(21～59歳)	80畝	20畝	●女性への受給廃止 →夫婦単位での給田となる
	中男(18～20歳)			●寡婦には口分田30畝を支給

- 実際には，唐代の高級官僚(貴族)には官人永業田などのかたちで土地所有が認められる
  - →貴族は広大な(^{43}　　　　　)に多くの隷属民を従え，自給自足的な経営をおこなう
- 唐中期以降，人口の増加や商業の発達を背景に，農民のなかで貧富の差が拡大
  - →没落して逃亡する農民が増えて，均田制が崩壊

(3)唐末以降

- 唐末以降の混乱で貴族は没落し，荘園を失う → **新興の地主層**が土地を買い集め，それらの土地

を(⁴⁴   )と呼ばれる小作人に貸し，小作料をとる方法で経済力を伸ばす
- 宋代以降，佃戸の労働による**地主の大土地所有・経営が一般化**

5 税制・労役

(1)古代
- 古代から中国では，田の面積に応じた**田租**や国家への労働奉仕である**労役**(建設・土木工事，税の徴収・運搬など)，一人一人に課される人頭税など，さまざまな負担が存在
  ※**人頭税**…一人一人に対して一律に同額を課す租税の形態。税を払う能力の有無にかかわらず課されるので，不公平な税とされる

(2)魏～唐──租調庸制と両税法
- 3世紀後半，西晋の武帝は**戸調式**と呼ばれる税制を施行…人頭税に代えて戸ごとに絹などで物納させる　※この制度は，3世紀前半に魏の曹操が創設したものが原型
- 5世紀末，北魏が均田制に基づいて農民に租・調および労役を課す → 北朝で継続
- 隋は，北朝の制度を継承して(⁴⁵   )**制**を整備・実施
  ※労役のうち，**国家への正役と地方官庁への雑徭を分けて，正役を庸とする**
  →唐代の(　⁴⁵　)制…**租**：粟(籾殻つきの穀物)2石(約120リットル)，**調**：絹布2丈(約6メートル)と綿3両(約110グラム)，**庸**：年間20日の国家への労役(絹布などで代納可)，雑徭：年間40日の地方官庁への労役
- 唐中期，均田制とともに租調庸制が崩壊 → 780年，唐は(⁴⁶   )**法**を導入
  ⅰ)従来の諸税を一括して，**現実に所有している土地に応じて夏(6月)と秋(11月)の年2(両)回の税を課す**
  〔均田制の崩壊や土地所有の不均等を容認〕
  ⅱ)**銭納が原則** 〔貨幣経済が進んでいる実態に対応〕
  ⅲ)租調庸制では税の歳入にあわせて歳出が決められていたが(「量入制出」)，(　⁴⁶　)法では，歳出の予算を決めて，それに応じて税額を決めるかたちに転換(「量出制入」)
  →現実的な税制であったため，16世紀後半(明代)まで歴代王朝が継続 〔さまざまな労役も存続〕

(3)宋
- 貨幣経済の発展にともなって，労役を貨幣納入で代替するケースが増加
- 王安石による(⁴⁷   )**法**では，希望者をつのって差役(税の徴収・運搬などの労役)にあたらせて給料を支給し，人民から徴収した免役銭をその財源とする 〔差役は重い負担で破産する農民も多かった〕

(4)明・清──一条鞭法と地丁銀制
- 16世紀，明代の中国では**メキシコ銀・日本銀の大量流入**を背景に，農村まで貨幣経済が浸透
  →銀による納税が一般的になる一方，時代がくだるにつれて両税法は複雑化し，労役による徴税・運搬なども困難となる → 明は(⁴⁸   )を導入し，税の簡便化をはかる
  ⅰ)各種の税や労役を**銀に一本化して納入** 〔労役(人頭税)自体がなくなったわけではない〕
  ⅱ)全国一斉ではなく，まず江南・浙江地域から実施。1580年代(万暦帝時代)に全国実施
- 18世紀前半，清は税制の簡略化のため(⁴⁹   )**制**を導入
  ⅰ)丁銀(人頭税)を地銀(土地税)に組み込んで一括化 〔●課税対象は土地のみ ●形式上，**古代からの労役＝人頭税が消滅**〕
  ⅱ)康熙帝時代の末期に始まり，雍正帝・乾隆帝時代に全国へ普及

確認！ 中国史における労役・人頭税の変遷

- 古代より，労役(国家への労働奉仕)や人頭税が存在
- 北朝〜唐…**租調庸制** ※庸や雑徭＝国家への労働奉仕
- 唐中期以降…**両税法** ※労役も存続
- 宋…貨幣経済の発展にともない，労役の銭納が一般化 (労役が人頭税の性格をおびる)
- 明…**一条鞭法**の導入 → **土地税と各種の労役(人頭税) を一括して銀納化**

    ※労役(人頭税)そのものがなくなったわけではない
- 清…**地丁銀制**の導入 → **丁銀(人頭税)を土地税に組み 込んで一括化** ※課税対象は土地のみとなり，古代よ り続いていた人頭税が形式的に消滅

地丁銀制導入の背景

18世紀前半，民衆は丁銀(人頭税)を回避するため家族構成を正確に申告しなかった。一方，この時期の清は税収が豊かで国庫に余裕があったこともあり，1712年に康熙帝は即位50年を記念して，前年の丁銀対象者約2462万人を定数とし，それ以後に生まれた者には丁銀を課さないこととした。丁銀を課されなくなった者を盛世滋生人丁(「太平の世に増えた者」の意味)と呼ぶ。以後，丁銀額が固定化され，税制は地銀(土地税)に組み込んで一括銀納となった(地丁銀制)。さらに雍正帝の時代には，人頭税の全面廃止にふみきった。

6 軍事制度

(1)魏〜唐

- 3世紀，曹操が**兵戸制**を創始…世襲的に兵役を担う特定の兵戸と一般農民を区別
- 6世紀半ば，北朝の西魏が，均田制で土地を支給された農民から徴兵する(^{50})**制**を創始 → 隋・唐も(50)制を継承・整備

    ⅰ)唐では，各地に折衝府をおいて農民から3人に1人の割合で徴兵し，3年に1回の頻度で農閑期に訓練をほどこして，**衛士**(都の警備)や**防人**(辺境の警備)とする

    ⅱ)農民は兵役期間中の租税を免除されたが，武器・食料などは自弁 → 重い負担となる
- 唐中期，均田制・租調庸制とともに府兵制が崩壊 → 8世紀前半，唐は傭兵をもちいる(^{51})**制**に転換 ※**節度使**…(51)制軍隊の指揮官

(2)唐末〜宋

- 唐後半以降，有力な節度使が地方の行政・財政を掌握 → (^{52})として独立の傾向
- 宋も募兵制による軍隊を編成 → 一方，節度使の勢力をおさえるため，節度使に欠員が出るたびに文官をあてて兵力・財力を奪い，皇帝の**親衛軍(禁軍)**も強化
- 11世紀，王安石が新法の一つとして，兵農一致の強兵策である**保甲法**を導入

(3)モンゴル帝国・元

- 13世紀，モンゴル帝国のチンギス＝ハンが軍事・行政組織の(^{53})**制**を創始

    →旧来の氏族制を廃止して全遊牧民を95の千戸に分け，その下に百戸，十戸をおく
- フビライが建てた元は，中国の官制を取り入れて枢密院をおき，華北に軍戸(軍人)の戸籍を設けるが，軍事力の中心は**モンゴル人**が担う

(4)明

- 14世紀後半，明が，唐の府兵制をモデルにした(^{54})**制**を創始

    ⅰ)民戸(一般人)とは別に，世襲の軍戸(軍人)の戸籍を設け，軍戸から軍を編成

    ⅱ)構成：百戸所(112人)－千戸所(百戸所×10＝1120人)－衛(千戸所×5＝5600人)

(5)清

- 17世紀前半，アイシン(後金)を建てたヌルハチが，軍事・行政組織の(^{55})を編成

    ⅰ)満州族を再編成した「**旗**」と呼ばれる**8つの軍団**からなり，各旗は黄・白・紅・藍の4色と縁の有無からなる計8種類の旗で区別される

ⅱ)(55)に属する軍人は旗人と呼ばれ，旗人には旗地と呼ばれる土地が支給される
- 清(1636年，アイシンから改称)がモンゴル人・漢人を支配下に入れるにともなって，それぞれ**蒙古八旗・漢人八旗**が設置される
- 清は中国本土への進出後，八旗につぐ正規軍として**漢人主体**の(⁵⁶　　　　)を編成
- 18世紀末以降，八旗・緑営の無力が露呈すると，各地の地方官や郷紳によって(⁵⁷　　　　)と呼ばれる義勇軍が編成される
  →白蓮教徒の乱(1796〜1804年)や(⁵⁸　　　　　　　)(1851〜64年)の鎮圧で活躍
- 清末，日清戦争(1894〜95年)の敗北や光緒新政などを経て，洋式軍隊の(⁵⁹　　　　)が整備される　※そのうち，北洋(59)は袁世凱の権力基盤となる

7 貨幣

(1)殷・周〜春秋・戦国時代
- 殷代…タカラガイなどの貝が交換・贈与などにもちいられる(**貝貨**)
- 戦国時代…各国の富国策を背景に，(⁶⁰　　　　)(燕・斉)・(⁶¹　　　　)(韓・魏・趙)・円銭(秦)・蟻鼻銭(楚)などの**青銅貨幣**が使用される

(2)秦・漢
- 戦国中期…秦は(⁶²　　　　)と呼ばれる円形方孔の銅銭を鋳造
  →前221年の中国統一後，始皇帝が(62)を全国の統一貨幣とする
- 前漢…当初，民間で鋳造された半両銭が使用されるが，貨幣価値が下落して物価が騰貴
  →前2世紀後半，武帝が(⁶³　　　　)(銅銭)を鋳造して対処
  →以後，(63)が基本貨幣となり，隋代まで各王朝で鋳造される

(3)唐・宋
- 唐代…7世紀前半以降，政府が開元通宝と呼ばれる銅銭を鋳造
  →貨幣経済の進展を背景に，(⁶⁴　　　　)と呼ばれる送金手形も登場
- 宋代…貨幣経済が発展して銅銭が大量に発行され，金・銀なども地金のままもちいられる
  →北宋時代の(⁶⁵　　　　)や南宋時代の(⁶⁶　　　　)など，**紙幣**の使用も始まる

(4)元
- 元代…銅銭・金・銀が貨幣としてもちいられた他，(⁶⁷　　　　)と呼ばれる紙幣(銀との兌換が可能)が政府から発行される →(67)が元の主要な通貨となる
- 交鈔の普及で使用量が減った銅銭は，日本など周辺諸国に流出 → 諸国の貨幣経済が促進される

(5)明・清
- 明代…洪武通宝・永楽通宝などの銅銭が鋳造された他，宝鈔と呼ばれる不換紙幣も発行される
  →16世紀の明代後期，メキシコ銀や日本銀の大量流入を背景に，銀の流通が拡大
  →宝鈔の価値は下落し，**銀・銅銭が主要貨幣となる** ◀ 銀は決まった形・重さがある計数貨幣ではなく，重さをはかって使用する**秤量貨幣**
- 清代…明代後期に引き続き，銀・銅銭が主要な貨幣

東アジア史の諸テーマ①——中国歴代王朝・制度史の総まとめ　問題演習

問1　漢の武帝の時代の経済政策について述べた文として正しいものを，次の①～④のうちから一つ選べ。
<センター試験　世界史B　2012年>

①　中小商人への低利の貸付である市易法を施行した。

②　土地政策として均田制を施行した。

③　物価対策などのために均輸・平準法を施行した。

④　貨幣を半両銭に統一した。

問2　中国の税制のうち次のa～cが，導入された時期の古いものから順に正しく配列されているものを，下の
①～⑥のうちから一つ選べ。　　　　　　　　　　　　　　　　<センター試験　世界史B　2012年>

a　地丁銀制　　　　b　両税法　　　　c　一条鞭法

①　a→b→c　　　　②　a→c→b　　　　③　b→a→c

④　b→c→a　　　　⑤　c→a→b　　　　⑥　c→b→a

問3　三省について述べたものとして，もっとも適切なものを次の①～④のうちからひとつ選びなさい。
<青山学院大学　経済学部　2012年>

①　六部，中書門下省，尚書省の三つを指す。

②　唐代の二省制度(中書門下省，尚書省)をもとに，明の洪武帝が制定した。

③　六部に属する中書省，門下省，尚書省を指す。

④　中書省，門下省，尚書省を指し，唐代の中央政府の中核となった。

問4　御史台について述べたものとして，もっとも適切なものを次の①～④のうちからひとつ選びなさい。
<青山学院大学　経済学部　2012年>

①　監察を担った機関。唐，宋にも置かれた。

②　六部を統率する行政機関。唐代以降置かれた。

③　皇帝に直属する軍事機関。唐代以降置かれた。

④　科挙の殿試を司る機関。宋代以降置かれた。

問5　均田制について述べたものとして，もっとも適切なものを次の①～④のうちからひとつ選びなさい。
<青山学院大学　経済学部　2012年>

①　辺境などに軍人を派遣し，開墾とともに防衛に当たらせる制度。屯田制度とも言う。

②　都護府において行われた税制。中央から派遣された総督が管理した。

③　成年男子を基準に，口分田などを割り当て，租庸調を課す制度。

④　唐代に，両税法を実施するために開始された。

問6　清の統治や税制に関連する記述のうち，最も適切なものを1つ選べ。　　<早稲田大学　社会科学部　2017年>

a．当初軍事機密保護を目的に設置された軍機処が，後に内閣に代わる政治の最高決定機関となった。

b．銀の流通量増大にあわせ，土地税と人頭税を銀に換算して納税させる地丁銀制を実施した。

c．理藩院は当初モンゴルのみを管轄していたが，後に青海，チベット，台湾なども間接統治する組織となった。

d．旧明軍の漢人からなる正規軍として設置された緑営は，主として対外戦争に従事した。

問7　以下の文章を読み，各設問に答えなさい。　　　　　　　　　＜早稲田大学　国際教養学部・改　2018年＞

　　7世紀初め，中国では隋末の反乱が起き，軍閥の李淵によって唐が建てられた。唐は勢力的には北朝の系譜をひくので，a 統治制度の多くは北朝以来の伝統を踏襲した。律令等の法制度も隋制に基づいて整備され，中央には b 三省六部の官制を設けて中央集権を進めた。

　設問1　下線aに関連して，誤りを含むものを一つ選びなさい。
　　ア　府兵制は西魏に始まった徴兵制度である。
　　イ　租調庸制は隋に改正された制度を受け継いだ。
　　ウ　均田制は北魏に始まった土地制度である。
　　エ　科挙は隋の時代に郷挙里選を廃止して始められた。
　設問2　下線bに関連して，誤りを含むものを一つ選びなさい。
　　ア　尚書省は行政機関として政務を執行した。
　　イ　門下省は詔勅と上奏を起草した。
　　ウ　戸部は戸籍と財政を管理した。
　　エ　刑部は司法を統括した。

問8　秦の国家体制の多くは，以後の諸王朝にも受けつがれたが，それらの王朝の政治制度を述べた文の中で，誤っているものを一つ選びなさい。　　　　　　　　　　　　　　　　　　＜早稲田大学　文化構想学部　2012年＞
　ア　唐の三省六部制では，中書省で作成された詔勅の草案が門下省で審議され，尚書省にまわされた後に六部によって施行された。
　イ　契丹の遼では，部族制で統治する北面官，州県制で統治する南面官の区別を設ける二重統治体制をとった。
　ウ　明の洪武帝は，中書省を廃止し，その属下にある六部を皇帝に直属させて，皇帝独裁体制を強化した。
　エ　清の乾隆帝が軍機処を設けると，明以来の内閣大学士に替わって軍機大臣が事実上の宰相となった。

問9　三国時代から魏晋南北朝時代に実施された制度について述べた記述の中で，誤っているものを一つ選びなさい。　　　　　　　　　　　　　　　　　　　　　　　　　　　　　　　＜早稲田大学　文化構想学部　2012年＞
　ア　蜀（蜀漢）では地方長官の推薦による郷挙里選を創始した。
　イ　魏の屯田制は，戦乱で生じた無主の荒田を国有化し，それを流民や農民を募って耕作させ，徴税したものである。
　ウ　西晋の占田・課田法は，北魏の均田制につながる土地制度である。
　エ　魏晋南北朝時代を通じて九品中正が行われ，門閥貴族の形成をもたらした。

問10　次の問題に答えなさい。　　　　　　　　　　　　　　　　　　　　　　　　＜名古屋大学・改　2014年＞
　設問1　郷挙里選とはどのような制度か，またその理念はどのように裏切られたのか，説明しなさい。
　設問2　九品官人法とはどのような制度か，またそれが門閥の強化，固定化を推し進めることとなったのはなぜか，説明しなさい。

問11　8世紀から18世紀までの中国の農民が負担した租税の制度の変化について，8世紀，16世紀，18世紀の3つの画期に注意しながら，説明しなさい。ただし，どんな種類の税を何で納めたかや，どのような人々に課税されたかに注意し，解答には以下の語句をすべて用いること（150字程度）。　　　　　　＜大阪大学　2014年＞
　　　　　　土地税　　　人頭税　　　穀物　　　銭　　　銀　　　成人男子　　　世帯

3-2 東アジア史の諸テーマ②——東アジアの諸地域

▶ 東アジア各地域の歴史を，とくに中国との関係に注目して確認しよう！

1 チベット　とくにチベット仏教との関わりに注目しよう！

(1) チベットの古代王国

- **チベット**…中国・四川地方の西方，インドの北方，中央アジアの東方に位置する高原地帯
- (¹　　　　　　　)（4〜7世紀）…鮮卑出身の（　1　）がチベット〜四川地方に建国
  - i) 遊牧勢力がチベット系民族を支配し，中央アジアと中国を結ぶ要地を抑えて中継貿易で繁栄
  - ii) 7世紀前半，隋の攻撃を受けて一時的に崩壊したのち，唐に服属
    - →同世紀後半，吐蕃の攻撃を受けてまもなく滅亡
- (²　　　　　　)（7世紀前半〜9世紀後半）…（³　　　　　　　　　　　）がチベットの諸王国を統一して建国（都：**ラサ**）　※（　3　）の時代，唐の**文成公主**が（　2　）に降嫁
  - i) 8世紀後半に強大化 → (⁴　　　　　　　)（755〜763年）に際しては唐に侵入し，長安を一時的に占領 → 9世紀前半，唐と和睦（**唐蕃会盟碑**〈現存〉にその記録が残る）
  - ii) インド・中国の仏教文化を導入し，**チベット文字**や，大乗仏教の影響を受けた（⁵　　　　　　）など独自の文化を形成
  - iii) 9世紀後半，王家が東西に分裂して衰退・崩壊

(2) チベット仏教社会の展開とダライ＝ラマ政権の成立

- 吐蕃滅亡後のチベットでは，チベット仏教の諸派が各地の氏族と結びつき，特有の社会を形成
- 13世紀，モンゴル帝国がユーラシア各地に侵攻し，チベットもその支配下に入る
  - →チベット仏教がモンゴルの諸部族に広まる
  - →13世紀後半以降，モンゴルへの布教に成功した**サキャ派**が，元朝の保護下でチベットを統治
    - ※元のフビライが国師として厚遇した（⁶　　　　　　）は，サキャ派の僧
- 14世紀，元が衰退 → チベット地方では，チベット仏教の諸派が勢力を争う
- 15世紀初め，(⁷　　　　　　　　　)がチベット仏教の改革をおこない，論理学教育や規律正しい僧院生活などを特徴とする**黄帽派（ゲルク派）**を創始して，教勢を拡大
- 16世紀後半，モンゴル（韃靼）の(⁸　　　　　　　　　)が，チベットへ遠征
  - →（　8　）はチベット仏教に帰依し，黄帽派の教主を招いて「(⁹　　　　　　　)」（「大海の師」の意味）の尊称を贈る
  - →モンゴル社会でのチベット仏教の影響力が高まる
- 17世紀なかば，黄帽派のダライ＝ラマ5世が，モンゴルの軍事的支援のもとでチベット全土を支配
  - →ラサの(¹⁰　　　　　　　)**宮殿**の造営を開始（完成は17世紀末）

転生相続とダライ＝ラマ

13世紀頃，チベット仏教では，寺院の財産を前任者の「転生者」が相続する方式が生まれ，その後，チベット全土で普及した。「ダライ＝ラマ」の尊称を初めて贈られた黄帽派の教主ソナムギャムツォも，その前の転生者をさかのぼって，自らはダライ＝ラマ3世と称した。また，ダライ＝ラマは観世音菩薩の化身とされる。転生相続の方式は，形を変えて現在も継続されており，黄帽派でダライ＝ラマにつぐ地位のパンチェン＝ラマも，この方式で相続される。

(3) 清のチベット支配

- 16世紀後半以降，モンゴルを通してチベット仏教が満州人にも浸透

- 18世紀前半，ダライ＝ラマ5世死後の混乱に際し，モンゴルのジュンガルがチベットへ勢力を広げようとすると，対抗して清の（11　　　　　　）がチベットへ侵攻・制圧

■ポタラ宮殿

　→チベットを（12　　　　　　）に編入し，清朝の管理下で現地の実力者に統治させる

　→続く雍正帝の時代に，清は青海（チベット北東部）を併合して（　12　）に編入

- 18世紀後半，（13　　　　　　）がジュンガルを滅ぼし，チベットのダライ＝ラマ政権を再建

　→清は，チベット仏教（満州人・モンゴル人の多くが信仰）を保護・厚遇し，**ダライ＝ラマを保護する「施主」の立場で，チベットを支配**

(4) チベットの「独立」の動き

- 19世紀後半，イギリス・ロシアが中央アジアへの進出をめぐって対立（グレート＝ゲーム）すると，イギリスは緩衝地帯としてチベットへの干渉・進出をはかる

　→1904年，イギリスはチベットとラサ条約を結び，**チベットにおける優越的地位を認めさせる**

　→ロシア・清は反発　※この条約の確認のなかで，従来の清とチベットの関係（施主とダライ＝ラマ〈教主〉）は，国際法上の宗主国と従属国の関係（宗主権）とみなされる

- 1907年，（14　　　　　　）…（　14　）を結んだ両国がチベットへの内政不干渉を確認

　→一方，清は確認された宗主権のもと，チベットへの干渉を強める

- 1911年，（15　　　　　　）がおこり，翌12年に清は滅亡

　→13年，（16　　　　　　　　　）が**チベットの「独立」を布告**

　→13〜14年，チベット・中国・イギリスによるシムラ会議が開かれ，チベットが独立を主張し，イギリスもこれを支持するが，中華民国は国境問題などから独立を認めず，会議は決裂

　→**チベットは曖昧な地位のまま，事実上の独立・自治状態となる**

- その後，チベット・中国間の軍事的緊張が続く一方，中国は内戦・日中戦争などで混乱

(5) 中華人民共和国のチベット支配

- 1949年，（17　　　　　　　　　）が成立 → （　17　）はダライ＝ラマ中心のチベットの体制を容認せず，50〜51年にかけてチベットへ侵攻・制圧

- 1950年代，中国が漢人への同化や社会主義化などチベットへの支配を強化

　→チベット民衆は各地で反乱をおこし，59年にラサで大規模な暴動〈（18　　　　　　　　　　）〉が発生

　→暴動は鎮圧され，（19　　　　　　　　　）はインドに亡命して亡命政府を樹立

- 1959〜62年，（20　　　　　　）**紛争**が勃発…インド側は実質上の国境になっていたシムラ会議での国境線を主張するが，中国側は未確定と主張 → 停戦するも**国境ラインは現在も未確定**

〔映画紹介〕「セブン・イヤーズ・イン・チベット」

（1997年，ジャン＝ジャック・アノー監督）

オーストリアの登山家の自伝を映画化した作品。ヒマラヤ登山をめざした主人公は，第二次世界大戦中の1939年にインドでイギリス軍の捕虜となるが，脱獄してチベットへ行き着き，少年時代のダライ＝ラマ14世と出会って親交を結ぶ。しかし，大戦終結後，中国の人民解放軍がチベットに押し寄せ…。実際のポタラ宮殿で撮影された映像も見応えあり。1990年代にチベットを扱う映画が数多くつくられた背景（国際的なチベット独立運動の高揚）もあわせて考えてみよう。

- 1965年，中国が**チベット自治区**を設置
- 1980年代，チベット独立運動が高揚
  - →中国が弾圧 → 人権問題として国際的批判
- チベット亡命政府は国際的な働きかけを続け，チベットの独立問題に関する関心が高まる
  - →1989年，ダライ＝ラマ14世が(²¹ 　　　　　)を受賞
- 一方，中国はチベットの大規模な経済開発を実施し，漢人の移住も激増

■**中国・インド間の国境**

❷ 琉球　交易で繁栄した歴史に注目しよう！

(1) 琉球王国の成立

- 「**琉球**」…現在の沖縄諸島の別称。明代以降，この名称が用いられる
- 12世紀以降，沖縄諸島では，各地で按司と呼ばれる首長層がグスク(城)を築いて抗争
  - →14世紀，**北山・中山・南山**の三つの小国が分立(「**三山**」時代)
- 14世紀後半，中山王が明の冊封を受け，朝貢貿易を開始 → 北山・南山も朝貢
- 1429年，中山王の(²² 　　　　　　)が三山を統一し，**琉球王国**〈都：(²³ 　　　　　　)〉が成立

(2) 琉球王国の繁栄と日本への併合

- 15～16世紀，東アジアにおける国際交易が活発化(「**大交易時代**」)
  - →琉球は，東南アジアのマラッカとならび，東シナ海の交易拠点として中継貿易で繁栄
  - ※『明書』に記録された琉球の朝貢回数は171回で，朝貢国のなかで最多

> この時期の琉球を「港市国家」と定義することもある

- 1609年，(²⁴ 　　　　　)藩(島津氏)の支配下におかれる
  - →以後，琉球は日本と中国(明・清)との「(²⁵ 　　　　　)」**状態**を継続
- 19世紀後半，日本の明治政府は琉球の帰属を問題視し，その併合をはかる
  - ⅰ) 1872年，明治政府は琉球王国を琉球藩，琉球国王を藩王に改称して，管轄下におく
  - ⅱ) 1879年，「(²⁶ 　　　　　)」…琉球藩を廃して**沖縄県の設置**を強行

■**首里城**(首里城公園)　太平洋戦争末期の沖縄戦で焼失したが，1992年に再建され，世界遺産にも登録された。2019年に再度焼失し，現在再建計画中。

■**明代の朝貢交易圏と琉球王国**

3 香港・マカオ　現在これらの地域が抱える問題を，歴史的に理解しよう！

(1)香港…中国南部の広東省に隣接する，九竜半島と香港島，および周辺の島々からなる地域

- 1842年，(²⁷　　　　　)**条約**…イギリスが清から**香港島**(①)を獲得 → 当時広州を拠点としていたイギリスは，新たな貿易港として香港島を整備

- 1860年，(²⁸　　　　　)**条約**…イギリスが清から**九竜半島南部**(②)を獲得

- 1898年，イギリスは香港島・九竜半島の防衛を口実に，残りの**九竜半島全域(新界)**と周辺の235の島々(③)を**99年間の期限**で(²⁹　　　　)する

  →以後，**イギリスの香港総督が統治**(〜1997年)

  →イギリスの対中国・アジアの貿易・交通・金融の中心地となる

- 1912年，中華民国が成立し，清朝は滅亡 → 20年代，民族主義運動とともに反英運動が高まる

  →30年代，日本が中国東北地方への侵出を強めると反英運動は後退し，中国人が香港へ流入

- 1941年12月，**日本軍が香港を占領** → 45年，日本の敗北でイギリスの施政下に復帰

- 1946年以降，国共内戦が本格化 → 多くの中国人が移住

- 1949年，中華人民共和国が成立 → 香港はイギリスの統治下で資本主義体制を維持し，**国際金融センター**として発展

- 1980年代，中華人民共和国が(³⁰　　　　　)**政策**を推進

  →香港返還の実現をめざしてイギリスと交渉。また，香港に隣接する深圳を経済特区として整備

  →1984年，香港返還の合意が成立(イギリス：サッチャー政権)

- 1997年，**香港返還が実現**(イギリス：ブレア政権)

- 返還後の香港では，50年間は政治体制を変更しない「(³¹　　　　　)**制度(一つの国家に二つの体制の存在を認める)**」が適用される

  →「特別行政区」として一定の自治や国際参加を認められ，資本主義体制を維持

■イギリスの香港領有

(地図中のラベル：三元里，広州，黄埔，東莞，こうもん，虎門，せんび，川鼻，ぼうか，望厦，マカオ，①香港島，②，③，④，珠江，0 25km)

(2)マカオ…中国・広東省の珠江河口付近の都市(④)で，半島部と島からなる

- 1557年，(³²　　　　　　　)が明からマカオの居住権を獲得 → **アジア貿易の拠点**とする

- 16世紀後半〜17世紀前半，中国産の生糸と日本銀の貿易がさかんにおこなわれる

  →17世紀なかば，日本が「(³³　　　　　)」体制をとると，以後は中国貿易が中心になる

- 1887年，ポルトガルは清にマカオを割譲させ，正式な植民地とする

- 1979年，ポルトガルと中華人民共和国が国交を樹立

  →99年，中華人民共和国への**マカオ返還が実現**

- マカオも香港と同様に**一国二制度**が適用され，「特別行政区」として一定の自治や国際参加を認められて，資本主義体制を維持

4 台湾　日本との関わりにも注目しよう！

(1)台湾の地勢・概要

- 台湾…台湾本島，および澎湖諸島など周辺の島々からなる地域

●元来はオーストロネシア語系の人々が居住。のち**マレー＝ポリネシア系の人々**が居住

※台湾の先住民…中国大陸からの移住がさかんになる17世紀以前から台湾に居住していた人々の子孫。アミ族・パイワン族など約10の部族にわかれ、日本統治時代は「高砂族」と呼ばれる

●中国における台湾に関する記録は隋代にすでにみられるが、長く中国の文化圏外におかれる

※隋書など中国の史書では、「流求」とも記される

■ゼーランディア城

(2) オランダ・清の台湾支配

●16世紀の明代、台湾は後期(34 　　　　　　)の拠点となり、漢人も交易活動のために多く移住

→ヨーロッパ人も来航し、**フォルモサ**(ポルトガル語で「**麗しの島**」の意味)と呼ばれる

●17世紀、スペインや(35 　　　　　　)が入植を開始

→(35 　)は台湾南部を占領し、(36 　　　　　　　　)**城**などの拠点を建設

→17世紀なかば、オランダがスペインを追放し、台湾全土を支配下におく

●1661年、反清活動を続ける明の遺臣(37 　　　　　　)が、オランダ勢力を駆逐して台湾を占領し、清に対する抵抗拠点とする(**鄭氏台湾**、61〜83年)

※(37 　)…明の武将。母は日本人で平戸の生まれ。父の鄭芝竜は密貿易で巨富を築き、明の武官となった人物。芝竜は清に降伏するが、(37 　)が抵抗を続けたため清に殺害される

→同年、清の康熙帝は(38 　　　　　　)を発し、福建省など沿岸の住民を海岸から内地に移住させ、台湾との交通・貿易を禁止して鄭氏を孤立させる

●1683年、康熙帝が鄭氏を降伏させ、台湾を清の(39 　　　　　　)とする(福建省に編入)

→17世紀以降、米などの農業開発が進み、福建省や広東省から多くの人々が移住

●19世紀なかば、アロー戦争時の(40 　　　　　)**条約**(1858年)で台南・淡水が開港される

(3) 日本の台湾領有とその統治

●1874年、琉球漂流民殺害事件を口実に、日本が(41 　　　　　　)をおこなう

→清が抗議するが、日清間で和議が成立。のち清は福建省から分離して台湾省を設置(85年)

●1895年、日清戦争の結果、清は(42 　　　　　)**条約**で日本に台湾・澎湖諸島を割譲

●1896年、日本は(43 　　　　　　)を設置して統治を開始

→台湾住民の抵抗を武力で制圧したうえで、土地調査・鉄道建設など植民地経営を実施

※1930年、**霧社事件**…日本統治に反発する先住民(セデック族)が蜂起した事件

●日中戦争・太平洋戦争期、台湾では(44 　　　　　)政策のもとで日本語教育の強制や日本式姓名への変更などがおこなわれ、戦争末期には徴兵制も導入される

(4) 国民党による台湾統治

●1945年、日本降伏 → 台湾の行政権は**中華民国**(**国民党政府**)に返還される

●台湾では、1945年以降に大陸から移住してきた(45 　　　　　)**人**が政治的実権を握り、以前から台湾に居住していた台湾民衆〈(46 　　　　　)**人**〉を支配

→1947年、(47 　　　　　)**事件**が発生…(46 　)人が国民党〈(45 　)人〉に蜂起

→国民党は**戒厳令**(47〜87年)をしいて蜂起を鎮圧し、(46 　)人を弾圧

※国民党の独裁政権下で二・二八事件は長くタブーとされるが、90年代以降に再評価が進む

- 1949年，(⁴⁸　　　　　　　　)率いる国民党政府が，大陸での国共内戦に敗れて台湾に移転
  - →(　48　)は**アメリカの支援で政権を維持**。また，中華民国は安保理常任理事国として国連の代表権も保持する
- 1952年，日本と日華平和条約を締結
- 1954年，アメリカと米華相互防衛条約を締結

(5)「一つの中国」をめぐる問題

- 1950〜60年代，中華人民共和国は継続して国連からの中華民国の追放を求める
  - →1971年，国連総会で**中華人民共和国への国連代表権の交替が決定 → 中華民国は国連から脱退**
- 中華人民共和国は「**一つの中国**」を主張し，台湾も中国の一省であるとしたため，各国は中華人民共和国を承認すると同時に台湾(中華民国)との国交を断絶
  - ※台湾は，「中華民国」の名称を国際的に使用できなくなったことから「**中華台北(チャイニーズ＝タイペイ)**」の名称でオリンピックや国際会議などに参加。また，台湾が参加する場合は必ず「国と地域」と表現される
- 1972年，日中共同声明で日中の(⁴⁹　　　　　　　　)が実現 → 台湾は日本と国交を断絶
  - ※以後，大使館ではなく民間団体という位置づけの「台北経済文化代表処」が外交事務を担う
- 1975年，蔣介石が死去し，息子の蔣経国が総統に就任
- 1979年，アメリカと中国が国交を正常化 → 台湾はアメリカと国交を断絶
  - →米華相互防衛条約が破棄されるが，**アメリカは台湾関係法で台湾との同盟関係を維持**
- 蔣経国総統下の国民党政権は，「開発独裁」による工業化・経済開発を推進
  - →1980年代，台湾は(⁵⁰　　　　　　　　)(NIES)の一つに成長
  - →経済発展の一方，民主化への要求が強まるとともに，国民党独裁への批判も高まる
- 1987年，蔣経国政権が戒厳令を解除
- 1988年，蔣経国が死去し，国民党の(⁵¹　　　　　)が初の本省人出身の総統となる
  - →(　51　)のもとで民主化が進み，92年に立法院委員(国会議員)選挙が実施される
  - →96年，初の**総統直接選挙**が実施され，(　51　)が改めて総統に就任
- 1992年，中国・台湾双方が「一つの中国」の原則を確認
- 2000年，台湾独立を掲げる(⁵²　　　　　　)が総統選に勝利し，(⁵³　　　　　　)**への政権交代が実現** → 中華人民共和国との関係は緊張
- 2008年，**馬英九**が総統選に勝利し，国民党に政権交代
  - →中国との関係を「現状維持」に転換。また，中国との経済交流が密接化
  - →15年，中国(習近平国家主席)と台湾(馬英九総統)がシンガポールで会談 〔国民党が台湾に移転してから初〕
- 2016年，**蔡英文**が総統選に勝利し，民進党に政権交代

〔映画紹介〕

「**セデック・バレ**」(ウェイ＝ダーシェン監督，2011年)	日本統治下の1930年に台湾南部の霧社でおこった，先住民のセデック族による反乱(霧社事件)を題材にした，4時間超の大作。日本統治が始まる前の台湾先住民の暮らしもダイナミックかつ丁寧に描いている。
「**悲情城市**」(侯孝賢監督，1989年)	1945年に日本の台湾統治が終わり，国民党による統治が始まる時期の台湾社会を，47年の「二・二八事件」を軸に描く。内容もさることながら，映像の美しさに感嘆させられる。

3-2 東アジア史の諸テーマ②——東アジアの諸地域　問題演習

問1　チベットについて述べた文として誤っているものを，次の①～④のうちから一つ選べ。

＜センター試験　世界史B　2008年＞

① ソンツェン＝ガンポが，吐蕃を建てた。

② ツォンカパが，黄帽派を開いた。

③ 明朝の下で，藩部とされた。

④ 20世紀に，反中国運動が起こった。

問2　チベットの歴史について述べた次の文aとbの正誤の組合せとして正しいものを，下の①～④のうちから一つ選べ。

＜センター試験　世界史B・追　2010年＞

a　5世紀に，ソンツェン＝ガンポがこの地域に統一王国を建てた。

b　清は，この地域を直轄領として統治した。

① a－正　b－正　　　② a－正　b－誤

③ a－誤　b－正　　　④ a－誤　b－誤

問3　朝貢について述べた次の文aとbの正誤の組合せとして正しいものを，下の①～④のうちから一つ選べ。

＜センター試験　世界史B　2012年＞

a　琉球は島津氏に支配されると，中国への朝貢を断絶した。

b　3世紀に卑弥呼が，魏に朝貢使節を送った。

① a－正　b－正　　　② a－正　b－誤

③ a－誤　b－正　　　④ a－誤　b－誤

問4　琉球の政治と外交について述べた文として正しいものを，次の①～④のうちから一つ選べ。

＜センター試験　世界史B　1998年＞

① 琉球は，15世紀初めに中山王によって統一された。

② 琉球は，17世紀初めに大友氏に服属した。

③ 鄭成功は，琉球を根拠地として清朝に抵抗した。

④ 琉球は，明朝との間に対等な外交関係を結んだ。

問5　一国二制度について述べた次の文中の空欄　ア　に入れる国の名として正しいものを，下の①～④のうちから一つ選べ。

＜センター試験　世界史B　2014年＞

　マカオは，16世紀に居住権を獲得した　ア　から1999年に中国へ返還され，香港と同じく，一国二制度が適用された。

① ポルトガル　　② スペイン　　③ オランダ　　④ イギリス

問6　台湾の歴史について述べた文として正しいものを，次の①～④のうちから一つ選べ。

＜センター試験　世界史A　2018年＞

① 明に抵抗するために，鄭成功が拠点を築いた。

② 中国共産党が，内戦に敗れて逃れてきた。

③ 日清修好条規により，日本の領土となった。

④ 新興工業経済地域(NIES)の一つとして，経済的に台頭した。

問7　チベット仏教に関連する次の文章のうち，誤りを含むものを一つ選びなさい。

＜早稲田大学　文化構想学部　2010年＞

ア　チベット仏教は，ソンツェン＝ガンポによって建てられた吐蕃の時代に起源をもつ。

イ　チベット仏教の形成には，インドから流入した仏教が大きい影響を及ぼした。

ウ　元朝のフビライは，パスパを国師として遇し，チベット仏教を保護した。

エ　16世紀にツォンカパはチベット仏教を改革し，戒律の厳しい黄帽派を開いた。

問8　琉球に関する説明として誤っているものはどれか。選択肢(a〜f)の中から2つ選びなさい。

＜上智大学　総合人間科学部　2015年＞

a　琉球と台湾は同じ年に日本の領土となった。

b　かつて琉球王国は薩摩藩の支配を受けつつ，中国との冊封関係も継続し，日本・中国に両属していた。

c　明治政府が沖縄県の設置を強行したのは，1879年である。

d　沖縄県の設置は，琉球の反対と清朝の強い抵抗にあった。

e　琉球の日本への帰属は，日本の台湾出兵によって決定した。

f　琉球王国最後の国王は，明治政府に首里城を明けわたし，東京に移った。

問9　日本による台湾領有に関する説明として誤っているものはどれか。選択肢(a〜f)の中から2つ選びなさい。

＜上智大学　総合人間科学部　2015年＞

a　日本による台湾領有はほぼ50年間に及んだ。

b　日本による台湾割譲を取り決めたのは，台湾出兵直後の外交交渉である。

c　下関条約によって清朝は台湾を日本に割譲した。

d　台湾では日本による割譲に反対する動きがあったが，日本軍によって鎮圧された。

e　日本は台湾領有後，住民に対する同化政策を採用し，教育の普及，産業の開発をおしすすめた。

f　日本は台湾に対し，3次にわたる日台協約によって実質的な支配をおしすすめ，これに対して台湾はハーグの万国平和会議に密使を送って国際世論に訴えて抵抗した。

問10　日本の植民地時代から20世紀末までの台湾に関する以下の記述のうち，最も適切なものを一つ選びなさい。

＜早稲田大学　法学部　2018年＞

イ　17世紀後半の鄭氏台湾の時代を経て，清の領土となっていた台湾は，日清戦争後，日本の植民地になった。

ロ　下関条約後に設置された台湾総督府は，国民党の機関となり，台湾における産業の育成や交通の近代化を進めた。

ハ　蔣介石は中華民国政府を台北に置き，ソ連と協調路線を築くことで中華人民共和国への対立を深めた。

ニ　中国大陸から移住した「外省人」が台湾の政界を占め，台湾生まれの「本省人」が総統など要職に就任することはなかった。

問11　現在の中国の香港特別行政区の領域には，南京条約でイギリスに割譲された香港島に加え，対岸の九竜半島や周辺の諸島も含まれる。これらの地域が段階的にイギリスの支配下に置かれるようになった経緯を60字程度で述べなさい。

＜津田塾大学　学芸学部(国際関係学科)・改　2015年＞

4-1 おさえておきたいヨーロッパの諸地域①——アイルランド史

POINT イギリス支配時代のアイルランドはどのような社会だったのか，そこからどのように独立したのか，さらに残された課題はなにかを確認しよう！

1 19世紀以前

(1)ケルト人の移住

- 紀元前，ヨーロッパや大ブリテン島から(¹　　　　　　)**人**がアイルランドへ移住
- 5世紀，イングランドの聖パトリックがアイルランドで(²　　　　　　)を布教
  - →以降，各地に修道院が建設される　※アイルランドは「聖者と学者の島」とも呼ばれる

(2)ヴァイキングの侵攻

- 8世紀末以降，ヴァイキングと呼ばれた，デーン人などの(³　　　　　　)**人**が北欧から侵攻
  - →(　3　)人は，拠点としてダブリンなどの海港都市を建設
- アイルランドの諸王国がノルマン人の侵攻に対抗 → 10世紀後半には終息

(3)イングランドの侵攻とその支配

- 12世紀後半，プランタジネット朝の(⁴　　　　　　)がアイルランドへ侵攻し，イングランド王権による間接支配を開始
- 16世紀，テューダー朝の(⁵　　　　　　)が，アイルランドの直接支配を開始
  - →カトリックが多数を占めるアイルランドにイギリス国教会を強制するが，浸透せず
- 17世紀初め，ステュアート朝のジェームズ1世が，北アイルランドの(⁶　　　　　　)**地方**への本格的なプロテスタント(長老派)の移住を開始　※のちの「北アイルランド問題」の背景
- 1649～50年，共和政を樹立した(⁷　　　　　　)が，アイルランドへ侵攻
  - →(　7　)は多くのカトリック教徒を殺害して土地を奪い，アイルランドを植民地化
- 以後，アイルランドではイギリス本国の一部の大地主(不在地主，イギリス国教徒)に富・権力が集中し，彼らがアイルランドの小作人(カトリック教徒)を支配する構造が形成される

2 19世紀の自治・独立運動の展開

(1)イギリスによる併合

- 1801年，イギリスがアイルランドを併合〈(⁸　　　　　　)**王国**の形成〉
- アイルランド併合後，イギリスではアイルランド人(カトリック教徒)への差別撤廃が課題となる
  - ⅰ)1829年，(⁹　　　　　　)**法**が成立 → カトリック教徒の公職就任が可能となる
  - ⅱ)(　9　)法成立に尽力した(¹⁰　　　　　　)が，イギリス下院議員に当選
- 1840年代半ば，(¹¹　　　　　　)**飢饉**発生 → 100万人以上が餓死し，80万人以上が北米へ移住
  - ※当時，イギリスでは穀物法の廃止が論争となっていたが，廃止論者は廃止によって穀物価格が下がれば，飢饉で困窮しているアイルランド農民を救うことにもなると主張した

(2)アイルランドの自治・独立運動の展開

- 19世紀半ば以降，青年アイルランド党などが急進的な運動を展開するが，失敗に終わる

- 1850年代，イギリス人不在地主とアイルランド人小作人の土地をめぐる対立が激化
  - →アイルランドで，３Ｆ運動（Fixity of Tenure〈小作権保有の保証〉，Fair Rent〈適正な地代〉，Free Sale〈小作権売買の自由〉）が展開される
- 1870年，第１次グラッドストン自由党内閣が（[12] ）法を制定（81年改定）
  - →アイルランド人小作人の権利保護がはかられるが，彼らにとっては不十分な内容で，イギリス人地主（保守党支持層）との対立や北アメリカへの移住も続く
- 1880年代，イギリス議会での活動を通じて自治獲得をめざす**アイルランド国民党**が，勢力を拡大
  - →85年の選挙で86議席を獲得し，自由党・保守党につぐ第３党として影響力を強める
- 1886年，アイルランド国民党と提携した第３次グラッドストン自由党内閣が，最初の（[13] ）法案を提出するが，法案をめぐって自由党は分裂
  - →ジョゼフ＝チェンバレンが離党して自由統一党を結成（1912年保守党に合流）→ 法案不成立
- 1893年，第４次グラッドストン自由党内閣が２回目のアイルランド自治法案を提出 → 不成立
- 19世紀末以降，ケルト語・ケルト文学の復興をめざすアイルランド文芸復興運動が高まる

3 アイルランドの独立と北アイルランド問題

(1) 自治運動から独立運動へ

- 1905年，アイルランドの独立をめざす政治結社（[14] ）が結成される
- 1912年，自由党内閣が３回目のアイルランド自治法案を提出（アイルランド国民党が尽力）
  - →上院で否決されるが，下院では３回可決されていたことから，（[15] ）法（1911年成立）の規定で14年の成立が決定
  - →イギリス人住民の多い北アイルランドが反発し，シン＝フェイン党との対立が激化
- 1914年，第一次世界大戦が勃発すると，イギリス政府はこれを理由に自治実施の延期を決定
  - →16年４月，シン＝フェイン党内の強硬派（デ＝ヴァレラやコリンズも参加）が，ダブリンを中心に（[16] ）をおこして共和国を宣言するが，イギリス政府に鎮圧される
  - →直後からイギリス政府による蜂起指導者の処刑が始まると，世論は自治から独立に転換（デ＝ヴァレラやコリンズらは処刑をまぬがれる）
- デ＝ヴァレラやコリンズらがシン＝フェイン党の中心となり，世論の後押しで支持を拡大
  - →シン＝フェイン党は1918年の総選挙で勝利し，翌19年には独自にアイルランド議会を樹立
  - →イギリスとのアイルランド独立戦争（19〜21年）が勃発
- 1921年，休戦条約のイギリス＝アイルランド条約が締結され，アイルランド

キルメイナム刑務所（ダブリン）
イギリス統治下でアイルランド独立運動家が数多く投獄され，処刑された，ダブリン市内にある刑務所。当時のまま保存され，現在は博物館となっている。デ＝ヴァレラの独房も公開されている。

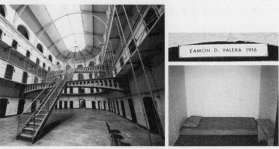

■**内観**（左）**とデ＝ヴァレラ収監の独房**（右上・下）

は大英帝国内の自治領としての地位が認められる

 →翌22年，(¹⁷   )が建国される

 →一方，北アイルランド(アルスター地方)は(17)と分離されてイギリス領にとどまる

- 1922年，アイルランド自由国の建国や北アイルランドの分離をめぐって，完全独立を求める勢力（デ゠ヴァレラ派）と自由国とのあいだに，アイルランド内戦が勃発

 →23年，デ゠ヴァレラ派の敗北で終結 ◁ | 自由国のコリンズは内戦のなかで殺害される |

(2)アイルランドの完全独立

- 1923年，国際連盟に加盟
- 1931年，(¹⁸   )が制定され，イギリス連邦が成立

 →アイルランド自由国もイギリス連邦を構成する6自治領（イギリスと対等な主権国家）の一つ

- 1937年，(¹⁹   )が首相に就任して新憲法を制定し，共和政に移行（実質上のイギリスからの独立）。あわせて，国名をゲール語の(²⁰   )に改称
- 第二次世界大戦に際しては，イギリスがナチス゠ドイツの攻撃を受ける一方，中立を維持
- 1949年，エールは(²¹   )として正式に発足し，イギリス連邦からも離脱

 ※現在も正式国名は「エール」だが，公称として国際連合やEUには「アイルランド」として登録しているので，49年以降は「(21)」と呼ぶのが一般的

- 1955年，国際連合に加盟
- 1973年，イギリス・デンマークとともに(²²   )(EC)に加盟 → EUにも参加

(3)北アイルランド問題

- 20世紀，北アイルランド（アルスター地方，中心都市：ベルファスト）は，独自の議会を保持しつつイギリス領にとどまる → 一方，カトリック系住民が政治的・経済的に差別される

 ⅰ)プロテスタント系住民…約60%，参政権有利，経済的富裕層

 ⅱ)カトリック系住民…約40%，参政権不利，経済的貧困層

- 1960年代，平等な参政権を求める北アイルランド公民権運動が高揚 → プロテスタント強硬派が反発

(4)北アイルランド紛争の激化〜和平の成立

- 1968年以降，北アイルランドにおいてカトリック系住民とプロテスタント系住民との対立が激化

 →鎮圧のためにイギリス軍が増派されると，アイルランドの全島統一をめざすアイルランド共和軍〈(²³   )〉がテロ活動を活発化させて，プロテスタント系の武装組織と衝突

- 1972年1月，北アイルランドでデモ行進中の市民にイギリス軍が発砲（「血の日曜日事件」）
- 同年，イギリスが北アイルランドの議会を廃して，直接統治を開始

 →イギリス軍，IRAなどカトリック系武装組織，プロテスタント系武装組織による武力紛争が激化

- 1998年，アイルランド和平合意（ベルファスト合意）が成立…北アイルランドの帰属は住民の多数意思によって決定することが定められ，北アイルランド議会・自治政府が設置される

〔映画紹介〕

「マイケル・コリンズ」(ニール゠ジョーダン監督，1996年)	アイルランド独立運動家の一人，コリンズの半生を描く。彼は同時代のほかのアイルランド独立運動家（デ゠ヴァレラやコノリーら）にくらべて若くに死んだこともあり，英雄視されている。
「麦の穂を揺らす風」(ケン゠ローチ監督，2006年)	アイルランド独立運動とその後のアイルランド内戦を淡々と描く。監督のケン゠ローチはイギリス人で，イギリス人がアイルランド独立の映画を撮ることの意味もあわせて考えてほしい。

問1 アイルランドについて述べた次の文aとbの正誤の組合せとして正しいものを，下の①〜④のうちから一つ選べ。　　＜センター試験　世界史A・追　2010年＞

a クロムウェルに侵略された。

b グラッドストンが，自治法を成立させた。

① a－正　b－正　　② a－正　b－誤　　③ a－誤　b－正　　④ a－誤　b－誤

問2 下線部「宗教上の対立」に関連して述べた文として波線部の正しいものを，次の①〜④のうちから一つ選べ。　　＜センター試験　世界史B　2000年＞

① 第4回十字軍は，フィレンツェの商業的要求に押されてコンスタンティノープルを占領した。

② 三十年戦争では，カトリックの王を戴くスペインがプロテスタント側に立って参戦した。

③ 北アイルランド問題は，北アイルランドのプロテスタント系住民に対する社会的抑圧に原因がある。

④ パキスタンはインドに対抗してイスラム教徒の国として成立したが，両国は領土問題をめぐって対立を深めた。

問3 イギリスの19世紀の保守党政権時代に起こったことではないものはどれか。　＜早稲田大学　商学部　2012年＞

1．ディズレーリが首相として活躍した。

2．1877年，ヴィクトリア女王をインド皇帝とするインド帝国が成立した。

3．露土戦争後の1878年ベルリン会議に出席し，ロシアの南下を阻止した。

4．19世紀末二度アイルランド自治法案を提出したが，いずれも否決された。

問4 19世紀以降のアイルランドとイギリスの関係に関する記述のうち適切でないものを1つ選べ。

＜早稲田大学　社会科学部　2018年＞

a．1848年に結成されたアイルランド国民党はアイルランドの自治権獲得をめざし，1914年のアイルランド自治法成立に寄与した。

b．1905年に結成されたシン＝フェイン党はアイルランドの完全独立をめざし，他の強硬派とともに1916年のイースター蜂起に関与した。

c．1922年に北部のアルスターを除き，イギリスの自治領となったアイルランド自由国は，1931年のウェストミンスター憲章によりイギリス連邦内の主権国家となった。

d．アイルランド自由国は1937年に新憲法を公布して共和国となり，1949年にイギリス連邦から離脱した。

問5 ジャガイモに関する記述として誤っているものはどれか。　　　　＜上智大学　法学部　2018年＞

a 寒冷な高地で栽培でき，凍結乾燥して保存できるため，古くよりアンデス高原で食用作物として栽培されていた。

b 天候の被害を受けにくく，栄養が豊富であるため，ヨーロッパの農民の間で食糧として普及した。

c アイルランドでは穀物生産が困難であったため，ジャガイモが主食となった。

d アイルランドでは1840年代にジャガイモの疫病による凶作で飢饉が広がり，北米への移民が始まった。

問6 清教徒革命以降のイギリスとアイルランドの関係についての次の1〜4の文章の中から，誤りを含むものを1つ選びなさい。　　　　＜慶應義塾大学　経済学部　2013年＞

1．共和政樹立後，クロムウェルは王党派の強いアイルランドを征服し，土地を奪われたアイルランド農民は，

その後イギリス人不在地主の下で小作人化し，困窮していった。

2．1840年代のアイルランドでは，ジャガイモ飢饉に加えて，穀物法成立によってイギリス人不在地主による収奪が強化されたため，大量の移民が発生し人口は大幅に減少した。

3．20世紀初頭にはシン＝フェイン党が結成された。第一次世界大戦によってアイルランド自治法の実施が延期された後，彼らを中心にイースター蜂起が起こった。

4．第一次世界大戦後，イギリスは，プロテスタントの多いアルスター地方の一部を除いて自治権を認め，1920年代にアイルランド自由国が成立した。

問7　次の第1図は，1820～1920年の各年のアメリカ合衆国への移民数合計の推移を表し，第2図は，その移民数合計に占めるアイルランド，イギリス，ドイツそれぞれからの移民数の割合を表している。第2図中のa～cを示す国の組み合わせとして適切なものを次の1～6の中から1つ選びなさい。

＜慶應義塾大学　経済学部　2015年＞

	1	2	3	4	5	6
a	アイルランド	アイルランド	イギリス	イギリス	ドイツ	ドイツ
b	イギリス	ドイツ	アイルランド	ドイツ	アイルランド	イギリス
c	ドイツ	イギリス	ドイツ	アイルランド	イギリス	アイルランド

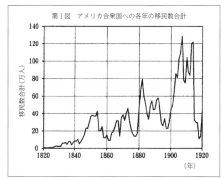

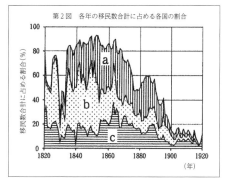

[資料出所]第1図，第2図とも*Historical Statistics of the United States*より作成.

問8　「アイルランドでは16世紀の凶作時にジャガイモが導入され，17世紀に始まる新たな貧困と差別に苦しむ農民によって栽培が拡大した」のうちの下線部について，アイルランド農民のおかれた貧困と差別の原因を簡潔に説明しなさい。（100字程度）

＜北海道大学・改　2009年＞

問9　イギリスのアイルランド支配により生じた「アイルランド問題」について17世紀から20世紀までの展開を，次の語句を用いて300字以内で説明しなさい。ただし，各語は少なくとも1回は使用し，下線を付すこと。

＜信州大学　2016年＞

[語群]　アイルランド自由国　　カトリック　　クロムウェル　　ジャガイモ飢饉　　自治権

問10　20世紀初頭のアイルランドの政治状勢について，必ず以下の語を用いて120字以内で説明しなさい。

＜早稲田大学　文学部　2018年＞

アイルランド自治法　　イースター蜂起　　北アイルランド

4-2 おさえておきたいヨーロッパの諸地域②——地中海の島々の歴史

POINT 世界史上で重要な島々の歴史を，支配者の変遷，現在とのつながりに注目して確認しよう！

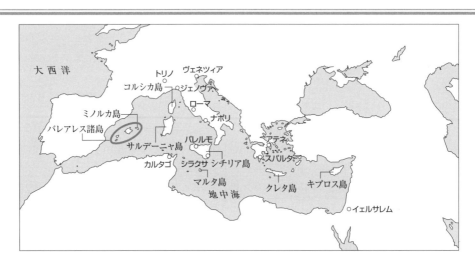

1 シチリア島

(1) シチリア島の地勢・概要

- **地中海最大の島**で，地中海のほぼ中央に位置する交通の要衝
- 古来より人々が進出して争奪の対象となり，さまざまな民族や国家の支配を受ける

(2) ローマ支配の確立

- 前8世紀頃，フェニキア人や(¹　　　　　　)**人**が植民を開始
  → フェニキア人がパレルモなど，(　1　)人が(²　　　　　　)などの都市を建設
  → (　2　)はマグナ＝グラエキアと呼ばれた南イタリアの(　1　)**植民市群**の最大都市に成長
- 前5世紀後半，アテネとスパルタが対立し，ペロポネソス戦争(前431〜前404年)をたたかう
  → スパルタ側についたシラクサはアテネの攻撃を受けるが，これを撃退
- 前5世紀以降，ギリシア人植民市は北アフリカのフェニキア人植民市(³　　　　　　)と抗争
  → 前4世紀，シチリア島の西半が(　3　)の支配下におかれる
- 前3世紀半ば，シチリア島の内紛から，ローマとカルタゴが第1回(⁴　　　　　　)**戦争**(前264〜前241年)をたたかう → ローマが勝利し，シチリア島を獲得して初の(⁵　　　　　　)とする
- 第2回ポエニ戦争(前219〜前201年)で，シラクサなどがローマへの反乱をおこすが，鎮圧される
  ※この時，シラクサ出身の数学者(⁶　　　　　　)が，ローマ軍によって殺害される
- ポエニ戦争後，シチリア島は**大土地所有制(ラティフンディア)のもとでローマの穀倉地帯となる**
  → ローマ支配に対し，大規模な(⁷　　　　　　)(前135〜前132年，前104〜前100年)が発生

(3) ビザンツ帝国・イスラーム勢力の進出

- 4世紀末のローマ帝国の東西分裂後，多くのゲルマン人国家がシチリア島を支配
  ※ヴァンダル王国 → オドアケルの王国 → 東ゴート王国と変遷

- 6世紀半ば，**ビザンツ帝国の**(^{8}　　　　　）**帝**が東ゴート王国を倒し，シチリア島を領有
- 7世紀以降，イスラーム勢力がシチリア島へ進出
- 9世紀，アラブ人のアグラブ朝(アッバース朝下の地方政権)がシチリア島を支配下におく
  →アラブ＝イスラーム文化がシチリア島へ波及
- 10世紀初め，チュニジアの(^{9}　　　　　　　）**朝**がシチリア島を支配下におく

凡例：
—— ラテン＝カトリック文化圏
- - - ギリシア・東方正教文化圏
-･- アラブ・イスラーム文化圏

神聖ローマ帝国　ローマ　ビザンツ帝国　トレド　コンスタンティノープル　ムラービト朝　パレルモ　両シチリア王国　カイロ○　ファーティマ朝

■12世紀前半の地中海世界

(4)両シチリア王国の成立
- 8世紀後半，北欧の(^{10}　　　　　　）**人**が移動を開始 → 12世紀前半，シチリア島にも侵入
- 1130年，ノルマン人の**ルッジェーロ2世**が(^{11}　　　　　　）**王国**(ノルマン＝シチリア王国とも呼ばれる)を建国
  - ⅰ)シチリア島とイタリア南部を支配 → (　11　)王国と呼ばれる

  実際にこの名称が使用されたのはおもに15世紀と19世紀

  - ⅱ)(^{12}　　　　　　)を都に，イスラーム・ビザンツ・ノルマンの要素が混合した独自の文化が誕生
    →(　12　)は「**12世紀ルネサンス**」において，イベリア半島のトレドとならんで，**アラビア語からラテン語への翻訳の中心地となる**
- 12世紀末，婚姻関係によって神聖ローマ帝国のシュタウフェン朝が，両シチリア王国を継承
- (^{13}　　　　　　　)…シュタウフェン朝の両シチリア国王。神聖ローマ皇帝位にも就く
  - ⅰ)パレルモ出身でアラビア語も堪能だった教養人。シチリアの統治機構を整備し，学芸も奨励
  - ⅱ)13世紀前半，単独で(^{14}　　　　　　)へ遠征し，外交交渉で(　14　)を一時的に回復
  - ⅲ)(　13　)の死でシュタウフェン朝は事実上崩壊

  ドイツでは「大空位時代」となる

(5)両シチリア王国の分裂・再統合
- 1266年，フランスの**アンジュー家**がシチリア島を征服し，統治を開始(アンジュー朝)
  →アンジュー朝の圧政に対し，シチリア島の貴族や農民は不満を高める
- 1282年，(^{15}　　　　　　　　)…アンジュー朝の支配に反発したシチリア島の貴族がパレルモを中心に蜂起し，全島に拡大した反乱
  →当時，アンジュー家と対立していたスペインの**アラゴン家**が反乱を支援し，シチリア島を獲得
  →(　15　)の結果，両シチリア王国は分裂 ┌**シチリア王国(アラゴン朝)**
  　　　　　　　　　　　　　　　　　　　　　└(^{16}　　　　　　)**王国(アンジュー朝)**
- 15世紀，シチリア王国がナポリ王国を征服し，両地域を再統合
  →のちアラゴンがカスティリャと統合して(^{17}　　　　　　)**王国**が成立すると，(　17　)国王がシチリア国王・ナポリ国王を兼ねる

  「両シチリア王」の称号を使用

- 16世紀，スペインでカルロス1世(神聖ローマ皇帝としてはカール5世)が王位に就き，スペイン＝ハプスブルク家が成立
- 1700年にスペイン＝ハプスブルク家が断絶すると，翌01年に(^{18}　　　　　　)**戦争**が勃発
  →戦争の結果，スペイン＝ブルボン家が認められるが，スペインは13年の(^{19}　　　　　　　)**条約**でサヴォイア家(拠点：トリノ)にシチリア王国を，14年のラシュタット条約でオーストリア＝ハプスブルク家にナポリ王国を割譲
- 1720年，オーストリア＝ハプスブルク家が，サルデーニャ島と交換して，サヴォイア家からシチ

リア王国を獲得

- 1733年，ポーランド王位をめぐるポーランド継承戦争（〜35年）が勃発すると，複雑な同盟関係のもとでスペイン＝ブルボン家とオーストリア＝ハプスブルク家が対立

　→34年，**スペイン＝ブルボン家がシチリア王国・ナポリ王国を奪回し，以後，両王国を支配**

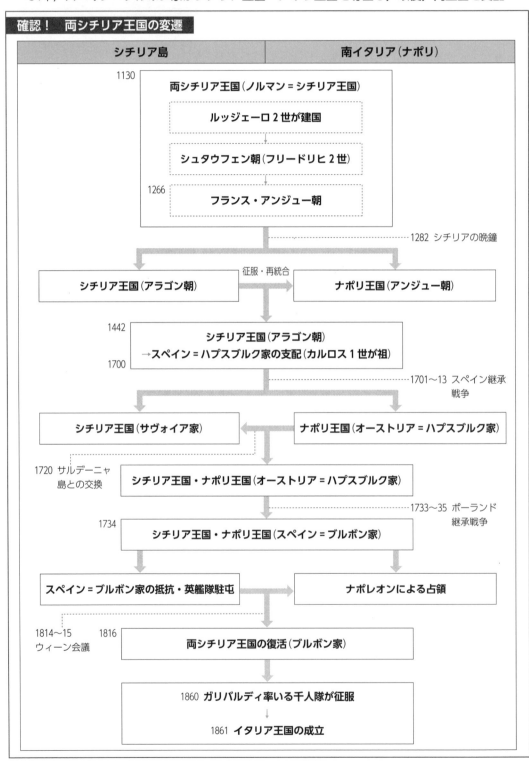

確認！　両シチリア王国の変遷

シチリア島	南イタリア（ナポリ）

1130　両シチリア王国（ノルマン＝シチリア王国）
　　　ルッジェーロ2世が建国
　　　シュタウフェン朝（フリードリヒ2世）
1266　フランス・アンジュー朝

1282 シチリアの晩鐘

シチリア王国（アラゴン朝）　　征服・再統合　　ナポリ王国（アンジュー朝）

1442
1700　シチリア王国（アラゴン朝）
　　　→スペイン＝ハプスブルク家の支配（カルロス1世が祖）

1701〜13 スペイン継承戦争

シチリア王国（サヴォイア家）　　ナポリ王国（オーストリア＝ハプスブルク家）

1720 サルデーニャ島との交換

シチリア王国・ナポリ王国（オーストリア＝ハプスブルク家）

1733〜35 ポーランド継承戦争

1734　シチリア王国・ナポリ王国（スペイン＝ブルボン家）

スペイン＝ブルボン家の抵抗・英艦隊駐屯　　ナポレオンによる占領

1814〜15 ウィーン会議
1816　両シチリア王国の復活（ブルボン家）

1860 ガリバルディ率いる千人隊が征服
　↓
1861 **イタリア王国の成立**

(6)両シチリア王国の終焉とイタリア王国の成立

- 1789年にフランス革命が始まると，99年に(²⁰ 　　　　　　　)率いるフランス革命軍がナポリ王国へ侵攻・征服 → まもなくフランス革命軍は撃退される
  - →1806年，(²⁰)が再びナポリ王国を征服し，兄ジョゼフや義弟ミュラを国王とする
  - →ナポリを追われたスペイン＝ブルボン家はシチリアを拠点とし，同地にイギリス艦隊も駐屯
- 1814～15年の(²¹ 　　　　　　)**会議**の結果，16年にブルボン家による両シチリア王国が復活

> シチリアとナポリの国王位を統合して，「両シチリア国王」位とする

  - →一方，シチリア島民のあいだには，反動的なブルボン家支配への不満や，自由主義・ナショナリズムの高揚によるイタリア統一運動への期待が高まる
- 1860年，サルデーニャ王国によるイタリア統一運動がすすむなか，(²² 　　　　　　)率いる**千人隊(赤シャツ隊)**がシチリア島に上陸し，両シチリア王国を占領
  - →(²²)は占領地をサルデーニャ国王に「献上」 → 翌61年，(²³ 　　　　　)**王国**成立
- 19世紀後半～20世紀，イタリア王国下の南イタリアは，北イタリアに対し近代化に立ち遅れる
  - →とくにシチリア島では，土地貴族の封建的な大土地所有制が継続して経済発展がすすまず
  - →困窮のなか，**移民**として(²⁴ 　　　　　　)やラテンアメリカなどへわたる農民が増加
- ※1943年，第二次世界大戦中，連合軍がシチリアへ上陸(第一戦線) → ムッソリーニ政権が崩壊

2 サルデーニャ島

(1)サルデーニャ島の地勢・概要

- 地中海西部にある，シチリア島についで地中海で2番目に大きな島
- 古代から多くの民族・国家が進出し，13世紀までにカルタゴ・ローマ帝国・ヴァンダル王国・東ゴート王国・ビザンツ帝国・イタリア諸都市などの支配を受ける

(2)サルデーニャ島の歴史——サルデーニャ王国の成立とイタリア統一運動

- 14世紀半ば，イベリア半島の(²⁵ 　　　　　　)**王国**の支配下にはいる
  - →(²⁵)王国とカスティリャが統合したスペイン王国のもとでも，その支配下におかれる
- 1714年，ラシュタット条約でオーストリア＝ハプスブルク家領となる
  - →20年，サヴォイア家が(²⁶ 　　　　　　)**王国**を建国
  - ※オーストリア＝ハプスブルク家が(²⁶)島をサヴォイア家領のシチリア島と交換し，サヴォイア家が(²⁶)王の称号を得る
  - ※(²⁶)王国の領土…イタリア本土のピエモンテ地方と(²⁶)島。首都：**トリノ**
- 19世紀，サルデーニャ王国がイタリア統一運動の中心となる
  - →**ヴィットーリオ＝エマヌエーレ2世**の下，首相(²⁷ 　　　　　　)が近代化や統一運動を推進
  - →1861年，イタリア王国成立

3 コルシカ島・ミノルカ島

(1)コルシカ島

- 地中海西部にある，地中海で4番目の大きさの島。古代から多くの民族・国家が進出
- 13世紀までにカルタゴ・ローマ帝国・ヴァンダル王国・東ゴート王国・ビザンツ帝国・ランゴバルド王国・イタリア諸都市などの支配を受ける
- 14世紀以降，イタリア北部の海港都市(²⁸ 　　　　　　)がコルシカ島を支配

→コルシカ島民はしばしば反乱をおこすが，16世紀以降にはフランスが介入

- 18世紀後半，ジェノヴァがコルシカ島をフランスに売却

　　　→同世紀末，フランスによる支配が確立　　　ナポレオン＝ボナパルトはコルシカ島の出身！

(2)ミノルカ島（メノルカ）島

- イベリア半島の東方，地中海の西部に位置するバレアレス諸島の一つ
- バレアレス諸島第一の良港を有し，18世紀には軍事上重要な役割を担う

　　　→スペイン・イギリス・フランスが同島の帰属を争う

- 1713年のユトレヒト条約で，スペインは(^{29}　　　　　　　)にミノルカ島を割譲
- 18世紀半ば，イギリスは七年戦争に際してフランスにミノルカ島を占領されるが，まもなく奪回
- ミノルカ島の奪回をめざすスペインは，(^{30}　　　　　　　)**戦争**(1775〜83年)に際して1779年に植民地側で参戦 → ミノルカ島に侵攻して82年にイギリスから奪回

　　　→最終的に83年のヴェルサイユ条約で，イギリスはスペインにミノルカ島を割譲

- 1798年，ナポレオン戦争のなかで，イギリスがミノルカ島を再占領

　　　→1802年のアミアンの和約でミノルカ島は返還され，恒久的にスペイン領となる

4 クレタ島

(1)クレタ島の地勢・概要とクレタ文明

- エーゲ海では最大，地中海では5番目の大きさの島。アジア・アフリカ・ヨーロッパを結ぶ要衝
- 前2000〜前1400年頃，クレタ島を中心に**クレタ文明**(民族系統不明)が栄える

　　ⅰ)**クノッソス**に代表される壮大で複雑な構造の宮殿建築が特徴。また，宮殿は城壁をもたず，海の生物や人物などが壁画に描かれる

　　　　→海洋民族らしい明るく開放的・平和的な性格がうかがえる

　　　　※1900年，イギリス人の**エヴァンズ**がクノッソス宮殿を発掘

　　ⅱ)天災やアカイア人の侵入で衰退・滅亡

(2)クレタ島の歴史——ヴェネツィア・オスマン帝国の支配とギリシアへの帰属

- 13世紀初め以降，イタリア北部の海港都市(^{31}　　　　　　　　)がクレタ島を支配

　　　→クレタ島は農産物の輸出や東方貿易(レヴァント貿易)で繁栄

- 17世紀後半，**オスマン帝国**がクレタ島に進出して支配下にいれる
- 19世紀前半，(^{32}　　　　　　　)**戦争**(1821〜29年)に際して，島民の蜂起があいつぐ

　　　→19世紀半ば以降，ギリシアへの帰属を求める民族主義的反乱に発展

　　　→19世紀末，列強の介入でオスマン帝国下におけるクレタ島の自治権が認められる

- 1913年，第1次バルカン戦争の結果，**ギリシア領**となる

5 マルタ島

(1)マルタ島の地勢・概要

- 地中海のほぼ中央に位置し，シチリア島の南方にある島
- 古代，ギリシア人やフェニキア人の影響を受けたのち，ローマ帝国の支配下にはいる

　　　→以後，シチリア島と連動してイスラーム勢力・ノルマン人・スペイン王国などの支配を受ける

(2)マルタ島の歴史——マルタ騎士団・イギリスの支配，独立

- 1530年，オスマン帝国に追われた(^{33}　　　　　　　　)がマルタ島を支配下におく

→対オスマン帝国の最前線となり，（　33　）は71年の（³⁴　　　　　　　　）**の海戦**でも活躍

　　※（　33　）…第１回十字軍の際に結成された宗教騎士団。十字軍後はキプロス島・ロードス島へ
　　　と拠点を移すが，カール５世からマルタ島を与えられて移転。以後，**マルタ騎士団**と呼ばれる

●18世紀末，エジプト遠征途上のナポレオン＝ボナパルトがマルタ島を占領

　　→まもなくイギリスが占領。また，マルタ騎士団は本部をローマに移転

●1815年，**ウィーン会議**の結果，**イギリス領**となる ← 地中海を経由してインドへいたる重要拠点

マルタ騎士団はその後も存続し，現在，国際連合にもオブザーバーとして加盟している

●1964年，**マルタ共和国**としてイギリスから独立

●1989年，アメリカ大統領ブッシュ（父）とソ連書記長ゴルバチョフによるマルタ会談がおこなわれ，

　「（³⁵　　　　　　　）」が宣言される

●2004年にヨーロッパ連合（EU）に加盟。08年にはユーロを導入

6 キプロス島

(1) キプロス島の地勢・概要

●地中海東部の島で，古代から交通や軍事の要衝。地中海では３番目の大きさの島

●住民はおもに**ギリシア系**（約78％，ギリシア正教徒）と**トルコ系**（約11％，イスラーム教徒）

(2) キプロス島の歴史──ヴェネツィア・オスマン帝国・イギリスの支配

●フェニキア・ペルシア・エジプトなどの支配を受け，前１世紀半ばにローマの支配下におかれる

　→４世紀末のローマ帝国の東西分裂以降はビザンツ帝国の支配下におかれ，住民は（³⁶
　　　　　　　）を受容

●12世紀末，イングランドのリチャード１世がキプロス島を征服したのち，フランスのリュジャン
　家に譲渡 → 以後，（³⁷　　　　　　　）の基地として，対イスラーム勢力の拠点となる

●15世紀末，ヴェネツィアがキプロス島を支配下におく

●16世紀後半，**オスマン帝国**がキプロス島を支配下におく → イスラーム教徒の移住がすすむ

●1878年，**イギリス**が（³⁸　　　　　　　）**条約**で，オスマン帝国からキプロス島の行政権を獲得

●1914年，第一次世界大戦を機に，**イギリスはキプロス島を併合**

(3) キプロスの独立とキプロス問題

●1960年，**キプロス共和国**としてイギリスから独立 → ギリシア系とトルコ系住民の統合が課題

　ⅰ）ギリシア系住民…約78％（南部，ギリシア正教徒）＝ギリシアへの帰属を望む

　ⅱ）トルコ系住民…約11％（北部，イスラーム教徒）＝トルコへの帰属を望む

　→両者の対立は「キプロス問題」としてしだいに深まり，63年に内戦状態となる

　→64年，**国連キプロス平和維持軍**が派遣される（～2019年現在も駐留）

●1974年，ギリシアの支援で軍部クーデタが勃発すると，対抗してトルコ軍が介入 → 南北に分断

●1983年，**北部**のトルコ系住民が「**北キプロス＝トルコ共和国**」樹立を宣言　※トルコのみが承認

●2004年，南部のキプロス共和国がヨーロッパ連合（EU）に加盟。08年にはユーロを導入

　→現在，国際連合が南北統合に向けて調停中

4-2 おさえておきたいヨーロッパの諸地域②──地中海の島々の歴史　問題演習

問1　次の文章は，フェルナン＝ブローデル『地中海』の中の一節である。（浜名優美訳による。引用文は一部書き改め，省略したところがある。なお，文章中のa～dには，下の地図中に示した島a～dの島名が入る。）

<センター試験　世界史B　2004年>

　地中海の島々は，特に重要である。キプロス島，①a島，②b島，c島，d島，…など，いくつかの島は，かなり大きく，ミニチュアの大陸である。小さい島にせよ大きい島にせよ，それらの重要性は，島が海路に沿った不可欠な寄港地であり，また島と島の間，あるいは時には島の沿岸と大陸との間で，航海する上で求められる比較的穏やかな海を提供しているということに由来する。

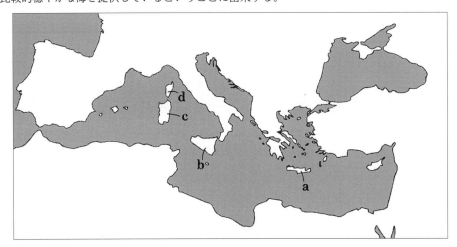

（1）　下線部①の島において，前2千年紀前半ごろに栄えた古代文明について述べた文として正しいものを，次の①～④のうちから一つ選べ。
　　①　エヴァンズにより，この文明の遺跡が発掘された。
　　②　鉄器文明であった。
　　③　ミケーネ文明を滅ぼして成立した。
　　④　この文明では，文字が用いられなかった。

（2）　下線部②の島について述べた文として誤っているものを，次の①～④のうちから一つ選べ。
　　①　ポエニ戦争の結果，ローマの属州とされた。
　　②　ノルマン人の王国が建てられた。
　　③　ナポレオン1世の出身地であった。
　　④　第二次世界大戦中，連合軍が上陸した。

（3）　地図中に示した島a～dのうち，19世紀半ばにイタリアを統一した国王が，統一戦争前から支配していた島として正しいものを，次の①～④のうちから一つ選べ。
　　①　a　　　②　b　　　③　c　　　④　d

問2　シチリア島の歴史について述べた文として正しいものを，次の①～④のうちから一つ選べ。

<センター試験　世界史A　2000年>

　①　ゲルマン人の移動の後，フランク王国がこの島を支配下に置いた。
　②　19世紀前半に，この島はオスマン帝国の支配から独立を達成した。

③　ベルリン条約(1878年)で，イギリスはこの島の支配権を獲得した。

④　ムッソリーニの失脚は，連合軍がこの島に上陸したことが契機となった。

問3　シチリア島に関する説明で誤りのあるものはどれか。　　　　　　　　＜早稲田大学　教育学部　2010年＞

a　前2世紀末，ローマに対して大規模な奴隷反乱が勃発した。

b　アレクサンドリアに学んだアルキメデスは，シチリア島のシラクサでローマ軍に殺された。

c　ノルマン人はビザンツ帝国からシチリア島の支配権を奪い，後12世紀に両シチリア王国を建国した。

d　ペロポネソス戦争中，アテネはシチリア島のシラクサに遠征し大敗を喫した。

問4　1282年に勃発した「シチリアの晩祷」もしくは「シチリアの晩鐘」と呼ばれる事件は，どの支配に対する蜂起
だったか。選択肢から一つだけ選びなさい。　　　　　　　　　　　　　＜青山学院大学　文学部　2013年＞

1．神聖ローマ帝国　　　2．フランス　　　3．ビザンツ帝国　　　4．マムルーク朝

問5　南イタリアとシチリア島に関する以下の記述のうち，誤っているのはどれか。選択肢（a～d）から1つ選
びなさい。　　　　　　　　　　　　　　　　　　　　　　　　＜上智大学　総合グローバル学部　2016年＞

a　シュタウフェン朝が中央集権化を推進した。

b　島民の反乱によってシチリア王国とナポリ王国に分裂した。

c　15世紀にイベリア半島のカスティリャ王国によってナポリ王国と再統合された。

d　フランスのアンジュー家の支配を受けた。

問6　地中海とその島々に関する記述として，誤りを含むものはどれか。　　＜関西学院大学　商学部　2015年＞

a．12世紀のシチリアではノルマン，イスラーム，ビザンツの文化が共存した。

b．フィリップ2世は2度の十字軍で北アフリカを攻撃したが，いずれも失敗した。

c．ヨハネ騎士団は後にマルタ島を本拠地とした。

d．スレイマン1世はプレヴェザの海戦で地中海の制海権を獲得した。

問7　イギリスがキプロス島の行政権を得た条約を，次のa～dから1つ選びなさい。

＜立教大学　異文化コミュニケーション学部　2016年＞

a．サン・ステファノ条約　　　b．パリ条約　　　c．ベルリン条約　　　d．ロンドン条約

問8　マルタ島に関連して，20世紀にこの島で開催された首脳会談について述べた文として正しいものを，次の
①～④のうちから一つ選べ。　　　　　　　　　　　　　　　　　　＜センター試験　世界史A・追　2010年＞

①　ソ連の対日参戦が決定された。

②　冷戦の終結が宣言された。

③　ヒトラーのズデーテン地方割譲の要求が受け入れられた。

④　日本の降伏条件が協議された。

問9　次の文章の空欄に適当な語句を答えなさい。　　　　　　　　　　＜青山学院大学　文学部・改　2017年＞

　　サルデーニャ島は13世紀末から15世紀後半まで，断絶した時期を含むものの，イベリア半島北東部を中核と
する（　1　）王国に領有されており，その後はスペインに支配権が移った。

　　サルデーニャ島は，スペイン継承戦争を終結させた（　2　）条約によってオーストリアに領有権が移ったの
ち，1720年に（　3　）家が北イタリアの一部を合併するかたちでサルデーニャ王国として独立を達成した。

5 中央アジア史

POINT 古代からさまざまな民族が活動してきた中央アジアの歴史を，住民の宗教や周囲の大国との関係に注目して理解しよう！

1 中央アジアの領域と地域的特徴

(1)中央アジアの領域

■中央アジアの領域

- 領域は必ずしも一定ではないが，おおまかに現在のウズベキスタン・トルクメニスタン・タジキスタン・カザフスタン・キルギス・新疆ウイグル自治区(中国)にあたる
  - →歴史的地域の「トルキスタン」にほぼ相当
- ※中央アジアの領域をさらに広げて，南ロシア草原・モンゴル高原・チベット高原・現在のアフガニスタン地域なども含めて，内陸アジア(近年では中央ユーラシア)と呼ぶこともある

(2)中央アジアの地域的特徴

- 中央アジアの地理…山脈・高原の高地，砂漠・草原の乾燥地帯，オアシス農耕地帯など
- 乾燥地帯の草原では，古代からさまざまな**騎馬遊牧民**が活動
  - →北方の「(^{1})」を通じて，ユーラシアの東西を結ぶ交易や文化交流にも貢献
- 山脈に発する河川沿いにはオアシス都市が発達し，古代から定住民による農耕がおこなわれる。また，「(^{2})」を利用した**隊商交易**の拠点ともなる
  - →パミール高原東部：タリム盆地周縁部の(^{3})・クチャ(亀茲)・ホータン・カシュガル
  -   西部：ソグディアナ地方の(^{4})・ブハラなど
- オアシス都市の定住民は，しばしば騎馬遊牧民による略奪・支配をうけるが，一方で交易の利益を提供して騎馬遊牧民の保護を受けることもあり，両者の関係は相互補完・互恵的

2 中央アジアの「イスラーム化」と「トルコ化」

(1)6～8世紀頃の中央アジア

- 古代より，ソグディアナ地方を原住地とする**イラン系**の(^{5})**人**が，中継貿易で繁栄
- 5世紀半ば～6世紀，騎馬遊牧民の(^{6})(イラン系説をはじめ，民族系統は諸説あり)が中央アジアで勢力を拡大し，東西交易によって繁栄
- 6世紀以降，内陸アジアでトルコ系遊牧民の活動が活発化
- 6世紀半ば，モンゴル高原で勃興した**トルコ系**の(^{7})が，西方のササン朝と結んでエフタルを滅ぼし，モンゴル高原と中央アジアを統合する国家を建設
  - →同世紀後半，(7)は内紛や中国・隋の離間策で東西に分裂
  - →西(7)が中央アジアを支配するが，7世紀半ばに唐に敗れて，8世紀初めには滅亡

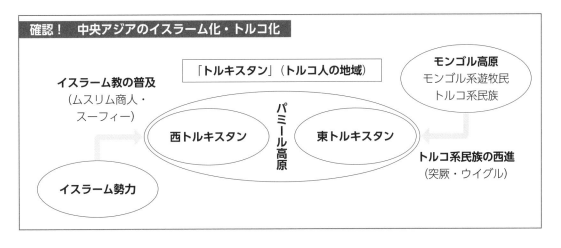

確認！ 中央アジアのイスラーム化・トルコ化

「トルキスタン」（トルコ人の地域）

モンゴル高原
モンゴル系遊牧民
トルコ系民族

イスラーム教の普及
（ムスリム商人・スーフィー）

パミール高原

西トルキスタン　東トルキスタン

トルコ系民族の西進
（突厥・ウイグル）

イスラーム勢力

(2)中央アジアの「イスラーム化」と「トルコ化」

● 7世紀半ば以降，(8　　　　　　　)**勢力**がササン朝を破って中央アジア西部へ進出

ⅰ）同世紀後半，ウマイヤ朝が中央アジア西部を支配下におさめて突厥勢力と対峙

ⅱ）8世紀半ば，(9　　　　　　　)**朝**が中央アジア西部へ進出

　　→751年のタラス河畔の戦いで唐を破る　※唐の勢力は中央アジアから後退

ⅲ）ムスリム商人やスーフィー（神秘主義者）の活動で中央アジア西部の**イスラーム化**が進行

　　※ソグド人が担っていた経済・文化的な機能は，しだいにムスリム商人が担うようになる

● 8世紀半ば，トルコ系の(10　　　　　　　)が東突厥を倒して，モンゴル高原を支配

→中央アジア東部へ進出し，その支配や交易の利益をめぐってチベット高原の吐蕃と対立

→840年，(10)はトルコ系のキルギスの侵入を受けて滅亡

●ウイグルの滅亡後，その住民が**中央アジアへ移住・定着**→ トルコ系住民の増加とともに，先住のイラン系住民もトルコ語を話すようになり，中央アジアのトルコ化が進行

→のちに中央アジア＝「(11　　　　　　　)」（トルコ人の地域）の呼称が生まれる

　　※(11)は，(12　　　　　　　)を境に東西に分けられる

(3)カラハン朝と中央アジア（東・西トルキスタン）のイスラーム化

● 9世紀後半以降，西トルキスタンに成立したイラン系イスラーム王朝の(13　　　　　　　)**朝**のもとで，**トルコ系住民のイスラームへの改宗が進む**

→ (13)朝は，騎馬技術にすぐれたトルコ人奴隷（マムルーク）を西アジアへ供給

●10世紀半ば，**最初のトルコ系イスラーム王朝**である(14　　　　　　　)**朝**が成立

→同世紀末にサーマーン朝を滅ぼして東・西トルキスタンを統合し，同地のイスラーム化を促進

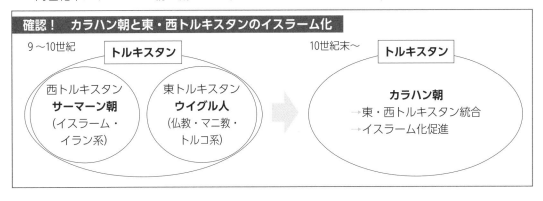

確認！ カラハン朝と東・西トルキスタンのイスラーム化

9～10世紀　トルキスタン

西トルキスタン
サーマーン朝
（イスラーム・イラン系）

東トルキスタン
ウイグル人
（仏教・マニ教・トルコ系）

10世紀末～　トルキスタン

カラハン朝
→東・西トルキスタン統合
→イスラーム化促進

3 モンゴル帝国による中央アジア支配, ロシア・中国（清）の進出

(1) 11～12世紀頃の中央アジア

- 11世紀，カラハン朝は緩やかな部族連合国家であったため王族が各地に割拠し，のち東西に分裂
- 11世紀前半，西トルキスタンで勢力を拡大したトルコ系の人々が西アジアへ進出し，(¹⁵)朝を建てる → シリア・アナトリアに領土を拡大し，ビザンツ帝国を圧迫
- 11世紀後半，セルジューク朝のマムルーク出身者が，西トルキスタンのホラズム地方（アム川下流域）を中心に(¹⁶)朝（都：ウルゲンチ）を建てる
  - →西トルキスタンからイラン，アフガニスタン地域にいたる広大な地域を支配
- 1125年，内陸アジア東部で，金（ツングース系，女真）が遼（モンゴル系，契丹〈キタイ〉）を滅ぼすと，遼の王族の耶律大石が中央アジアに逃れ，32年に(¹⁷)（都：ベラサグン）を建てる
  - ⅰ）分裂していたカラハン朝の東半（東トルキスタン）を支配下におき，西トルキスタンにも勢力を拡大して，東西交易で繁栄
  - ⅱ）13世紀初め，トルコ系のナイマン部に王位を奪われて滅亡

(2) モンゴル帝国とティムール朝

- 13世紀，チンギス＝ハンが**モンゴル帝国**を建国し，ユーラシア各地へ遠征
  - →ナイマン部やホラズム＝シャー朝を滅ぼして，中央アジアも支配下におさめる
- チンギス＝ハンの死後，その子孫による地方政権が各地に成立し，中央アジアにはチンギス＝ハンの次男チャガタイの後裔による(¹⁸)国（都：アルマリク）が成立

> それぞれの領域は東・西トルキスタンにほぼ相当

  - ⅰ）東・西トルキスタンを支配し，東西交易で繁栄
  - ⅱ）14世紀頃から，モンゴル支配層のトルコ化・イスラーム化が進む
    - →同世紀半ば，イスラームの受容をめぐる国内の対立から，(18)国は東西に分裂
- 1370年，**西チャガタイ＝ハン国**から(¹⁹)が自立して(19)朝〈都：(²⁰)，のちにヘラート〉を建てる
  - ⅰ）(19)は西トルキスタンを統一し，さらに西進してイラン・イラクなど西アジアも支配
  - ⅱ）15世紀前半に王朝は最盛期をむかえ，(²¹)**文化**が発展
  - ⅲ）王朝は分裂・統合を繰り返し，16世紀初めにトルコ系の(²²)人の侵入で滅亡
- **東チャガタイ＝ハン国**は，「モグール」（モンゴルのペルシア語読み）と呼ばれて存続するが，台頭したウズベク人やカザフ人に草原地帯を奪われ，タリム盆地周辺のみを支配
  - →15世紀前半からイスラーム化が進み，スーフィー（神秘主義）教団の影響力が強まる
  - →16世紀には東西に分裂するが，17世紀までその流れをくむ政権が割拠

(3) 16～18世紀の中央アジアの動き

- 16世紀以降，西トルキスタンでは，ウズベク人がイスラーム王朝（**ウズベク3ハン国**）を建国
  - ⅰ）(²³)国（都：ブハラ，1500～1920年）…ブハラを首都とするウズベク人政権の総称。シル川・アム川中流域を支配し，ロシアや東トルキスタンとの交易で繁栄
  - ⅱ）(²⁴)国（都：ヒヴァ，1512～1920年）…ホラズム地方（アム川下流域）を支配し，(23)国と勢力を争う
  - ⅲ）(²⁵)国（都：コーカンド，1710頃～1876年）…(23)国から自立して成立した政権。フェルガナ地方（シル川上流域）を支配
- 16世紀以降，火器の普及で騎馬遊牧民の軍事力が低下 → **ロシア・中国（清）が中央アジアへ進出**

● 17世紀，モンゴル系オイラト(瓦剌)の一部族(²⁶　　　　　　　)が勢力を拡大し，東トルキスタンを征服 → 18世紀には青海・チベットや外モンゴルにも進出

● 18世紀半ば，清の**乾隆帝**がジュンガルを滅ぼし，東トルキスタンを支配下に入れる

　　→乾隆帝は獲得した東トルキスタンを「(²⁷　　　　　)」(新しい領土)と命名

　　→(27)では，清は監督官を派遣して，現地のウイグル人有力者(ベグ)に支配をまかせる

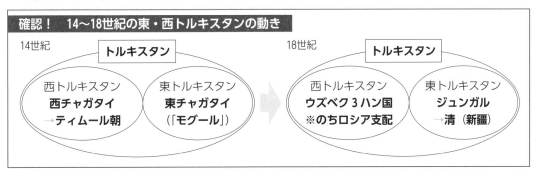

確認！　14〜18世紀の東・西トルキスタンの動き

14世紀

トルキスタン

| 西トルキスタン **西チャガタイ →ティムール朝** | 東トルキスタン **東チャガタイ (「モグール」)** |

18世紀

トルキスタン

| 西トルキスタン **ウズベク3ハン国 ※のちロシア支配** | 東トルキスタン **ジュンガル →清(新疆)** |

4　19世紀以降の中央アジア──中国・ロシアの支配

(1)ロシアの中央アジア支配と，清との国境紛争

● 19世紀半ば以降，ロシアは中央アジアの支配をめぐって，インドを拠点とするイギリスとの勢力争い(**グレート＝ゲーム**)を展開 → 中央アジアでの(²⁸　　　)**政策**を推進

　ⅰ)1867年，西トルキスタンの最大都市タシュケントを占領し，トルキスタン省を設置

　ⅱ)1868年にブハラ＝ハン国，73年にヒヴァ＝ハン国を保護国とし，76年にはコーカンド＝ハン国を併合して，ロシア領トルキスタンを形成 → (²⁹　　　　)栽培による経済開発を推進

● 19世紀後半，欧米列強の進出を背景に清の統治が弱まる → 新疆(東トルキスタン)では，清朝支配に対する現地のイスラーム教徒や回民(漢語を話すイスラーム教徒)の不満が高まる

　→1864年，イスラーム教徒が反乱をおこして新疆全土に拡大すると，そのなかから65年以降(³⁰　　　　　　　)が台頭し，新疆に独自の政権を建てる

　→1877年，清の欽差大臣(³¹　　　　)が(30)の政権を倒し，新疆を奪回

● 1871年，ロシアはイスラーム教徒の反乱に乗じて新疆北部の(³²　　　　)**地方を占領**し，その後も清による撤退要求を無視して駐留を続け，清と対立〈(32)**事件**〉

　→左宗棠による新疆奪回を受けて，1881年に清とロシアの間で(32)**条約**が結ばれ，両国の国境が画定 → (32)地方の大半は清に返還され，一方でロシアは通商上の利権を獲得

● 1884年，清は新疆省(省都：ウルムチ)を設置 → ベグによる支配体制を廃止

● 1898年，中央アジアのアンディジャンで，イスラーム教徒による反ロシア蜂起が発生

● 1907年，(³³　　　　　)が成立し，両国のイラン・アフガニスタンにおける勢力圏や，チベットへの不干渉が取り決められる → 中央アジアをめぐるグレート＝ゲームは後退

(2)中華民国・ソ連成立後の中央アジア

● 1912年，(³⁴　　　　)が成立して清が滅亡

　→新疆では清朝出身の漢人による支配がおこなわれるが，形式上は中華民国の枠内にとどまる

● 1917年，(³⁵　　　　　)で帝政が崩壊 → 中央アジア各地にもソヴィエト政権が成立

　→1922年，ソヴィエト社会主義共和国連邦が成立

　→1920〜30年代，ロシア共産党は，中央アジアの各民族を強制的に再編して民族ごとの共和国を

建設する「民族・共和国境界画定」を強行し，**ウズベク・トルクメン・タジク・カザフ・キルギスの各共和国を成立させて，ソ連に編入**

現代中央アジア諸国の原型

- ソ連は，中央アジアでも農業の集団化や生産手段の国有化などを強行
  - →綿花のモノカルチャー栽培が確立 → のち環境破壊（アラル海の縮小による塩害など）が深刻化
- 1930年代前半，新疆では漢人政権に反発するイスラーム系住民の蜂起がおこるが，鎮圧される
  - →以後，漢人政権による半独立状態が継続。一方，住民の蜂起やソ連支援による独立運動も続く

(3)20世紀後半以降の中央アジア

- 1949年，中国共産党は，中華人民共和国の建国に際して，新疆の独立運動を取り込む
  - →55年，(³⁶　　　　　　　　　　)**自治区**を設置
- 1980年代，ソ連でペレストロイカ（改革）が進行 → 1991年，ソ連解体
  - →解体が進むなか，中央アジア諸国も次々と独立し，(³⁷　　　　　　　　　　)・(³⁸　　　　　　　　　　)・**タジキスタン・トルクメニスタン・キルギス**の５つの共和国が成立
  - ※いずれも住民の多くがイスラーム教徒。政治的には旧ソ連時代から続く長期の強権的支配が多いが，経済的には石油・ガスなどの天然資源が豊富なことから，国際的にも注目される
- 1996年，中国・ロシア・カザフスタン・キルギス・タジキスタンの５カ国が，旧ソ連・中国の国境地帯における軍事的緊張の緩和のため，「上海ファイブ」を結成
- 2001年，「上海ファイブ」を前身に，ウズベキスタンが加わって**上海協力機構**（本部：北京）が発足
  - ※15年にインド・パキスタンが加盟。19年現在，モンゴル・イラン・ベラルーシ・アフガニスタンがオブザーバーとして加盟
- 近年，新疆ウイグル自治区では，中国政府によるウイグル人への抑圧を背景に住民の暴動が頻発

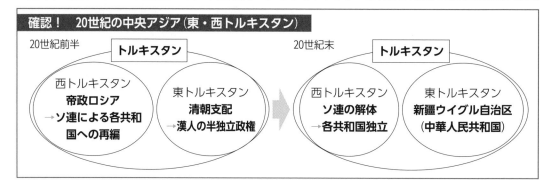

確認！　20世紀の中央アジア（東・西トルキスタン）

| 20世紀前半　トルキスタン | 20世紀末　トルキスタン |

西トルキスタン
帝政ロシア
→ソ連による各共和国への再編

東トルキスタン
清朝支配
→漢人の半独立政権

西トルキスタン
ソ連の解体
→各共和国独立

東トルキスタン
新疆ウイグル自治区
（中華人民共和国）

❺ 中央アジア史　問題演習

問1　ユーラシア大陸内陸部に存在した国について述べた文として波線部の誤っているものを，次の①～④のうちから一つ選べ。　　　　　　　　　　　　　　　　　　　　　　＜センター試験　世界史B　2013年＞

①　バクトリアは，セレウコス朝から自立したギリシア人が建国した。

②　カラ＝ハン朝の下で，トルコ人のイスラーム化が進んだ。

③　アフガニスタンで成立したブワイフ朝は，インドへの侵入を繰り返した。

④　ブハラ＝ハン国は，19世紀にロシアの支配下に入った。

問2　代表的な交易の担い手としてソグド商人を挙げることができるが，次の地図中の地域a～dのうち，ソグド人の出身地域として正しいものを，以下の①～④のうちから一つ選べ。　　　　　＜センター試験　世界史B　2000年＞

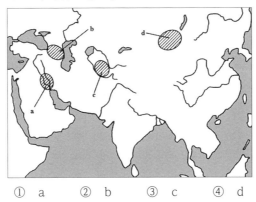

①　a　　　　②　b　　　　③　c　　　　④　d

問3　オスマン帝国から東トルキスタンに至る広範な地域の歴史について述べた文として正しいものを，次の①～④のうちから一つ選べ。　　　　　　　　　　　　　　　　　　＜センター試験　世界史B・追　2016年＞

①　東トルキスタンは，明によって占領され，新疆と名付けられた。

②　ブハラ＝ハン国は，ロシアの保護国とされた。

③　ウマイヤ朝では，トルコ人が奴隷軍人として採用された。

④　中央アジアでは，匈奴の分裂をきっかけとして，トルコ化が進んだ。

問4　パミール高原に関連する記述の中で，誤っているものはどれか。　　　　　　　　＜早稲田大学　文学部　2014年＞

イ　中国では葱嶺とよび，その名が中国に知られるのは，張騫の旅行以後である。

ロ　この高原を境にしてトルキスタンは東西に分かれる。

ハ　トルキスタンはもとアーリヤ系住民の地であるが，北方トルコ系民族の移住によりこの地域のトルコ化がおこった。

ニ　ソグディアナは東トルキスタンの中心地にあり，中国側の記録には粟特などとして見える。

問5　「ウイグル文字」を用いた「ウイグル」について，その説明として誤っているものはどれか。

＜早稲田大学　文学部　2018年＞

ア　当初は突厥に支配されていたが，744年に東突厥を倒して建国された。

イ　ソグド人と協力関係にあり，中央アジアのオアシス都市を結ぶ「オアシスの道」からの利益を得た。

ウ　タラス河畔の戦いで，唐軍を打ち破った。

エ　マニ教を盛んに信仰した。

アパルトヘイトの歴史

POINT 南アフリカのアパルトヘイト撤廃に向けて，どのような運動があったのだろうか。国際社会の動きに注目しよう！

1 アパルトヘイトの確立

(1) 17世紀〜20世紀前半 〔オランダ語から派生したアフリカーンス語を使用〕

- 17世紀以降，オランダ系の人々がケープ植民地に入植 → 子孫は(^{1}　　　　　）**人**と呼ばれる
  - ※「(　1　)」はイギリス側からの蔑称で，オランダ語で「農民」の意味。英語読みではボーア人。19世紀後半からは，(　1　)人の自称の「**アフリカーナー**」の呼称が定着
  - →19世紀，(　1　)人は南アフリカにトランスヴァール共和国・オレンジ自由国を建国
- 1899〜1902年，(^{2}　　　　　　　）**戦争**（ブール人 vs. イギリス）→ イギリスが勝利し，トランスヴァール・オレンジ両国を併合して南アフリカ一帯を領有
- 1910年，イギリス連邦内の自治領として(^{3}　　　　　　　）が成立
  - →11年以降，ブール人の懐柔を背景に，原住民居住地の隔離や，白人と非白人の結婚禁止といったさまざまな人種差別法が制定される
- 1912年，反人種主義とアフリカ人の権利擁護を目標とする南アフリカ先住民民族会議が成立
  - →23年，(^{4}　　　　　　　）(ANC)に改称。**反アパルトヘイト運動**を推進

(2) 20世紀半ば以降

- 1948年以降，国民党（アフリカーナーの政党，マラン政権〈48〜54〉）が(^{5}　　　　　　　）（アフリカーンス語で「分離・隔離」の意味）と呼ばれる**白人優遇の人種隔離政策**を本格化
  - ⅰ）住民を白人(15%)，カラード（白人と有色人種の混血，9%），アジア人（インド系・マレー系など，3%），黒人(73%)の4人種に区別し，人種ごとに居住区を規定
  - ⅱ）産業に適した地域は白人専用で，黒人は農業にも牧畜にも適さない荒野に押し込められる
    - →黒人は劣悪な黒人専用居住区に住むとともに，仕事を求めて大都市に出て，白人経営の工場などにおいて低賃金で働くという，経済的隷属状態におかれる
  - ⅲ）異人種間の結婚が禁止され，恋愛も処罰の対象となる。また，黒人は義務教育を受ける権利や参政権もないなど，まったくの無権利状態におかれる
  - ⅳ）ホテル・レストラン・病院・バス・列車・公園・公衆トイレなどにいたるまで人種隔離が徹底され，さらに黒人は身分証（パス）携帯を義務づけられて，不携帯だけで逮捕された
- 1960年，シャープビル虐殺事件…身分証携帯義務（パス法）に反対する抗議活動で，69人が警官隊によって殺害される
  - →活動を指示した団体や，関係したANCが非合法化
- 1962年，(^{6}　　　　　　　）(ANCの副議長)が逮捕される
- 1976年，(^{7}　　　　　　）**蜂**

〔映画紹介〕「**遠い夜明け**」（リチャード＝アッテンボロー監督，1987年）
国際社会の反アパルトヘイト運動の高揚のなかで，アパルトヘイトに反対する映画も数多くつくられた。なかでもおすすめは「遠い夜明け」。アパルトヘイトの実態や，それにたちむかった黒人のスティーヴ＝ビコと彼を支援した白人ジャーナリストのウッズとの友情を描く。アパルトヘイトが続いていた時代に全世界で上映され，国際世論を喚起した。ちなみにビコを悼んでイギリス人ミュージシャンのピーター＝ガブリエルも「ビコ」という曲をつくっている。

起…ヨハネスブルク郊外の黒人居住区（　7　）で，黒人の子供にもアフリカーンス語教育を強制することへの抗議活動がおこなわれるが，警官隊が鎮圧をはかる

　→暴動に発展して13歳のピーター少年を含む500人以上が殺傷され，国際的非難が高まる

● 1977年，反アパルトヘイト活動家**ビコ**が警官の拷問によって死亡

2 アパルトヘイトの撤廃

(1)国際社会の反アパルトヘイト運動

● 1952年以降，（⁸　　　　　　　　　）が毎年アパルトヘイトへの非難決議を採択

● 1961年，イギリス連邦会議で激しい非難を受けると，南アフリカはイギリス連邦から脱退して南アフリカ共和国となる

● 1960年のローマ＝オリンピック以降，南アフリカはオリンピック出場を認められず

● 1985年以降，国際社会が南アフリカへの経済制裁を強化

(2)アパルトヘイトの撤廃

● 国際的な経済制裁の影響で南ア経済が打撃を受ける

　→南アフリカ国内でも，アパルトヘイト維持の弊害を指摘する世論が高まる

● 1984年，イギリス国教会の聖職者ツツが，反アパルトヘイト活動でノーベル平和賞を受賞

● 1989年，アフリカーナーの（⁹　　　　　　　　）が大統領に就任（任1989〜94）

　→アパルトヘイト体制の撤廃に向けて改革を開始

● 1990年，マンデラ釈放…1964年から27年間ロベン島刑務所に投獄。反アパルトヘイト運動の象徴

● 1991年，デクラーク大統領が廃止案を可決させて，**「アパルトヘイトの終結」**を宣言　※「1991年は，南アがアパルトヘイトを最終的に一掃した年として歴史に残ることになるだろう。すべての人々が今ようやく，人種差別から解き放たれた」

　・アパルトヘイトを撤廃
　　（1991年）＝デクラーク
　　大統領
　・撤廃後に就任（1994年）
　　＝マンデラ大統領

● 1992年，南アフリカとしてバルセロナ＝オリンピックに出場

● 1993年，国連で経済制裁の撤廃が決議される

● 1993年，デクラークとマンデラが（¹⁰　　　　　　　　　　）を受賞

● 1994年，アパルトヘイトが完全に撤廃される…全人種参加の初の総選挙

　→ANCが勝利してマンデラが黒人初の大統領に就任（任〜99）。人種共存の「虹の国」をめざす。

〔映画紹介〕マンデラに関する映画を紹介！

「マンデラの名もなき看守」（ビレ＝アウグスト監督，2007年）	獄中に27年間つながれた反アパルトヘイトの闘士マンデラの看守として彼を長年にわたって監視してきた主人公の内面の変化を描くことで，マンデラの実像を浮かび上がらせる。
「インビクタス――負けざる者たち」（クリント＝イーストウッド監督，2009年）	1995年，ラグビーワールドカップが南アフリカで開催された。制裁が解かれワールドカップ初出場の南アチームが初優勝をとげる実話がベース。大統領に就任したマンデラが人種の融合に苦悩する姿と，黒人もメンバーに入った新生南アのラグビーチームの快進撃が織りなす感動作。

■**ノーベル平和賞を受賞したマンデラとデクラーク**

⑥ アパルトヘイトの歴史　問題演習

問1　次の文章中の空欄　イ　と　ウ　に入れる語の組合せとして正しいものを，下の①〜④のうちから一つ選べ。

<センター試験　世界史A・追　2016年>

　　　イ　を経てイギリスの植民地となった南アフリカでは，アパルトヘイトと呼ばれる人種隔離政策が実施された。この政策に反対する　ウ　は，長年にわたる弾圧を受けながらも，1994年に黒人として初の大統領に就任した。

① イ－南アフリカ戦争　　ウ－ルムンバ　　② イ－南アフリカ戦争　　ウ－マンデラ
③ イ－第一次世界大戦　　ウ－ルムンバ　　④ イ－第一次世界大戦　　ウ－マンデラ

問2　差別や人権をめぐる動きについて述べた文として正しいものを，次の①〜④のうちから一つ選べ。

<センター試験　世界史A　2009年>

① フランスでは，人権宣言の採択後，バスティーユ牢獄への襲撃が起こった。
② 第二次世界大戦前，国際連盟の総会で，世界人権宣言が採択された。
③ アメリカ合衆国では，第二次世界大戦後，公民権運動が高まった。
④ 南アフリカ共和国では，マンデラ大統領の就任後，人種隔離政策が撤廃された。

問3　1991年にアパルトヘイトを廃止した南アフリカの大統領はどれか，次の①〜④のうちから一つ選びなさい。

<青山学院大学　全学部　2013年>

① ネルソン・マンデラ　　② デクラーク　　③ アジェンデ　　④ アラファト

問4　南アフリカに関連して，南アフリカ史上，年代順で3番目に当たるのはどれか。

<早稲田大学　文学部　2016年>

イ　ブール人が，オレンジ自由国を建国した。
ロ　マンデラが，全人種参加の選挙で大統領に当選した。
ハ　デクラーク大統領によって，アパルトヘイトが法的に撤廃された。
ニ　イギリス帝国内の自治領として，南アフリカ連邦が成立した。

問5　20世紀後半までつづいたアパルトヘイト（人種隔離）政策に対する抵抗運動を率いたネルソン＝マンデラが，指導者として活動していた組織の名をしるせ。　　<立教大学　観光学部　2013年>

問6　南アフリカ共和国での動きについて，1980年代末からマンデラ大統領誕生までの経緯を説明しなさい。（150字程度）

<北海道大学　2010年>

7 近現代アメリカ先住民の歴史

POINT ▶
「白人をおそう野蛮なインディアン」のイメージはなぜつくられたのだろうか。合衆国政府の先住民統治の方法や，土地をめぐる先住民と入植者の関係に注目しよう！

1 アメリカ合衆国独立以前の先住民

(1) アメリカ大陸の先住民とヨーロッパ人の進出

- 1492年にコロンブスが到達した当時，北アメリカには**100万人以上の先住民**が居住し，数十の部族ごとにわかれて生活　※コロンブスがアメリカ大陸をインドだと信じたことから，先住民は「インディアン（インディオ）」と呼ばれることになる
- 1607年，イギリスがジェームズタウンへの入植を開始 → ヴァージニア植民地として発展
- 1620年，(¹　　　　　　　　　)号で(²　　　　　　　　　)が**プリマス**に到着

(2) 入植者と先住民との対立

一般的に，初期の入植者は先住民との協力関係を維持

- ヨーロッパからもたらされた感染症（天然痘やインフルエンザなど）によって，先住民の人口が激減
- 17～18世紀，イギリス人・フランス人入植者と先住民との毛皮や土地をめぐる抗争が激化
- 1754～63年，(³　　　　　　　　　)**戦争**…先住民の諸部族はフランスと同盟

ポカホンタス

イギリス人の入植当初は，先住民とのあいだに友好関係が結ばれたことも少なくなかった。ジェームズタウン付近の先住民部族ポウハタンの族長の娘ポカホンタスとイギリス人入植者とのロマンスは有名である。二人は結婚し，1616年に渡英。彼女はジェームズ1世に謁見して「インディアンの姫」として有名になったが，17年，アメリカに戻る船旅の途上で病死した。

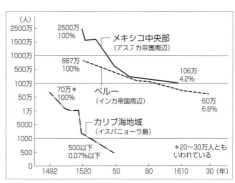

■**先住民人口の推移**　各地の人口が急減しているのはいつ頃だろうか。また何故だろうか。

2 アメリカ合衆国と先住民

(1) アメリカ合衆国の先住民政策

- 1775～83年，**アメリカ独立戦争** → 独立後，西部に領土を拡大して先住民との対立が激化

先住民の「土地」に対する考え方

この時期，白人と先住民とのあいだで膨大な量の土地の譲渡条約が結ばれた。一見，白人は合法的に先住民の土地を得たようにみえるが，そもそも土地に関する考え方が先住民と白人では大きく違っており，先住民には白人と同じような土地所有権の概念はなかった。先住民にとって土地は「母なる大地」であり，だれかの所有物であったり，売買の対象ではなく，白人も含めてすべての動植物がともに土地を使用してその恵みを受ける権利があると考えていた。しかし，白人にとって西部地域は西洋文明を発展させるべき土地で，先住民が土地をめぐる条約にサインすれば，それは所有権の移転とみなした。

- 1830年，(⁴　　　　　　　　　)**法**制定〈(⁵　　　　　　　　　)大統領期〉
  → 南部の**開化5部族（チェロキー・チカソー・チョクトー・クリーク・セミノール）**などをミシシ

ジェロニモ

ジェロニモ(1829〜1909)は, アメリカ合衆国による強制移住に最後まで抵抗した, アパッチ族の指導者。彼は1886年に投降するまで数百人のアパッチ族を率いてアメリカ軍とたたかい, 勇敢な戦士として恐れられた。写真は投降後に撮られたもの。

■**先住民の強制移住**

ッピ川以西に強制移住させる　※1838〜39年, チェロキー族の移動〈「(^{6}　　　　　　　　　)Trail of Tears」と呼ばれる〉

● 1851年, 保留地政策開始…先住民を保留地に隔離し, インディアン管理局が統轄

● 南北戦争後の1860年代後半, 西部に移民が押し寄せ, 白人による急激な開拓がすすむ

　→西部の先住民(**スー・コマンチ・シャイアン・アパッチ**など)と, 土地をめぐって激しく抗争

　→「西部開拓者の幌馬車をおそうインディアン」のイメージが形成される

● 1864年, (^{7}　　　　　　　　　　　)**の虐殺**…シャイアン族数百人がアメリカ軍に虐殺される

● 1876年, **リトル＝ビッグホーンの戦い**…アメリカ軍 vs. スー・シャイアン連合

　→スー・シャイアン連合が勝利するが, アメリカ軍はただちに反撃

● 1887年, **ドーズ土地割当法**…部族の共同所有地を個人所有に割り当て, 先住民に農業を奨励

　→農業の知識が少なく, 土地を売却してしまう先住民が続出し, 貧困化が進行

　→先住民の子どもは白人文化を学ぶため, 親から離れて寄宿学校に通う → 先住民文化の衰退

● 1890年, (^{8}　　　　　　　　　　)**の虐殺**…スー族数百人がアメリカ軍に虐殺される

　→先住民の組織的抵抗が終わる　※1890年＝「(^{9}　　　　　　　　　)の消滅」の年

● 1924年, すべての先住民にアメリカ市民権が付与される

● 1934年, インディアン再組織法制定〈(^{10}　　　　　　　　　　　)大統領期)〉…部族ごとの自治を認め, 伝統的な儀式を許可。また, 保留地での産業振興がはかられる

(2) 20世紀後半のレッド・パワーの動き

● 1960年頃〜, **レッド・パワー**の高揚　※**黒人の**(^{11}　　　　　)**運動**(ブラック・パワー)の影響

　→先住民への差別禁止, 文化の尊重, 条約の遵守などを要求(指導者:**デニス＝バンクス**ら)

● 1968年, 先住民の権利擁護をめざすアメリカ＝インディアン運動(AIM)が結成される

● 1969〜71年, アルカトラズ島占拠事件…サンフランシスコのアルカトラズ島(1963年まで刑務所として使用されていたが, 69年当時は廃墟)を数十人の先住民が占拠し, 権利の回復を要求

● 1973年, ウーンデッド＝ニー占拠事件…白人による暴行事件を背景に, ウーンデッド＝ニー(サウスダコタ州)周辺の先住民が蜂起し, 同地を約3カ月占拠して「独立」を宣言 → 国際的に注目される

● 1978年, 「ロングスト＝ウォーク」…デニス＝バンクスらが提唱し, 「涙の旅路」などのインディアン強制移住の苦難を再現して, カリフォルニアからワシントンまで4800キロを行進

〔映画紹介〕「**ダンス・ウィズ・ウルブズ**」(ケビン＝コスナー監督, 1990年)

かつてはハリウッド映画で描かれる「インディアン」は, 「野蛮・凶暴で白人をおそう未開人」というステレオタイプのものが多かった。しかし, この映画では「インディアン」一人ひとりの内面を描き, また, インディアン社会を侵略する白人社会を批判的にとらえて話題を呼んだ。全世界で大ヒットし, アカデミー賞を受賞。なお, 監督・主演をつとめたケビン＝コスナー自身がチェロキー族の血をひいている。

近現代アメリカ先住民の歴史　問題演習

問1　次の年表に示したa～dの時期のうち，アメリカ合衆国で先住民（インディアン）に対する強制移住法が制定された時期として正しいものを，下の①～④のうちから一つ選べ。　　＜センター試験　世界史A・追　2012年＞

```
        a
1818年    第1次セミノール戦争が起こる
        b
1862年    ミネソタでスーの人々が蜂起
        c
1890年    ウーンデッド＝ニーの戦いで先住民の殺戮が行われる
        d
1934年    インディアン再組織法制定
```

　　　　　　　① a　　　　② b　　　　③ c　　　　④ d

問2　アメリカ先住民に関連する説明で誤っているものはどれか。　　　　　＜早稲田大学　商学部　2014年＞
1．ウーンデッドニーにおいてスー族インディアンに対する虐殺が行われた。
2．インディアン移住法の下で，チェロキー族をはじめとするほとんどのインディアンの部族をインディアン準州へ移住させ，その途上で多くの死者を出した。
3．19世紀後半にアメリカ南西部においてジェロニモを中心とするアパッチ族が白人に対して激しく抵抗したものの，最後には降伏した。
4．大陸横断鉄道の敷設などにクーリーとしてかり出され，過酷な労働を強いられた。

問3　インディアン強制移住法とそれに関連する説明で誤りを含む記述はどれか。

＜早稲田大学　人間科学部　2009年＞

a　1830年にモンロー大統領が制定した法律で，その真の狙いは，白人入植者たちに先住民たちの豊かな土地を供給するところにあった。
b　この法律は，先住民たちをミシシッピ川以西に設けられた保留地に強制的に移住させることを目的としていた。
c　この強制移住法は先住民の土地だけでなく，多くの人命も奪った。たとえばチェロキー族は，のちに「涙の道」と呼ばれるようになる移住の旅で，多くの死者を出した。
d　先住民の移住後，南部の広大な土地の多くは，移住法を支持したプランターたちの綿花栽培地帯となった。

問4　19世紀前半のアメリカにおける領土の拡大について，以下の語句を用いて説明しなさい。（400字程度）

＜筑波大学　2012年＞

　　　　インディアン強制移住法　　　カリフォルニア　　　ジェファソン
　　　　テキサス　　　マニフェスト＝ディスティニー

ユダヤ人の歴史

POINT ▷ ユダヤ人がなぜ差別されたのかも含めて，ユダヤ人とキリスト教社会との関係など時代ごとの背景をおさえよう！

1 古代

(1)ヘブライ王国の興亡とユダヤ教の成立

- 前1500年頃，ヘブライ人(セム語系)がパレスチナ(古名：カナーン)に定住 → 一部はエジプトへ
- 前13世紀頃，「(^{1}　　　　　　)」…(^{2}　　　　　　)が，新王国時代のエジプトで迫害された人々を率いて脱出。その途上，シナイ山で「**十戒**」(ヘブライ人と唯一神ヤハウェとの契約)を授かる
- 前10世紀頃，(^{3}　　　　　　)王国(ヘブライ王国)が繁栄
  - ⅰ)第2代(^{4}　　　　　)王…パレスチナを統一
  - ⅱ)第3代(^{5}　　　　　)王…最盛期，イェルサレムに神殿(第一神殿)を建造
- 前922年頃，イスラエル王国は南北に分裂 ┌北部：**イスラエル王国**(都：サマリア)
  └南部：**ユダ王国**(都：イェルサレム)
- 前722年，イスラエル王国がアッシリア王国(サルゴン2世)に滅ぼされる
- 前587年／586年，ユダ王国が新バビロニア王国(ネブカドネザル2世)に滅ぼされる
  →住民は新バビロニアの首都(^{6}　　　　　　)へ強制移住させられる〈(^{6}　)**捕囚**〉
- 前538年，アケメネス朝(キュロス2世)が「バビロン捕囚」から人々を解放
- 前515年，イェルサレムに神殿(第二神殿)が再建される → この頃に(^{7}　　　　　)**教**が成立
  ※以降，(^{7}　)教を信仰する人々が「(^{7}　)人」と呼ばれる
- 前10世紀〜前1世紀にかけて，「天地創造」「ノアの方舟」などイスラエル人の伝承や預言者の言行などの文献が成立 → 後1世紀末頃，ヘブライ語の聖典『(^{8}　　　　　　)』にまとめられる

(2)ヘレニズム〜ローマ時代のユダヤ教，キリスト教の成立

- アケメネス朝以後，パレスチナ地方は，マケドニア(アレクサンドロス大王の帝国)，プトレマイオス朝エジプト，セレウコス朝シリアなどの支配下におかれる
- 前166〜前142年，マカベア戦争…セレウコス朝シリアに対するユダヤ人の独立戦争

〔映画紹介〕

「**十戒**」(セシル＝B＝デミル監督，1956年)	「出エジプト」の奇跡のシーンが有名。CGのない時代に海が割れるシーンを描き，アカデミー賞の特殊効果賞を受賞。同じテーマを最新CGで描いた作品が「エクソダス──神と王」(リドリー＝スコット監督，2014年)。
「**ベン・ハー**」(ウィリアム＝ワイラー監督，1959年)	四頭立て戦車競争のシーンが有名だが，主人公のベン・ハーはローマ時代のユダヤ人貴族という設定。映画の中でイエスも登場する。
「**パッション**」(メル＝ギブソン監督，2004年)	イエス磔刑までの最後の24時間を描く。鞭打ちや十字架にかけられるシーンなどをリアルに描きすぎて，上映当時クレームがついた作品。一方，イエスがアラム語(当時のパレスチナ地方の共通語)を話すなど，時代考証は厳密。
「**マリア**」(キャサリン＝ハードウィック監督，2006年)	イエス生誕を描いた映画。時代考証がしっかりしていて，処女懐胎や厩でイエスが生まれたなどの有名なエピソードを，丁寧にリアリティをもって描く。

- →ユダヤ人が勝利し，ユダヤ人国家を再建（**ハスモン朝**）
- 前63年，ハスモン朝はローマの武将（⁹　　　　　）に敗れ，**ローマの支配下**におかれる
- ハスモン朝の断絶後，ヘロデがローマと協力関係を結んで，ヘロデ朝をたてる
  - →イェルサレムの第二神殿を拡張（ヘロデ神殿）

嘆きの壁

ヤハウェ神殿（第一神殿）はのち，新バビロニア王国によって破壊されたが，「バビロン捕囚」後の前515年に再建された（第二神殿）。前１世紀頃にはヘロデ王のもとで拡張されたが（ヘロデ神殿），紀元後１世紀，ローマ帝国によって破壊された。ヘロデ神殿の遺構の一部が現在の「嘆きの壁」で，現在もユダヤ教にとっての最大の聖地となっている。ユダヤ教徒は，右の写真のように壁の前に集まってそれに触り，祈りをささげる。なお，奥に見えるのはイスラーム教の聖地「岩のドーム」。

- 前７年／前４年頃，パレスチナで（¹⁰　　　　　）が誕生
  - →（　¹⁰　）はユダヤ教の祭司やパリサイ派を形式主義として批判し，神の絶対愛を説く
- 後30年頃，イエスはユダヤ教支配層によってローマ総督ピラトに訴えられ，処刑される
  - ※イエスはユダヤ人によってピラトに引き渡されて処刑されたとされることから，「**ユダヤ人はイエス（神）を見捨てた人々**」とみなされて，キリスト教徒の反ユダヤ意識の根源となる
- 66～70年，ユダヤ人がローマに反乱をおこす（第１次ユダヤ戦争）→ 鎮圧され，ヘロデ神殿は破壊されて消失（ヘロデ神殿の遺構の一部が現在の「嘆きの壁」）
- 132～135年，再びユダヤ人がローマに反乱をおこす（第２次ユダヤ戦争，ハドリアヌス帝の治世）
  - →鎮圧され，以後，ユダヤ人は自分たちの国をもつことなく，ヨーロッパ～西アジアの各地に離散（¹¹　　　　　）と呼ばれる。ギリシア語で「散在」の意味〉

2 中世～近代

(1)ディアスポラ後のユダヤ人

- ユダヤ人は移住先でもユダヤ教の信仰を保ち，共同体で独自の社会・法律を維持
  - ※ユダヤ教の会堂は（¹²　　　　　）と呼ばれ，**ラビ**と呼ばれる宗教指導者が共同体を統治
  - ⅰ）イベリア半島～北アフリカに居住したユダヤ人…**セファルディ**系
  - ⅱ）ライン川地帯～ヨーロッパ西北部（ウクライナ～ポーランドなどの東欧）に居住したユダヤ人
    …**アシュケナジ**系（イディッシュ語を形成）
- キリスト教社会のヨーロッパではユダヤ人への差別意識があったが，中世前期の教皇グレゴリウス１世が隣人愛の精神でユダヤ人への寛容を説くなど，総じてユダヤ人への迫害は限定的
- 地中海交易では，キリスト教徒商人とムスリム商人の仲介として，ユダヤ人商人が活躍
  - →ユダヤ人の経済力を評価して，世俗君主も彼らを保護
- イスラーム教では，ユダヤ教徒は「（¹³　　　　　）」として共存を許されたので，イスラーム支配下（とくにイスラーム支配が長かったイベリア半島など）では，ユダヤ人は勢力を維持
  - ※（¹⁴　　　　　）国…６～10世紀頃，南ロシアに存在したトルコ系遊牧民の国。支配層がユダヤ教に改宗したことで知られる

(2)ユダヤ人迫害の激化

- 11世紀以降，（¹⁵　　　　　）を機にキリスト教社会の宗教熱が高まり，ユダヤ人迫害が強まる
- 1179年，第３回ラテラノ公会議…キリスト教徒による金融業を「忌むべきもの」として禁止
- 1215年，**第４回ラテラノ公会議**…教皇インノケンティウス３世が提唱。様々な反ユダヤ法を規定

ⅰ）キリスト教徒とユダヤ人との交際・通婚の禁止や，ユダヤ人を見分ける徽章の導入を規定

ⅱ）ユダヤ人のギルドからの追放や，土地所有の禁止なども規定

→ギルド加盟や土地所有を禁止されたユダヤ人は，おもに金融業を担うようになる

※金融業への憎悪も重なって，「ユダヤ人＝強欲で非情な金貸しのイメージ」が定着

- 14世紀半ば，ヨーロッパ全域で（¹⁶　　　　　）が大流行

→（　16　）はユダヤ人が毒をまいているためだというデマによって，ユダヤ人への迫害が発生

- 15世紀，イベリア半島で**国土回復運動（レコンキスタ）**が進展すると，ユダヤ人への迫害も激化

→1492年，スペインがユダヤ人追放令を発布

→多くのユダヤ人が東欧（とくにポーランド）やオスマン帝国（とくに**イスタンブル**）に移住

※キリスト教に改宗してスペインに残ったユダヤ人は，「マラーノ」（「豚」）と蔑称される

- ポーランドはカトリック国だったが，宗教寛容策をとり，ユダヤ教徒の自治も認める

→とくに14世紀の**カジミェシュ大王**は多くのユダヤ人を受け入れ，ユダヤ人は商工業で活躍

- オスマン帝国では，（¹⁷　　　　　）**制**のもとでユダヤ教徒の自治が認められる

- 16世紀以降，ヨーロッパではユダヤ人への迫害が激化し，各地の都市では，ユダヤ人が（¹⁸　　　　　）と呼ばれる居住区に強制隔離される

（3）ユダヤ人解放の動き

- 18世紀以降，**啓蒙思想**の普及や**市民革命**の影響で，ユダヤ人解放の動きが広まる

- アメリカ合衆国は建国当初からユダヤ人に市民権を認める → ユダヤ人のアメリカ移住が増加

- 1791年，フランスの国民議会がユダヤ人に市民権を認める

- オランダ・イタリア・オーストリア・プロイセンなどでもユダヤ人への市民権付与やゲットーの解放がすすむ。また，イギリスでも1858年にユダヤ人の市民権が認められる

3 19世紀以降

（1）反ユダヤ主義の拡大とシオニズム運動の始まり

- 19世紀，ナショナリズムや国民国家が強調されるようになると，各国内の異民族としてのユダヤ人を排外する風潮が高まり，反ユダヤ主義・反セム主義（アンチ＝セミティズム）が広がる

- 1880〜1920年代，社会不安の続くロシアで（¹⁹　　　　　）と呼ばれるユダヤ人迫害が激化

→多くのユダヤ人がアメリカに移住

- 1894〜99年，（²⁰　　　　　）**事件**…フランスで起きたユダヤ系軍人（　20　）への冤罪事件

→（　20　）事件に衝撃を受けた**ヘルツル**（ハンガリー出身のユダヤ人。オーストリアの新聞記者）が，（²¹　　　　　）**運動**を開始　※（　21　）運動…ユダヤ人を「民族」ととらえ，先祖の地（パレスチナのシオンの丘）に帰ってユダヤ人国家の建設をめざす運動の総称

（2）第一次世界大戦とパレスチナ問題の起源

- 1917年，第一次世界大戦中にイギリスが**バルフォア宣言**を発表

→同時にアラブ人の独立を支持する**フサイン・マクマホン協定（書簡）**や，英仏露でオスマン帝国領を分割するとした**サイクス・ピコ協定**を別々に結ぶ，矛盾外交を展開

史料 バルフォア宣言　※『世界史史料10　20世紀の世界Ⅰ』（歴史学研究会編，岩波書店，2006年）より

国王陛下の政府はパレスチナにおいてユダヤ人のための民族的郷土（National Home）を設立することを好ましいと考えており，この目的の達成を円滑にするために最善の努力を行うつもりです。

- 1920年，第一次世界大戦後のセーヴル条約で，パレスチナは**イギリスの委任統治領**となる

4 第二次世界大戦とホロコースト

(1) ナチス＝ドイツによるユダヤ人迫害

- 1933年，ドイツでナチ党政権が成立 → 35年，(22)**法**を制定…ユダヤ人の市民権を剥奪（一切の政治的権利の剥奪やドイツ人との通婚禁止など）
- 1938年，「(23)」**事件**…ドイツ全土でおこったユダヤ人迫害事件。打ち壊されたユダヤ人商店のガラスが闇夜のなかで水晶のように輝いたことから，このように呼ばれる

(2) 第二次世界大戦中〜戦後

- ナチス＝ドイツは各地に強制収容所を設置（**アウシュヴィッツ収容所**〈ポーランド〉など）し，1942年には，ユダヤ人問題の「最終的解決」として(24)と呼ばれる大虐殺を開始
  → 迫害や(24)を逃れて，多くのユダヤ人がパレスチナやアメリカに移住
- パレスチナでは，移住ユダヤ人と先住のパレスチナ人（アラブ系・イスラーム教徒）の対立が激化
- 1948年，**イスラエル建国** → パレスチナ紛争が勃発

史料 『アンネの日記』 ※『アンネの日記〔増補新訂版〕』（アンネ・フランク著，深町眞理子訳，文藝春秋，2003年）より

■アンネ＝フランク

(1944年4月11日)…（略）…もしも神様の思し召しで生きることが許されるなら，わたしはおかあさんよりもりっぱな生き方をしてみせます。つまらない人間で一生を終わりはしません。きっと世の中のため，人類のために働いてみせます。

(1944年7月15日)この世界が徐々に荒廃した原野と化してゆくのを，わたしはまのあたりに見ています。…（略）…いつかはすべてが正常に復し，いまのこういう惨害にも終止符が打たれて，平和な，静かな世界がもどってくるだろう，と。それまでは，なんとか理想を保ちつづけなくてはなりません。だってひょっとすると，ほんとにそれらを実現できる日がやってくるかもしれないんですから。
※この2週間後の8月1日で日記は終わっている。

- アンネ＝フランクはユダヤ系ドイツ人。フランク家はフランクフルトの実業家で裕福に暮らしていたが，ユダヤ人への迫害が始まり，家族でアムステルダムの隠れ家に避難した（アンネは当時13歳）。アンネはこの隠れ家での生活を，架空の友達キティーに手紙を書くという形式で日記に記していた。1944年8月に密告され，一家で収容所へ移された。45年春に15歳で死亡。一家でただ一人生き残った父親が戦後『アンネの日記』として刊行し，世界的ベストセラーとなる。
- アムステルダムにはアンネの隠れ家が博物館として保存されている。また，アウシュヴィッツをはじめとするナチス＝ドイツの収容所も各地に残されている。

〔書籍・映画紹介〕『アンネの日記』のほか，ホロコーストについて考えるための参考資料を紹介。

書籍『エルサレムのアイヒマン――悪の陳腐さについての報告』	ハンナ＝アーレント著（大久保和郎訳，みすず書房，2017年〈新版。原著1963年〉）。ユダヤ人輸送計画の責任者だったナチ党の高官アイヒマンが，自身の罪をどう認識していたのかをさぐる。戦後におこなわれた裁判の記録。
書籍『夜と霧』	ヴィクトール＝E．フランクル著（池田香代子訳，みすず書房，2002年〈新版。原著1947年〉）。ナチス＝ドイツの収容所から生還した精神科医による回顧録。
映画「シンドラーのリスト」	スティーヴン＝スピルバーグ監督，1993年。ナチ党員だったが，ユダヤ人を救おうとした実業家シンドラーを通してホロコーストの実態を描く。
映画「サウルの息子」	ネメシュ＝ラースロー監督，2015年。ナチス＝ドイツのユダヤ人強制収容所でゾンダーコマンド（死体処理任務につくユダヤ人の労務部隊）として働く男サウルにおきたできごとを淡々と描く。サウルの視点からみたガス室の描写に戦慄が走る。

問1　ヘブライ人について述べた次の文章中の空欄　ア　と　イ　に入れる語の組合せとして正しいものを，下の①～⑥のうちから一つ選べ。　　　　　　　　　　　　　　　　　　　　＜センター試験　世界史B・追　2009年＞

　　ヘブライ人は，　ア　に導かれてエジプトを脱出したという伝承を持つ。前1000年ごろ，ヘブライ人は，パレスチナに王国を建て，　イ　の時代に栄えたが，その後，王国は分裂した。

① 　アーキュロス2世　イーソロモン王　　　② 　アーキュロス2世　イーモーセ

③ 　アーモーセ　　　　　イーキュロス2世　　④ 　アーモーセ　　　　　イーソロモン王

⑤ 　アーソロモン王　　　イーキュロス2世　　⑥ 　アーソロモン王　　　イーモーセ

問2　反ユダヤ主義の高まりについて述べた次の文中の空欄　イ　と　ウ　に入れる語の組合せとして正しいものを，下の①～④のうちから一つ選べ。　　　　　　　　　　　　　　　＜センター試験　世界史A　2015年＞

　　19世紀末，反ユダヤ主義が高まっていた第三共和政下の　イ　では，ユダヤ系の軍人がスパイ容疑で告発される　ウ　が起こった。

① 　イーフランス　　　ウードレフュス事件　　② 　イーフランス　　　ウーサライェヴォ事件

③ 　イーオランダ　　　ウードレフュス事件　　④ 　イーオランダ　　　ウーサライェヴォ事件

問3　ユダヤ人やユダヤ教について述べた文として正しいものを，次の①～④のうちから一つ選べ。

＜センター試験　世界史B・追　2000年＞

① 　ユダヤ人は，バビロン捕囚からの帰還後，ソロモン王の下で強力な国家を作った。

② 　『旧約聖書』は，ユダヤ教への批判の書である。

③ 　ナチスの人種政策は，ユダヤ人の反対運動によって阻止された。

④ 　イギリスは，バルフォア宣言によってパレスティナにユダヤ人国家の建設を認めた。

問4　次の文章は，『アンネの日記』からの抜粋である。

> 　1942年10月9日，金曜日，キティーへ。きょうは悲しく憂鬱なニュースばかりです。たくさんのユダヤ人のお友達が，一度に10人，15人と連行されていっています。その人たちは，ゲシュタポからこれっぽっちも人間らしい扱いを受けず，ユダヤ人収容所に送られてゆきます。
> 　1944年6月6日，火曜日，キティーへ。イギリスのラジオを通じて，「本日はDデーなり」という声明が流されました。連合軍の上陸作戦が開始されたのです！《隠れ家》は興奮の渦です！いよいよ待ちに待った解放が実現するのでしょうか？もう問題はユダヤ人だけのものではありません。ヨーロッパの被占領地域全体の問題です。

下線部に関連して述べた次の文①～④のうちから，正しいものを一つ選べ。　　　＜センター試験　世界史　1994年＞

① 　ゲシュタポは，イタリアのファシズム体制の秘密警察である。

② 　捕らえられたユダヤ人は，オランダのアウシュヴィッツ収容所に連行された。

③ 　ドイツでは，ユダヤ人だけでなく社会主義者たちも迫害を受けた。

④ 　迫害を免れたユダヤ人は，第一次世界大戦後間もなく建国されたイスラエル共和国へ逃れた。

問5　次の文章について，(a)(b)ともに正しい場合は数字1，(a)のみ正しい場合は数字2，(b)のみ正しい場合は数

字3，(a)(b)ともに正しくない場合は数字4を答えなさい。　　　　　　　　　　　　　　＜同志社大学　政策学部　2013年＞

(a)　律法を重視するユダヤ教を批判したイエスは，ユダヤ人からの告発を受けた総督エピクテトスによって，十字架にかけられて処刑された。

(b)　イエスを救世主とする考えは，パウロなどの使徒によってローマ帝国各地に布教され，パレスチナ以外の地域にもキリスト教信仰をもつものが現れた。

問6　ヨーロッパにおけるユダヤ人政策を決定した会議として，1215年の第4回ラテラノ公会議が知られているが，この会議の時の教皇で，王や皇帝を次々と破門したことで有名な人物の名を答えなさい。
　　　　　　　　　　　　　　　　　　　　　　　　　　　　　　　　　＜学習院大学　文学部　2010年＞

問7　ナチス＝ドイツのユダヤ人迫害に関する記述として，誤りを含むものはどれか。
　　　　　　　　　　　　　　　＜関西学院大学　神・社会・経済・国際・教育・総合政策学部　2012年＞

a．アウシュヴィッツ収容所は現在のオーストリアにあった。
b．ユダヤ人商店を襲撃し，ユダヤ人を虐殺する「水晶の夜」が起こった。
c．ユダヤ人を強制収容所に集めて強制労働に就かせた。
d．ニュルンベルク法により，ユダヤ人の公職からの排除が定められた。

問8　ナチスの反ユダヤ主義に関する以下の説明のうち，最も適切なものを一つ選びなさい。
　　　　　　　　　　　　　　　　　　　　　　　　　　　　　　　　　＜早稲田大学　法学部　2017年＞

イ　ヒンデンブルクは大統領緊急令を発し，アウシュヴィッツにおける強制収容所の建設を命じた。
ロ　1933年に起こった国会議事堂放火事件は，犯人がユダヤ人であったことから，反ユダヤ主義のプロパガンダに利用された。
ハ　ヒトラーの政権掌握後，ニュルンベルク法によってユダヤ人は公民権を奪われた。
ニ　ナチス・ドイツ軍のポーランド侵攻以降，レーム率いる親衛隊により，大規模なユダヤ人の連行が繰り広げられた。

問9　ポグロムやドレフュス事件を経て，シオニズムが運動として組織化されていく。シオニズムとは何かを説明しなさい。(40字程度)　　　　　　　　　　　　　　　　　　　　　　＜慶應義塾大学　経済学部　2017年＞

問10　イベリア半島から追放されたユダヤ人は，イタリア半島をはじめ，ヨーロッパ各地に離散した。かれらは，都市内の指定された地区に居住することが多かったが，そうしたユダヤ人居住区を何といったか。
　　　　　　　　　　　　　　　　　　　　　　　　　　　　　　　　　　　　　＜京都大学　2013年＞

問11　現代においてユダヤ人はパレスチナ地域だけではなく広く世界各地に離散した形態で生活している。しかし，このようなユダヤ人の離散状況(ディアスポラ)は近代に至って始まったわけではなく，既に古代において周辺諸国による政治的従属化が契機となって発生していた。キリスト教化の過程が比較的短期間の内に地中海世界の広範囲に渡って進捗したのも，それが主に，このような形で各地に散在していた会堂に集まったユダヤ人の改宗から始まったからである。

　では，紀元前十世紀初頭に成立したダビデ王朝以降，ユダヤの民はどの周辺民族の支配に甘んじ，どのような事件がきっかけとなって世界各地に離散していったのか。時系列に沿って離散を促した事件を指摘しつつ，ユダヤ人国家がローマ帝政期に至るまでに経験した対外的関係の変遷の概略を示しなさい。ただし，以下の語句を使い，最初に用いた箇所に下線を付すこと。(600字程度)　　　　　　　　　　＜千葉大学　2015年＞

[語句]アッシリア　　　アケメネス朝ペルシア　　　新バビロニア
南・北王国への分裂　　　マケドニア　　　ローマ

9 パレスチナ問題

POINT 複雑なパレスチナ問題を理解するために，必ず地図で変遷を確認しよう！

1 パレスチナ問題の始まり

(1) 第一次世界大戦におけるイギリスの矛盾外交

- 相矛盾する三つの約束 → 現在に続くパレスチナ問題の起源
- 1915年，(¹　　　　　　　　　)**協定**(**書簡**)…アラブ人の戦争協力(オスマン帝国への蜂起)を目的に，イギリスの駐エジプト高等弁務官がアラブ人指導者とかわした，オスマン帝国からの**アラブ人国家の独立**を認める約束
- 1916年，(²　　　　　　　　　)**協定**…英・仏・露3国による，戦後のオスマン帝国領の扱いを定めた秘密協定。各勢力範囲を取り決め，**パレスチナは国際管理**とする(①)
    → 17年のロシア革命で革命政権が暴露 → アラブ側は反発
- 1917年，(³　　　　　　　　　)**宣言**…ユダヤ系金融資本の財政援助を得るため，イギリス外務大臣がユダヤ人のパレスチナ復帰運動(シオニズム)を援助する姿勢を示した宣言
    ※「(イギリス)国王陛下の政府はパレスチナにおいて**ユダヤ人のための民族的郷土**(National Home)を設立することを好ましいと考えており…」⟨(　3　)宣言より⟩

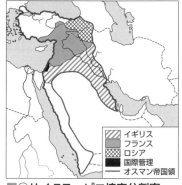

■①**サイクス・ピコ協定分割案**

(2) 第一次世界大戦後〜第二次世界大戦時の情勢

- 1920年，セーヴル条約…国際連盟からの**委任統治領**として，イギリスがパレスチナを統治(②)
    → 以降，(⁴　　　　　　　　)**運動**によるユダヤ人の移住が増加。一方で，ユダヤ人と先住のアラブ人(イスラーム教徒)との対立も表面化
- 1930年代以降，ナチス＝ドイツによるユダヤ人迫害(ホロコースト)が激化し，ユダヤ人のパレスチナ移住が加速 → ユダヤ人とアラブ人との対立が深まる
    → 第二次世界大戦後も，ユダヤ人のパレスチナへの移住は継続

■②**第一次世界大戦後**(イギリスの委任統治領)

2 第二次世界大戦後のパレスチナと中東戦争

(1) 第1次中東戦争(パレスチナ戦争)

- 1945年，**アラブ連盟**(アラブ諸国連盟)結成…エジプト・シリア・レバノン・ヨルダン・イラク・サウジアラビア・イエメンの7カ国
- 第二次世界大戦後，パレスチナにおけるユダヤ人・アラブ人の対立が激化 → 国力を弱めたイギリスは両陣営の仲介を放棄

→1947年，(^{5}　　　　　　　　)の総会で，ユダヤ人に有利な**パレスチナ分割案**が可決（③）

ⅰ）当時，アラブ人とユダヤ人の人口比は7：3，土地所有比は94％：6％だったが，分割案ではユダヤ人国家（③・**A**）が全体の約56％，アラブ人国家（同**B**）が約43％とされる

ⅱ）イェルサレムは（　^{5}　）による管理とされる

※ホロコーストへの贖罪もあり，欧米はイスラエルを支持

→アラブ側はパレスチナ分割案を拒否

● 1948年5月，イギリスの委任統治が終了し，軍も撤退

→同月，(^{6}　　　　　　　　)が建国を宣言（初代首相：ベングリオン）…シオニズム運動の帰結

→アラブ連盟は（　^{6}　）建国に猛反発し，パレスチナへ軍を派遣して(^{7}　　　　　　)**戦争**が勃発

■**③パレスチナ分割案**

確認！　第1次中東戦争（1948〜49年）

〔参戦国〕イスラエル vs. アラブ連盟（エジプト・ヨルダン・シリアなど）

● イスラエルが勝利 → 西イェルサレムを併合したほか，全土で領土を拡大（約56％ → 約80％，④・**A**）

→イスラエルが併合した地域から，75万人以上の(^{8}　　　　　　)が発生 → ヨルダンなどの難民キャンプで生活

● エジプトはガザ地区（同**C**）を軍事占領

● ヨルダンは東イェルサレム，ヨルダン川西岸地区（同**D**）を併合

● 1949年5月，イスラエルが国際連合に加盟

(2) 第2次中東戦争（スエズ戦争）

● 第1次中東戦争の敗北でアラブ諸国の脆弱性が露呈した結果，エジプトでは，**アラブ民族主義**が高揚

→1952年，ナギブや(^{9}　　　　　　)による**エジプト革命**が成功し，王政を廃止して共和国となる

● 1956年7月，ナセル大統領が(^{10}　　　　　　)**の国有化**を宣言

→イギリス・フランス・イスラエルが軍事行動で対抗し，(^{11}　　　　　　　　)**戦争**が勃発

■**④第1次中東戦争後**

確認！　第2次中東戦争（1956年10月〜57年3月）

〔参戦国〕イギリス・フランス・イスラエル vs. エジプト

● 国際世論（とくにインドなどの第三勢力）が英・仏・イスラエルを批判し，米・ソも3国を非難

→国連総会で即時停戦決議　※国連事務総長ハマーショルドが尽力

● 非難を受けて3国軍は撤退。イギリスのイーデン首相は辞職

→エジプトはスエズ運河国有化に成功し，ナセルはアラブ民族主義のリーダーとなる

---

(3) 第3次中東戦争（6日戦争）

● 1964年，パレスチナ難民が(^{12}　　　　　　)(PLO)を結成…パレスチナ人の土地・権利の回復のための組織

● 1967年，パレスチナ問題の緊張が高まるなか，エジプトがアカバ湾を封鎖すると，イスラエルがエジプトに先制攻撃をしかけて(^{13}　　　　　　)**戦争**が勃発

■⑤第3次中東戦争後

> **確認！　第3次中東戦争**（1967年6月）
>
> 〔参戦国〕イスラエル vs. アラブ連盟（エジプト・ヨルダン・シリアなど）
> - イスラエルが圧勝 → 占領地拡大，領土は建国当初の5倍に（⑤　）
>   - ⅰ）エジプトから（14　　　　　　　　　　）（⑤・E）・ガザ地区（同C）を奪う
>   - ⅱ）ヨルダンからヨルダン川西岸地区（同D）・東イェルサレムを奪う（以後，イスラエルが東西イェルサレムを占領）
>   - ⅲ）シリアから（15　　　　　　　　　　）（同F）を奪う
> - 1967年，国連安全保障理事会が，第242号決議でイスラエルに対して占領地域からの撤退を求める
>   - →イスラエルはこれを無視して占領を継続。占領地域から大量の難民が発生するとともに，パレスチナ人はその支配下で抑圧される
> - 敗北したエジプトでは，ナセル大統領の威信が低下
> - ※1974年から国連の停戦監視団が活動しているが，現在も緊張が続く

（4）パレスチナ人の活動

- 第3次中東戦争の敗北でアラブ民族主義は衰退するが，PLOなどパレスチナ人の運動は継続
- 1969年，（16　　　　　　　　　）がPLO議長に就任
  - ※この頃から，パレスチナ人の急進派や武装組織によるテロ事件が多発
- 1970年，急進派の勢力拡大を懸念するヨルダンは，同国に本部を置くPLOなどパレスチナ人の諸組織を弾圧 → PLOは本部をレバノンのベイルートへ移転
- 1972年，弾圧を機に結成された武装組織「黒い9月」が，ミュンヘン＝オリンピック村を襲撃

（5）第4次中東戦争

- 1970年，ナセルが死去して（17　　　　　　　）がエジプト大統領に就任
- 1973年10月，エジプト・シリアは，第3次中東戦争の占領地域の奪回をめざしてイスラエルを攻撃し，（18　　　　　　　　）**戦争**が勃発

> **確認！　第4次中東戦争**（1973年10月）
>
> 〔参戦国〕イスラエル（アメリカが支援）vs. アラブ連盟（エジプト・シリア）
> - 石油輸出国機構（OPEC）が石油価格の引き上げを決定。また，（19　　　　　　　　　　　　　）（OAPEC）も，アメリカなど親イスラエル国への石油全面禁輸，生産削減を決定
>   - →こうした「**石油戦略**」で原油価格が急騰し，世界的な第1次（20　　　　　　　　　）が発生
> - 軍事的にはイスラエルの優位で停戦となるが，アラブ側の「石油戦略」に世界中が打撃を受け，パレスチナ問題への国際的な注目が高まる → PLOの国際的地位が向上

- 1974年，国連決議でパレスチナ人の民族自決権やPLOの正統性が認められる（PLOは国連には「オブザーバー機構」として参加）

> **史料　アラファト議長の国連演説**（「オリーヴの枝と銃」演説，1974年）　※『パレスチナ』（三留理男
> 報告，PLO編集協力，現代史出版会，1975年）より
>
> 　パレスチナ解放機構の議長としてパレスチナ革命の指導者として，私は私達の民族自決権を得るための戦いに参加するよう呼びかけます。この権利は国連憲章に含まれており，…（略）…幾度もこの総会の決議にあらわれました。…（略）…
> 　今日私はオリーヴの枝と自由の戦士の銃をもってやってきました。どうかオリーヴの枝を私の手から落とさせないでください。…（略）…戦火はパレスチナの地に燃え上がります。しかし平和が生まれるのはパレスチナです。

3 中東和平の模索

(1) エジプトとイスラエルの和平

- 第4次中東戦争後，エジプトのサダト大統領は国内の経済問題などを背景に，戦争によるイスラエルとの決着を断念
  - → イスラエルとの和平策に転換
- 1978年，アメリカの仲介で，サダトとイスラエルの（21　　　　）首相が，**キャンプ＝デーヴィッド**で会談〈同年，サダト・（ 21 ）はノーベル平和賞を受賞〉→ 翌79年，（22　　　　）**条約**締結

■**キャンプ＝デーヴィッド会談**（1978年）

> **確認！ エジプト＝イスラエル平和条約**（1979年）
> - エジプト：サダト大統領，イスラエル：ベギン首相，仲介：（23　　　　　　　）アメリカ大統領
> - エジプトがアラブ諸国のなかではじめて，イスラエルを公式に承認
> - イスラエルからエジプトへの（24　　　　　　）の返還を決定（実現は82年）
>   - → 一方，他のアラブ諸国はエジプトの行動を「裏切り」と非難し，アラブ連盟はエジプトを参加資格停止処分とする（1990年停止解除）

(2) インティファーダと湾岸戦争

- 1981年，急進的なイスラーム主義者によって，サダトが暗殺される → ムバラクが大統領に就任し，政策を継承
- 1982年，イスラエル軍がレバノンへ侵攻して，ベイルートを攻撃（〜85年）
  - → 攻撃を受け，PLOは本部をチュニス（チュニジア）へ移転
  - ※この時，西ベイルートのパレスチナ難民キャンプが，親イスラエルのレバノン民兵組織によって虐殺されるサブラー・シャティーラ事件（82年）が発生
- 1980年代にはPLOが弱体化。一方，イスラエルは占領地を併合する姿勢を強める
  - → 対抗してガザ地区・ヨルダン川西岸地区のパレスチナ人が蜂起し，87年以降，（25　　　　　　　　）と呼ばれる民衆蜂起を継続
  - →（ 25 ）を機に，PLOは再建をすすめる。また，イスラーム主義による抵抗組織ハマースも結成される
- 1988年，PLOが「パレスチナ国家独立」を宣言…従来のイスラエル打倒によるパレスチナ解放から，イスラエルの生存権を認めて共存をめざす方針へ転換
- 1991年1月，（26　　　　　）**戦争**勃発
  - → イラクのフセイン大統領は，イラクのクウェート占領・撤退問題とイスラエルのパレスチナ占領・撤退問題を関連づけ，「イスラエルがパレスチナから撤退しなければ，イラクもクウェートから撤退しない」と主張してアラブ諸国の支

インティファーダ

アラビア語で「蜂起」「抵抗」の意味。武器をもたないパレスチナの民衆は，イスラエル軍に対してデモや投石で抵抗の意思を示した。これに対してイスラエル軍は武力による徹底的な弾圧をおこない，国際的に大きな衝撃を与えた。

持を求める

→PLO・ヨルダン・イエメンがイラクを支持するが，エジプト・サウジアラビア・シリア・トルコなどその他の多くの国々は多国籍軍を支持

→PLOは国際的信頼を失い，独立国家の建設も一旦頓挫

(3)パレスチナ暫定自治の開始

●1991年10月，湾岸戦争後の秩序回復のため，米・ソが**マドリード会議（中東和平会議）**を共催

→パレスチナ代表団（ただしPLOは排除される）・アラブ諸国・イスラエルが参加してパレスチナ問題を討議し，問題解決にむけた交渉が始まる

●当初交渉は難航 → 1992年にイスラエルで(²⁷　　　　　　　)首相が就任し，和平路線をとってPLOをパレスチナ人の代表としてはじめて認める → 交渉進展

→93年，(²⁸　　　　　　　　　　　　)協定（**オスロ合意**）成立

確認！　パレスチナ暫定自治協定（1993年）

●イスラエル：ラビン首相，パレスチナ：アラファト議長

※ノルウェーの仲介で秘密交渉がすすみ，ワシントンで調印式。ラビンとイスラエル外相ペレス，アラファトは翌94年に**ノーベル平和賞**を受賞

●イスラエルとPLOが相互に承認

●将来のパレスチナ独立国家樹立を視野に，暫定的に自治を開始することを取り決める

●1994年，**パレスチナ暫定自治政府**が成立し，**ガザ地区**（⑥・**C**）とヨルダン川西岸（同**D**）の都市**イェリコ**で自治を開始 → PLOがガザ地区へ帰還し，以後，自治地域が拡大

●同年10月，イスラエル＝ヨルダン平和条約締結

●1995年，ユダヤ人過激派によって，ラビン首相が暗殺される

→パレスチナ・イスラエル双方とも武力対決路線に立ち戻る

●1996年，アラファトが選挙で暫定自治政府長官（大統領）に就任

パレスチナ国（パレスチナ暫定自治政府〈Palestinian Interim Self-Government Authority：PA〉）

　現在，世界137カ国が主権国家として「パレスチナ国」を承認している。一方，アメリカ・日本など，まだ承認していない国家からは「自治政府」と呼ばれる（日本は「将来の承認を予定する自治区」という扱いで，経済援助などは実施している）。また，同国は国連にはオブザーバー「国家」として承認されており，オリンピックにも1996年から参加している。2011年にはユネスコにも国家として加盟（反発したアメリカとイスラエルは，ユネスコからの脱退を表明）。

　ヨルダン川西岸地区の40％とガザ地区の2地域を統治（ただし，ガザ地区とヨルダン川西岸地区の自由な往来はできない）。パレスチナ評議会（議会）・大統領府などはヨルダン川西岸の都市ラマラにおかれている。2005年にアッバスが大統領となるが，ファタハとハマースの路線対立が現在も続いている。イスラエルからのさまざまな制裁もあって経済発展もままならず，課題は山積している。

■⑥暫定自治協定後

4 現代のパレスチナ問題の争点と近年の動き

(1)イェルサレムの帰属問題

●1967年以降，イスラエルがイェルサレムを実効支配し，（東西の）同市を首都と主張

→国会・省庁など首都機能をイェルサレムにおいているが，国際的には承認されておらず，各国は(²⁹   )に大使館をおいている

※パレスチナ暫定自治政府は東イェルサレムを首都に定めているが，同地は現在もイスラエルの占領下におかれている

(2) 占領地におけるイスラエルの入植問題

- イスラエルは，1967年の第3次中東戦争で占領したゴラン高原・ヨルダン川西岸・ガザ地区などに入植地を建設し，ユダヤ人の居住地域を拡大
  - →「イスラエルの土地」として既得権を主張する意図の他，冷戦終結後にロシアなどの東欧から大量に受け入れたユダヤ系移民の居住地確保という側面もあり

■分離壁

- 2002年以降，イスラエルは「入植地を守る」という名目で，周囲のパレスチナ人居住地とのあいだに**分離壁**の建設をすすめる → イスラエル・パレスチナ両者の軋轢が高まる

(3) パレスチナ難民問題

- パレスチナを追われてヨルダンなど周辺国の難民キャンプに住む難民は，現在500万人以上といわれ，その帰還や補償には困難な問題が残る

(4) アメリカの介入

- 現在，全世界でもっともユダヤ人人口の多い国はアメリカで，とくにニューヨークなどの東海岸にはユダヤ人が多く，彼らは政治的(ユダヤ＝ロビー)・経済的・文化的にアメリカ社会へ大きな影響力をもっている

(5) 近年のパレスチナ問題の動き

- 2000年，イスラエルの右派政治家(のち首相)シャロンが，イェルサレムの「神殿の丘」(イスラーム教の聖地である岩のドームやアル＝アクサー・モスクがある)を武装した支持者とともに訪問
  - →反発したパレスチナ人が**第2次インティファーダ**を開始
- 2001年，シャロンがイスラエル首相(任〜06)に就任し，パレスチナへの空爆など強硬路線をとる
  - →イスラエル軍による攻撃とパレスチナ人の「自爆テロ」の暴力の応酬となる
- 2002年，イスラエルは「入植地を守る」という名目で，入植地の周囲に分離壁の建設を開始

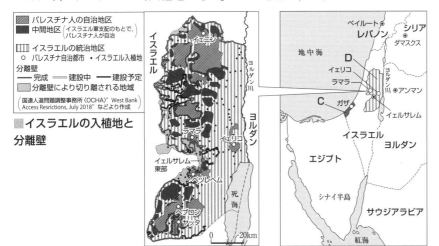

■イスラエルの入植地と分離壁

凡例：
- パレスチナ人の自治地区
- 中間地区(イスラエル軍支配のもとで，パレスチナ人が自治)
- イスラエルの統治地区
- ○ パレスチナ自治都市 ・イスラエル入植地
- 分離壁　―完成　―建設中　―建設予定
- 分離壁により切り離される地域

(国連人道問題調整事務所〈OCHA〉"West Bank Access Restrictions, July 2018"などより作成)

●パレスチナでは，2004年にアラファト議長が死去し，後任に（³⁰　　　　　　　）が就任。一方，自治政府内部での路線対立・分裂がすすむ → 事実上，2地区に分裂

ⅰ）ファタハ…PLOの主流派組織。イスラエルとの共存，政教分離の世俗国家をめざす。ヨルダン川西岸地区を統治し，欧米からの支持をえている

ⅱ）（³¹　　　　　　　　）…イスラーム主義にもとづく反イスラエルの組織。イスラエルの承認を拒否したことから，欧米は援助を凍結。ガザ地区を統治している

●2012年，パレスチナが国際連合のオブザーバー「国家」として承認される

●2014年，ファタハとハマースの分裂状態が解消され，暫定統一政府が発足

●2018年，トランプ政権下のアメリカが，在イスラエル大使館をイェルサレムへ移転

〔映画紹介〕イスラエルが入植地の分離壁建設を続けるなど，現在もパレスチナ問題は解決していない。解決の糸口がみえない現状を理解するための映画を紹介する。

「ミュンヘン」(スティーヴン＝スピルバーグ監督，2005年)	いわゆる「黒い9月事件」(1972年のミュンヘン＝オリンピックでの，パレスチナ＝ゲリラによるイスラエル選手団襲撃事件)のあと，イスラエルが国家的にパレスチナ＝ゲリラに報復する過程を，その任務を負った実行部隊の人間を通して描く。
「戦場でワルツを」(アリ＝フォルマン監督，2008年)	レバノン内戦における監督自身の記憶を，アニメーションを用いて描いたイスラエルの作品。サブラー・シャティーラ虐殺事件のニュース映像あり。
「パラダイス・ナウ」(ハニ＝アブ＝アサド監督，2005年)	パレスチナ・フランス・ドイツ・オランダの合作映画。自爆テロに走る二人の青年を淡々と描く。決してイスラエルだけを悪とするのではなく，青年に自爆テロを強いるパレスチナ側の幹部の姿も描いて，これを批判している。
「オマールの壁」(ハニ＝アブ＝アサド監督，2013年)	「パラダイス・ナウ」と同じ監督による，ユダヤ人入植地の分離壁で横断されるパレスチナの町に生きる青年群像を描いた作品。壁の非情さだけでなく，パレスチナ人の心情の複雑さにも胸がふさがれる。
「シリアの花嫁」(エラン＝リクリス監督，2004年)	シリアとイスラエルが対立しているゴラン高原の日常生活はどうなっているのか。ある結婚式をとおして現実を痛烈に風刺する。

パレスチナ問題　問題演習

問1　パレスチナの歴史について述べた次の文a～cが，年代の古いものから順に正しく配列されているものを，下の①～⑥のうちから一つ選べ。　　　　　　　　　　　　　　＜センター試験　世界史A　2015年＞

　　a　パレスチナ暫定自治協定が締結された。
　　b　アラファトが，パレスチナ解放機構（PLO）の議長に就任した。
　　c　第1次中東戦争が起こった。
　　①　a→b→c　　　②　a→c→b　　　③　b→a→c
　　④　b→c→a　　　⑤　c→a→b　　　⑥　c→b→a

問2　パレスチナ問題に関連して述べた文として誤っているものを，次の①～④のうちから一つ選べ。

　　　　　　　　　　　　　　　　　　　　　　　　＜センター試験　世界史A・追　2012年＞

　　①　エジプトは，第4次中東戦争の後，イスラエルと平和条約を結んだ。
　　②　第2次中東戦争に伴って，石油危機（オイル＝ショック）が発生した。
　　③　第3次中東戦争において，イスラエルはヨルダン川西岸を占領した。
　　④　パレスチナ人によるインティファーダが起こった。

問3　数次の中東戦争のうち，次の図のような難民が発生することになった戦争について述べた文として正しいものを，下の①～④のうちから一つ選べ。ただし，斜線部はこの戦争直後のイスラエルの支配地域を示す。

　　　　　　　　　　　　　　　　　　　　　　　　＜センター試験　世界史B　2003年＞

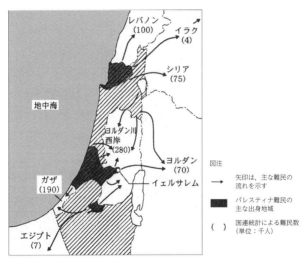

　　①　この戦争の最中に，アラブ産油国は石油戦略を発動した。
　　②　スエズ運河の国有化を宣言したエジプトに対し，アメリカ合衆国がイスラエルとともに侵攻した。
　　③　ユダヤ人は，パレスティナに建国し，反対するアラブ諸国と戦争になった。
　　④　イスラエルは，アラブ諸国を先制攻撃し，シナイ半島やシリア，ヨルダンの一部を占領した。

問4　パレスチナ紛争に一定の妥協点を与えたものに，1993年にイスラエルとパレスチナ解放機構の間で同意されたパレスチナ暫定自治協定がある。この協定に関する次の問ⅰ・ⅱに答えよ。　　＜立教大学　全学部　2014年＞

ⅰ．この協定は，交渉を仲介した国の首都の名前にちなんだ別名をもつ。その国の名をしるせ。

ⅱ．この協定により，1994年に2カ所でパレスチナ人による暫定自治が始まった。1つはガザであるが，もう1つはどこか。その名をしるせ。

問5　中東戦争に関し，次の記述のうち，適切でないものはどれか。　　　　　　　　＜早稲田大学　社会科学部　2010年＞

a．第2次中東戦争によってナセルの地位は不動となったが，第3次中東戦争での敗北によってその権威は失墜し，代わってサウジアラビアなど穏健派の王政勢力が台頭した。

b．1947年の国連分割案は，ユダヤ人にパレスチナの半分以上の土地を与えるとしていたが，第1次中東戦争の勝利によって，イスラエルはそれ以上の領土を確保した。

c．第2次中東戦争に対応すべく開催された国連安保理で拒否権を発動した英仏は，1956年の国連緊急総会でも対エジプト武力制裁を主張し，米ソなどがそれに反対した。

d．第3次中東戦争でイスラエルはゴラン高原，シナイ半島などを奪い，支配地域を5倍に拡大したが，その後，ラビン首相はサダト大統領にシナイ半島を返還した。

e．1969年にアラファトがパレスチナ解放機構議長に就任し，イスラエル占領地域での武装闘争を進めた。

問6　PLO，イスラエル，エジプトに関連した出来事を，年代の古い順に並べたものはどれか。

＜早稲田大学　社会科学部　2010年＞

①　インティファーダの開始　　　　　②　ムバラクの大統領就任
③　中東和平会議(マドリード会議)の開催　　　④　パレスチナ国家樹立宣言
⑤　イスラエルのレバノン侵攻

a．①－②－⑤－③－④　　　　b．②－④－①－⑤－③　　　c．②－⑤－①－④－③
d．⑤－①－④－③－②　　　　e．⑤－②－①－③－④

問7　次の問に答えなさい。　　　　　　　　　　　　　　　　　　＜慶應義塾大学　法学部・改　2010年＞

（1）　第二次中東戦争開戦時のイギリス首相は誰か。
（2）　中東和平会議が開催された都市はどこか。
（3）　パレスチナ暫定自治協定を結ぶにあたり，仲介役をつとめたヨーロッパの国はどこか。

問8　1973年の第4次中東戦争に際してアラブ産油国が実施した石油戦略について，その内容を簡潔に説明しなさい。（30字程度）　　　　　　　　　　　　　　＜津田塾大学　学芸学部(国際関係学科)・改　2014年＞

問9　第一次世界大戦においてイギリスは，それまでオスマン帝国の支配下にあったパレスチナについて，互いに矛盾した内容を持つ三つの外交政策を行い，現在のパレスチナ問題の火種をつくった。イギリスがどの集団に対してどのような外交政策を行ったか，条約名などに言及しつつ150字以内で説明しなさい。

＜九州大学　2016年＞

問10　パレスチナ地域をめぐる，第一次世界大戦終結から1960年代までの政治情勢について，中東戦争にも触れながら，400字以内で説明しなさい。その際，以下の語句を必ず使用し，用いた箇所すべてに下線を引きなさい。　　　　　　　　　　　　　　　　　　　　　　　　　　　　　　　　　　＜東京外国語大学　2008年＞

委任統治　　　1948年　　　スエズ運河国有化　　　PLO　　　第三次中東戦争

10-1 冷戦史①──冷戦史概観

POINT 東西両陣営の政策の相関関係をしっかり確認しよう！

1 冷戦の始まり

(1)冷戦初期(1946年〜50年代前半)

※「冷戦」(Cold War)の名称の由来…米のジャーナリスト，リップマンの著書で世界的に広まる

アメリカ中心の資本主義諸国（西側）	ソ連中心の社会主義諸国（東側）
● 1946年3月，(^{1}　　　　　　　)前英首相がフルトンで「**鉄のカーテン(Iron Curtain)**」演説 「バルト海の**シュテッティン**からアドリア海の**トリエステ**まで，大陸を横切る鉄のカーテンが下ろされている」	● 第二次世界大戦後，東ヨーロッパ諸国ではソ連の影響力が拡大 ● 46〜47年，ポーランド・ハンガリー・ルーマニア・ブルガリア・ユーゴスラヴィア・アルバニアなどに親ソ社会主義政権が成立 →(^{2}　　　　　　)**主義**の形成…当初は東欧での複数政党による社会主義体制を指したが，のちに事実上の**共産党独裁体制**を指すようになる
● 47年3月，(^{5}　　　　　　)米大統領が(　5　)＝ドクトリンで対ソ「(^{6}　　　　)」政策を提唱 →(　3　)・(　4　)へ軍事・経済援助	● (^{3}　　　　　　)・(^{4}　　　　　　)でも社会主義勢力が拡大
● 同年6月，(^{7}　　　　　　)米国務長官が(　7　)＝プラン(**ヨーロッパ経済復興援助計画**)を発表(1948〜51年実施) ● 48年，ヨーロッパ諸国(16カ国)は援助受け入れの組織として，**ヨーロッパ経済協力機構**(OEEC)を結成(61年，経済協力開発機構〈OECD〉に改組)	● ソ連・東欧諸国はプランの受け入れを拒否 →47年9月，(^{8}　　　　　　　)(各国の共産党の情報交換機関)を結成 ※ソ連・ポーランド・ルーマニア・ハンガリー・チェコスロヴァキア・ブルガリア・ユーゴスラヴィアと，フランス・イタリアの(^{9}　　　　)で構成 ※(^{10}　　　　　　　)はベネシュ大統領のもとで受け入れを表明するが，ソ連の圧力で撤回 → 国内対立が激化 →48年2月，(　10　)で共産党によるクーデタが起こり，ベネシュは辞職
● 48年3月，(^{11}　　　　　　)**条約**(Western European Union：WEU)…英・仏・ベネルクス3国(ベルギー・オランダ・ルクセンブルク)の集団的自衛	● ドイツからの自力解放に成功したユーゴスラヴィアは，(^{12}　　　　　　)政権

条約 →のち，NATOへ拡大	のもとで独自路線をとる →ソ連に対し自主的姿勢をとり，48年6月に**コミンフォルムから除名される**

1945年～，ドイツ・ベルリン＝4カ国（米・英・仏・ソ）による分割占領
→東西陣営は対ドイツ占領政策で対立

米・英・仏…ドイツの経済復興優先	ソ連…大企業の国有化，土地改革優先
●48年6月，米・英・仏が西側管理地区で（ [13] ）を実施	●48年6月，ソ連が（ [13] ）に反対して（ [14] ）を実施（～49年5月）
●西ベルリンへの空輸で（ [14] ）に対抗	
●49年4月，（ [16] ）（North Atlantic Treaty Organization：NATO）結成…西側12カ国による集団安全保障機構 ※米・カナダ・英・仏・伊・ベネルクス3国・デンマーク・ノルウェー・アイスランド・ポルトガル（のちギリシア・トルコ〈52〉，西ドイツ〈55〉，スペイン〈82〉などが加盟）	●49年1月，**経済相互援助会議**〈（ [15] ），COMECON〉結成（～91年）…マーシャル＝プランに対抗するための，ソ連中心の経済協力機構 ※ソ連・ポーランド・ルーマニア・ハンガリー・チェコスロヴァキア・アルバニア・ブルガリアの7カ国で結成（のち東ドイツ〈50〉，モンゴル〈62〉，キューバ〈72〉，ベトナム〈78〉が加盟。ユーゴスラヴィアは準加盟〈65〉。アルバニアは61年に脱退）
●49年5月，（ [17] ）（Bundesrepublik Deutschland：BRD，西ドイツ）成立 ※暫定首都：**ボン**，初代首相：（ [18] ）（任49～63）	●49年10月，（ [19] ）（Deutsche Demokratische Republik：DDR，東ドイツ）成立 ※首都：**東ベルリン**
●54年10月，西ドイツ，（ [20] ）**協定**調印…主権回復・再軍備が承認される ●55年5月，（ [20] ）協定発効 →西ドイツ，NATOに加盟	●55年5月，（ [21] ）（Warsaw Treaty Organization）結成（～91年）…ソ連・東欧諸国による集団安全保障機構 ※ソ連・東ドイツ・ポーランド・ルーマニア・ハンガリー・チェコスロヴァキア・アルバニア（68年脱退）・ブルガリア ※ユーゴスラヴィアは非加盟 ●55年9月，東ドイツ，主権を回復

2 冷戦の展開

(1) アジアでの冷戦

- 1949年，中国で内戦(国民党 vs. 共産党)に共産党が勝利し，**中華人民共和国**が成立
  - → 50年，中ソ友好同盟相互援助条約が成立…アメリカと日本を仮想敵国とした軍事同盟
- 1950〜53年，**朝鮮戦争**…韓国・国連軍(アメリカ軍中心) vs. 北朝鮮・中華人民共和国軍
- 1950年代，アメリカはアジア諸国とも同盟網を築き，集団安全保障体制を形成
  - ⅰ) 1951年，フィリピンと米比相互防衛条約を締結
  - ⅱ) 1951年，日本と(^{22}　　　　　　　　　)**条約**を締結(60年に改定)
  - ⅲ) 1953年，韓国と米韓相互防衛条約を締結
  - ⅳ) 1954年，中華民国と米華相互防衛条約を締結
  - ⅴ) 1954年，東南アジア条約機構(Southeast Asia Treaty Organization：SEATO)結成(米・英・仏・オーストラリア・ニュージーランド・タイ・フィリピン・パキスタン)
  - ⅵ) 1955年，中東条約機構(**バグダード条約機構**，Middle East Treaty Organization：METO)結成(イラク・イラン・トルコ・パキスタン・イギリス。アメリカはオブザーバー)

(2) 「雪どけ」(1953〜60年頃)

- 1953年3月，ソ連の(^{23}　　　　　　　　　)が死去
  - ※54年，ソ連の作家エレンブルクが小説『雪どけ』を発表(〜56年)…(　^{23}　)死後のソ連社会の変動を描き，書名はこの時期の解放感をあらわす言葉として広まる
- 1954年4〜7月，**ジュネーヴ会議**…朝鮮統一とインドシナ戦争(ベトナム vs. フランス)休戦を討議 → 7月，ジュネーヴ休戦協定調印
- 1955年2月，オーストリア国家条約が成立…オーストリアが主権を回復し，永世中立国となる
- 同年7月，(^{24}　　　　　　　　　)**会談**…「国際紛争の話し合いでの解決」を確認
  - ※出席者…アイゼンハワー(米)・ブルガーニン(ソ連)・イーデン(英)・フォール(仏)
- 同年9月，ソ連と西ドイツが国交を回復
- 1956年2月，**ソ連共産党第20回大会**で(^{25}　　　　　　　　　)第一書記が「**スターリン批判**」演説をおこない，(^{26}　　　　　　　　　)**政策**を提唱 → 4月，(^{27}　　　　　　　　　)**を解散**
  - →東欧の社会主義陣営に衝撃を与える。一方，中国は(　^{26}　)政策を批判し，のち中ソ対立へ

史料 「スターリン批判」演説 ※『フルシチョフ秘密報告「スターリン批判」』(フルシチョフ著，志水速雄全訳解説，講談社，1977年)より

スターリンは「人民の敵」という概念を作りました。…(略)…つまり彼はイデオロギー闘争に対して行政的強制，大量弾圧，テロルの方法を用いたのであります。彼はこのような方法を懲罰機関の助けを借りてますます大規模かつ執拗に用いるようになりましたが，…(略)…一人の人間の横暴はその他の人たちの横暴の出現をうながし，それを許しました。何千という人たちの大量逮捕と流刑，裁判や正常な審理を経ない処刑などによって，危険のただよう雰囲気，逃れられない不安，そして恐怖さえ生まれました。

■**ハンガリー事件**

- 「スターリン批判」を受けて，社会主義陣営の東欧では，自由化・民主化の動きが活発化
  - ⅰ) 1956年6月，ポーランドの(^{28}　　　　　　　　　)で暴動が発生 → ポーランド政府が鎮圧
  - ⅱ) 同年10月，(^{29}　　　　　　　　　)で社会主義体制とソ連からの離脱を求める運動が発生
    - →ソ連が軍事介入して鎮圧し，ナジ＝イムレ首相を逮捕・処刑〈(　^{29}　)事件〉

● フルシチョフは東欧の自由化を抑圧する一方でアメリカとは直接対話を追求し，1959年9月，訪米してキャンプ＝デーヴィッドで(^{30}　　　　　　　　　)米大統領と会談

(3)第三勢力の台頭

● **第三勢力**…新興独立国を中心にした米・ソ両陣営のどちらにも属さない勢力 → 非同盟主義・積極的中立を掲げ，1960年代までは平和維持に貢献し，国際政治での発言力を維持

● 1954年4月，**コロンボ会議**…コロンボ(セイロン)で開催された，インド・インドネシア・スリランカ(当時セイロン)・パキスタン・ビルマの5カ国首脳会議。アジア・アフリカ会議開催を決議

● 1954年6月，中国の**周恩来**がインドを訪れて**ネルー**と会談し，「(^{31}　　　　　　　　　)」を発表
　※「(　31　)」…領土・主権の尊重，相互不侵略，内政不干渉，平等互恵，平和共存

● 1955年，(^{32}　　　　　　　　　)**会議(バンドン会議)**…バンドン(インドネシア)で開催され，日本も含むアジア・アフリカの29カ国が参加し，「(^{33}　　　　　　　　　)」を発表

● 1960年，アフリカでサハラ以南の17カ国が独立(「アフリカの年」)

● 1961年，第1回(^{34}　　　　　　　　　)**会議**…ベオグラード(ユーゴスラ　  ⟵ 第三勢力の発言力が最高潮に達する
ヴィア)で開催され，25カ国が参加

● 1960年代以降，第三勢力内での紛争(中印国境紛争〈1959〜62年〉，第2次印パ戦争〈65年〉など)や第三勢力諸国の経済的問題などを背景に，第三勢力の影響力は低下

(4)冷戦の再燃から緊張緩和へ

● 1960年5月，**U2型機事件**…ソ連が同国上空でアメリカの偵察機を撃墜 → 再び緊張が高まる

● 1961年8月，東ドイツが「(^{35}　　　　　　　　　)」を建設　⟵ 東ベルリンから西ベルリンへの人口流出を防ぐことが目的

● 1962年10月，(^{36}　　　　　　　　　)**危機**が発生
　 i)背景…1959年，(　36　)革命 → 61年，(　36　)は社会主義を宣言してソ連に接近
　 ii)経過…ソ連が(　36　)にミサイル基地を建設 → アメリカが海上封鎖でミサイル搬入を阻止
　　 →米・ソの衝突・核戦争の危機　※米：原爆(1945)・水爆(52)，ソ連：原爆(49)・水爆(53)
　　 →(^{37}　　　　　　　　　)米大統領・**フルシチョフ**ソ連第一書記による交渉の結果，アメリカの
　　 (　36　)内政への不干渉，ソ連のミサイル基地撤去で合意し，危機回避 → **緊張緩和へ**

● キューバ危機後の1963年，米・ソ首脳間にホットライン(直通電話回線)が設置される

● 1963年，(^{38}　　　　　　　　　)**条約**…米・英・ソが調印。大気圏内・水中・宇宙空間での核実験を禁止するが，(^{39}　　　　　　　　　)実験は除外

● 1968年，**核拡散防止条約**(NPT)成立

(5)多極化の時代
…西側＝米・西欧・日本の三極，東側＝ソ連・中国の対立，第三勢力

● 1963年以降，(^{40}　　　　　　　　　)が表面化(公開論争)…中国はソ連の平和共存政策を修正主義と批判。一方，ソ連は中国を「教条主義・冒険主義」と批判
　→1969年，珍宝島(ダマンスキー島)で両国間の国境紛争が勃発

● 1966〜77年，中国では「**プロレタリア文化大革命**」によって社会が大混乱

● フランスでは，(^{41}　　　　　　　　　)大統領が

■ベルリンの壁　西ベルリン側は壁まで行くことができたので多くの落書きがあるが，東ベルリン側は壁の後方にさらに分離帯が広がっている。なぜ，このような違いがあるのだろうか。

「フランスの栄光」を掲げて独自外交を展開

ⅰ）1964年，中華人民共和国を承認

ⅱ）1966年，(^{42} 　　　　　　　　　　　)の軍事機構から脱退（理事国としては残る）

● 1967年，**ヨーロッパ共同体**（**EC**）発足

● 1968年，チェコスロヴァキアで「(^{43} 　　　　　　　　)」と呼ばれる民主化運動が活発化

　→ワルシャワ条約機構（ソ連主導）の軍事介入によって弾圧される

　※この時ソ連の(^{44} 　　　　　　　)は，社会主義諸国全体の利益は各国の個別利益に優先する

　　とする制限主権論〈(　44 　)＝ドクトリン〉を主張

● 1969年以降，西ドイツの**ブラント**首相が「(^{45} 　　　　　　　　)」を展開し，ソ連（1970）・ポーランド（70）・東ドイツ（72）との外交関係を正常化

● 1971年，(^{46} 　　　　　　　)米大統領が，金・ドルの兌換停止を発表（ドル＝ショック）

　→73年以降，先進工業国は変動相場制へ移行

　※背景…1965年以降のアメリカのベトナム戦争への本格介入による経済の悪化

● 1971年，中国の国連代表権が，中華民国から中華人民共和国へ交代

　→72年，ニクソンが訪中して米中国交正常化に合意 → 79年，国交を正常化

● 1972年，東西ドイツ基本条約…両国が双方の権利を承認 → 73年，東西ドイツが国際連合に加盟

● 1973年，**ベトナム**（**パリ**）**和平協定**…ベトナムからアメリカが撤退 → 75年，ベトナム戦争終結

● 1973年，**第4次中東戦争**が勃発 → アラブ石油輸出国機構（○APEC）が石油戦略を発動

　→第1次(^{47} 　　　　　　　)が発生し，世界経済の転換点となる

● 1975年，(^{48} 　　　　　　　　　　　)**会議**…ヘルシンキ（フィンランド）で開催

　　　　　　　　　　　　　　　　　　　　　　　　　　　　緊張緩和を
　　　　　　　　　　　　　　　　　　　　　　　　　　　　象徴する会議

ⅰ）米・ソ含め35カ国が参加（アルバニア以外の全ヨーロッパ諸国）

ⅱ）「ヘルシンキ宣言」に合意…各国の主権の平等，基本的人権の尊重などを表明

　→95年，(　48 　)会議は(　48 　)機構（CSCE）に発展

3 第2次冷戦と冷戦の終結

(1)第2次冷戦（1980年代前半）

● 「(^{49} 　　　　　　　　　)（**新冷戦**）」…1980年代前半の米・ソの緊張状態をさす言葉

● 1979年12月，ソ連（ブレジネフ書記長）が(^{50} 　　　　　　　　)へ侵攻

　→80年，西側諸国の多くがモスクワ＝オリンピックをボイコット

● 1981年，**レーガン**米大統領が「ソ連は悪の帝国」と非難し，対ソ対決路線をとる

● 1983年，アメリカが中南米の(^{51} 　　　　　　)へ侵攻

　→84年，東側諸国がロサンゼルス＝オリンピックをボイコット

(2)冷戦の終結へ（1980年代後半〜1990年代前半）

● 1985年，ソ連の(^{52} 　　　　　　　)書記長が**ペレストロイカ**（改革）を開始 → 米・ソの対話へ

● 1987年，米・ソが**中距離核戦力**（INF）**全廃条約**を締結

● 1988年，ソ連，アフガニスタンからの撤退を開始（89年2月完了）

● 同年，ゴルバチョフが「**新ベオグラード宣言**」でブレジネフ＝ドクトリンの放棄や，各国独自の社会主義の尊重，ソ連の指導性の否定などを表明

● 1989年，(^{53} 　　　　　　　)により，各国で民主化が進展

ⅰ）2月，ハンガリーで複数政党制が導入される → 共産党一党独裁体制の否定

ⅱ）6月，ポーランドでは，複数政党制下の選挙
でワレサ率いる「(⁵⁴　　　　　)」が圧勝

ⅲ）11月，チェコスロヴァキアで民主化運動が高揚
→12月，共産党の独裁体制が放棄され，反体
制派のハヴェルが大統領に就任（ビロード革
命）

ⅳ）12月，(⁵⁵　　　　　　　　　)が独裁体制
をしくルーマニアで，反体制運動が勝利をお
さめ，(　55　)夫妻を処刑

■ベルリンの壁の開放

●1989年10月，東ドイツでも民主化が進み，ホネカー書記長が退陣 → 同年11月9日，東西ドイツ
間の「(⁵⁶　　　　　)」が開放される

●同年12月，(⁵⁷　　　　　)会談（ソ連：ゴルバチョフ書記長，アメリカ：ブッシュ〈父〉大統領）
で，「**冷戦の終結**」が宣言される

> 冷戦構造はヤルタ会談（1945年）以降明確になった
> ことから，「ヤルタからマルタへ」とも称される

●1990年10月，(⁵⁸　　　　　　　)の統一

●1991年3〜5月，東欧革命の影響のもとでバルト3国がソ連から独立

●同年6月，コメコン解散 → 7月，ワルシャワ条約機構解体

●同年7月，米・ソが第1次戦略兵器削減条約（START Ⅰ）に調印

●同年8月，ソ連の維持を主張する保守派のクーデタが失敗すると，連邦内の各共和国が独立
→12月，(⁵⁹　　　　　　　)（CIS）成立（**ソ連の解体**）

> 旧ソ連政府やその地位などは
> ロシア連邦共和国が継承

(3)冷戦後の世界

●ヨーロッパ連合（EU）などの**地域統合の動き**が各地で進行

●地域紛争の多発…冷戦構造下で封印されてきた「**宗教問題**」「**民族問題**」などが顕在化

●**グローバル化**の進行…アメリカを中心とする資本主義に基づく世界経済の一体化

　→**世界的規模で貧富の差が拡大**し，各地でグローバル化やアメリカへの反感が強まる

　→イスラーム圏では，イスラーム復興運動の影響力が拡大

●2001年9月11日，アメリカで(⁶⁰　　　　　　)**事件**が発生 → さらなる中東地域の紛争へ

〔映画紹介〕冷戦下の東欧の人々がどのように自由化・民主化を達成していったのかに注目しよう。

「**君の涙　ドナウに流れ　ハンガリー1956**」（クリスティナ＝ゴダ監督，2006年）	1956年のハンガリー事件を背景とした，オリンピックの水球選手と蜂起に加わった女子学生の悲恋を描く。
「**存在の耐えられない軽さ**」（フィリップ＝カウフマン監督，1988年）	ミラン＝クンデラの同名小説の映画化。1968年の「プラハの春」を背景にした人間ドラマを描く。
「**ワレサ　連帯の男**」（アンジェイ＝ワイダ監督，2013年）	のちに大統領にもなるポーランド民主化運動の闘士ワレサの半生を描いた作品。たんなる英雄物語ではなく，人間としてワレサの魅力も満載！
「**トンネル**」（ローランド＝ズゾ＝リヒター監督，2001年）	西ベルリンから東ベルリンへ約140mの地下トンネルを掘り，29人の亡命を成功させた実際のできごとが題材。1989年の壁の崩壊を経た今となっては，この壁のためにどれだけの犠牲が払われたのかと考えずにはいられない。
「**グッバイ，レーニン！**」（ヴォルフガング＝ベッカー監督，2003年）	ベルリンの壁崩壊，東西ドイツ統合，東ドイツ消滅といった世界史的大事件を庶民はどう生きたのか。東ベルリンの庶民の視点で描く。
「**善き人のためのソナタ**」（フロリアン＝ヘンケル＝フォン＝ドナースマルク監督，2006年）	東西冷戦下の東ベルリンの秘密警察員として監視活動をおこなっていた主人公は，冷戦終結・東西ドイツ統一に直面して，これらをどのようにとらえたのだろうか。政治に翻弄される男の姿を淡々と描く。

10-1 冷戦史①──冷戦史概観 問題演習

問1　冷戦期の出来事について述べた文として正しいものを，次の①～④のうちから一つ選べ。

<センター試験　世界史A　2016年>

① 鄧小平が，文化大革命を起こした。

② アメリカ合衆国が，ワルシャワ条約機構を結成した。

③ フルシチョフが，ペレストロイカを開始した。

④ 東ドイツが，ベルリンの壁を築いた。

問2　次の年表に示したa～dの時期のうち，キューバ革命が起こった時期として正しいものを，下の①～④の
うちから一つ選べ。

<センター試験　世界史A・追　2011年>

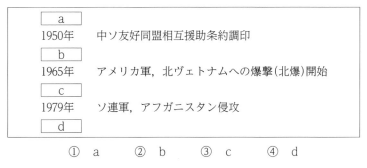

① a　　　② b　　　③ c　　　④ d

問3　地図中の占領地区A，B，C，Dに関する記述のうち正しいものを一つ選びなさい。

<早稲田大学　文学部　2013年>

ア　占領地区Aを管理した国の代表は，ポツダム会談には参加していない。

イ　占領地区Bを管理した国の軍隊は，1944年8月パリ解放の中心的勢力であった。

ウ　占領地区Cを管理した国の軍隊は，1945年5月ベルリンを陥落させた中心的勢力であった。

エ　占領地区Dを管理した国の首相チャーチルは，ポツダム会談のイニシアチブを終始とり続けた。

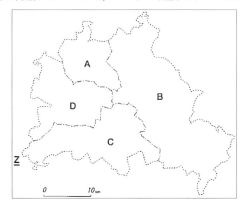

問4　アメリカ合衆国とソヴィエト連邦について述べた文として誤っているものを，次の①～④のうちから一つ
選べ。　　　　　　　　　　　　　　　　　　　　　　　　　　　<センター試験　世界史A　2008年>

① 第二次世界大戦後に，ソヴィエト連邦を承認した。

② ジュネーヴ四巨頭会談の結果，ソヴィエト連邦との緊張が緩和した。

③ ジョンソン大統領は，北ヴェトナム爆撃を開始した。

④　トルーマン大統領は，ソヴィエト連邦「封じこめ政策」を打ち出した。

問5　ワルシャワ条約機構に関する下記の説明のうち，誤りを含むものを一つ選びなさい。

<早稲田大学　文化構想学部　2016年>

ア　ソ連と対立したユーゴスラヴィアとアルバニアは，この機構に当初から参加しなかった。
イ　ハンガリーのナジ首相はこの機構からの脱退を宣言したが，ソ連軍が介入したために実現できなかった。
ウ　チェコスロヴァキアの「プラハの春」は，この機構の軍隊の介入によって鎮圧された。
エ　この機構は，ソ連が消滅した年である1991年に解消された。

問6　ベルリンの壁開放後の出来事について述べた次の①と②の正誤の組合せとして，正しいものはどれか。

<早稲田大学　教育学部　2017年>

①　1989年12月，ゴルバチョフとレーガンはマルタ島で会談し，冷戦の終結を宣言した。
②　1990年10月，東西ドイツがドイツ連邦共和国として統一された。
a　①－正　②－正　　　　b　①－正　②－誤
c　①－誤　②－正　　　　d　①－誤　②－誤

問7　第二次世界大戦終結から冷戦の終わりまでの時期におけるドイツの歴史を，ヨーロッパでの冷戦の展開との関連に焦点をあてて，300字以内で説明せよ。　　　　　　　　　　　　　　　　　<京都大学　2014年>

問8　冷戦に関する次の問に答えよ。　　　　　　　　　　　　　　　　　　　　<東京学芸大学・改　2015年>
　(1)　冷戦が顕在化していく1947年の過程について，次の用語をすべて用いながら140字以内で説明せよ。
　　　　　　　コミンフォルム　　　　マーシャル＝プラン　　　ソ連　　　トルーマン
　(2)　冷戦が終結に向かう転機となった1989年の過程について，次の用語をすべて用いながら140字以内で説明せよ。
　　　　　　　チャウシェスク　　　ベルリンの壁　　　連帯　　　ハンガリー

問9　次の1コマ風刺マンガは，1989年12月12日にアメリカ合衆国の『ヘラルド・トリビューン』紙に掲載されたもので，当時の東ヨーロッパ情勢を踏まえながら，アメリカ合衆国の社会状況が批判されている。踏まえられている東ヨーロッパ情勢を説明し，さらに，批判されている社会状況についても説明しなさい(200字程度)。

<大阪大学　2001年>

「なあ君，気持ちいい季節になったものだよな。われわれが勝ったのさ。知ってたか？資本主義が勝利をおさめたんだ。共産主義はこっぱみじんさ。われわれのシステムが支配するんだ。われわれが勝ったのさ。ほら笑えよ！」

10-2 冷戦史②——核問題の展開

POINT ①核開発は宇宙開発と密接につながっていることに注目しよう！
②核開発の動きと核軍縮の動きも関連していることに注目しよう！

1 核問題に関する年表

	核開発・宇宙開発		核軍縮・平和運動
1945年7月	米, 世界初の(¹　　　　　)実験成功		
8月	米, 広島(6日)・(²　　　　　)(9日)に原爆を投下		
1949年9月	(³　　　　　), 原爆実験に成功		
		1950年	ストックホルム＝アピール →核兵器禁止の署名運動が開始され, 世界中で約5億人が署名
1952年10月	英, 原爆実験に成功		
11月	米, 世界初の水爆実験に成功		
1953年8月	ソ連, 水爆実験に成功と発表	1953年	アイゼンハワー米大統領,「原子力の平和利用」演説 →IAEA設立の気運が高まる
1954年3月	米, **ビキニ環礁**で水爆実験 ⟶	1954年	(⁴　　　　　)**事件** →日本で原水爆禁止運動が高まる
	東京・杉並区の主婦らによる署名運動から拡大	1955年7月	(⁵　　　　　)**宣言**…核兵器・核戦争の危険性を訴える
		8月	第1回(⁶　　　　　)**世界大会**が(⁷　　　　　)で開催される
		1957年4月	ゲッティンゲン宣言…西ドイツの科学者らによる核兵器保有反対の宣言
1957年5月	英, 水爆実験に成功	7月	(⁸　　　　　)**会議**…ラッセル・アインシュタイン・湯川秀樹ら科学者による, 戦争・平和に関する諸問題を討議する会議・運動(〈　8　〉はカナダの都市)
	核兵器に関する用語の区別 ・核弾頭(爆弾そのもの) ・運搬手段(ミサイル)…射程距離で以下のように区分 500km以下…………戦術核 500〜5500km以下…**中距離核戦力**(INF), 戦域核 5500km以上 ………**大陸間弾道弾**(ICBM), 戦略核		
		同月	**国際原子力機関**(IAEA)設立
8月	ソ連, ICBMの開発に成功		
10月	ソ連, 人工衛星(⁹　　　　　)の打ち上げに成功		
1958年1月	米, 人工衛星エクスプローラー号の		

	打ち上げに成功	1959年	**南極条約**…南極の法的地位を定める
12月	米，ICBMの開発に成功		条約。南極を非核兵器地帯とする
1960年	仏，原爆実験に成功		
1961年	ソ連，初の有人宇宙飛行に成功…「地球は青かった」〈宇宙飛行士(¹⁰)の言葉〉		

1963年8月，(¹¹   )**条約**
(Partial Nuclear Test Ban Treaty：PTBT)

ⅰ)大気圏内・宇宙空間・水中の核実験を禁止

　※ただし，(¹²   )実験は除外

ⅱ)米・英・ソ(ケネディ・マクミラン・フルシチョフ)の提唱 → 100カ国以上が参加

　※仏・中・アルバニアは調印を拒否

| 1962年 | **キューバ危機** 緊張緩和 |

| 1964年 | 中国，原爆実験に成功 |
| 1967年6月 | 中国，水爆実験に成功 |

| 1967年 | トラテロルコ条約(ラテンアメリカ核兵器禁止条約)…世界初の非核地帯条約 |

| 1968年8月 | 仏，水爆実験に成功 |

1968年7月，(¹³   )**条約**(Treaty on the Non-proliferation of Nuclear Weapons：NPT)

ⅰ)1963年に国連総会で採択され，68年に米・英・ソなど62カ国が調印

　→191カ国加盟(2019年現在)

ⅱ)米・ソ・英・仏・中以外の核兵器保有を禁止

　→不平等な内容として，当初，仏・中は調印せず(のち1992年に調印)

　※インド・イスラエル・パキスタンは未加盟

　※イスラエルの核保有は確実視されている

ⅲ)加盟国はIAEAの査察を受ける義務あり

| 1969年7月 | 米，(¹⁴   )による初の月面着陸に成功 |

1972年5月，**第1次**(¹⁵   )
(Strategic Arms Limitation Talks：SALTⅠ)

ⅰ)米・ソ間(ニクソン・ブレジネフ)で1969年から交渉が始まり，72年に合意

ⅱ)戦略ミサイルなどの数を当時の水準で凍結

1973年	(¹⁶)**協定**…米・ソ間(ニクソン・ブレジネフ)で調印し，核戦争回避の努力を約束
1974年5月	インド，原爆実験に成功
1975年	(¹⁷)**会議**(CSCE)…米・ソ含む35カ国が参加し，ヘルシンキで開催
1978年	**第1回国連軍縮特別総会** ※第2回＝82年，第3回＝88年

1979年	米，(18)島原子力発電所事故		1979年6月，**第2次戦略兵器制限交渉**(SALTⅡ)

1979年 米，(18　　　　　　　)島原子
力発電所事故

1979年6月，**第2次戦略兵器制限交渉**(SALTⅡ)
ⅰ) 米・ソ間(カーター・ブレジネフ)で調印
ⅱ) 戦略兵器の運搬手段を細かく取り決める
　　→同年12月にソ連がアフガニスタン侵攻し
　　　たことで米上院が批准せず，85年に発効
　　　されないまま期限切れ

1981年 米，初の(19
　　　　)の打ち上げに成功

1981年 パラオ，非核条項を設けた憲法を発
布(94年以降，非核条項は凍結)

1983年 米，レーガン大統領が戦略防衛構想
(SDI)を発表…敵のICBMが到達す
る前に宇宙で迎撃する計画
　　→技術的困難や冷戦終結により計画
　　　はのちに放棄される

1980年代前半 ヨーロッパやアメリカ，日本などで
反核市民運動が高揚

1985年 ラロトンガ条約(南太平洋非核兵器
地帯条約)

1986年 ソ連，(20　　　　　　　)原
子力発電所事故

1987年12月，(21　　　　　　　)**条約**
(Intermediate Range Nuclear Forces
Treaty：INF)
ⅰ) 米・ソ間(レーガン・ゴルバチョフ)で合意
ⅱ) 既存の核戦力を廃棄する初の条約(ただし，
　　ミサイル＝核運搬手段の廃棄で，核弾頭自
　　体は対象外)

1989年，**マルタ会談**で「**冷戦の終結**」**宣言**

1991年，(22　　　　　　　)**条約**(Strate-
gic Arms Reduction Treaty：STARTⅠ)
ⅰ) 米・ソ間(ブッシュ〈父〉・ゴルバチョフ)で
　　合意し，7月に調印
ⅱ) 核弾頭の実質的削減を実現 → 同年12月ソ連
　　が崩壊し，ロシアに引き継がれて94年に発効

1993年，**第2次戦略兵器削減条約**(STARTⅡ)
ⅰ) 米・露間(ブッシュ〈父〉・エリツィン)で調印
ⅱ) 核弾頭数の約半分への削減を取り決める
　　→弾道弾迎撃ミサイル(ABM)制限条約の改
　　　定問題から，アメリカが批准せず

1994～96年 仏・中，核実験を実施 → CTBT採
択前の「駆け込み実験」として批判さ
れる
※仏…ムルロア環礁など仏領ポリネ
　　　シアで実施
※中…新疆(ロプノール)で実施

1995年 NPTの無期限延長決議
同年 バンコク条約(東南アジア非核兵器
地帯条約)

1996年 ペリンダバ条約(アフリカ非核兵器
地帯条約)

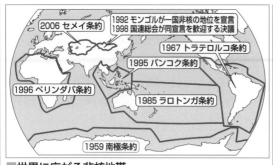

■世界に広がる非核地帯

1998年5月	インド・パキスタン，あいついで核実験を実施
2002年	イランの核開発が疑われ，以降国際問題となる
2003年	北朝鮮，NPT脱退を通告
2006年10月	北朝鮮，核実験を実施

> 「核兵器を使用したことがあるただ一つの核保有国として，米国は行動する道義的な責任をもっています」

2011年	日本，**福島第一原子力発電所事故**

1996年9月，(²³　　　　　　　　　　)**条約** (Comprehensive Nuclear Test Ban Treaty：CTBT)	
ⅰ)地下を含むすべての核実験を禁止	
ⅱ)国連で採択 → 184カ国が署名(2019年現在)	
→米・中・イスラエルなどは未批准で，2019年現在でもいまだに発効されず	
※インド・パキスタン・北朝鮮は未署名	

1997年	オタワ条約…対人地雷を全面禁止

2002年，モスクワ条約(米露戦略的攻撃力削減条約，the Treaty on Strategic Offensive Reductions：SORT)
ⅰ)米・露間(ブッシュ〈子〉・プーチン)で調印
ⅱ)2012年までの核弾頭の配備数削減を定める

2006年	セメイ条約(中央アジア非核兵器地帯条約)
2009年4月	(²⁴　　　　　　　　)米大統領，プラハでの演説で核兵器廃絶を訴える
9月	「核なき世界」の国連安保理決議
10月	オバマ，ノーベル平和賞を受賞

2011年，新戦略兵器削減条約(新START，New Strategic Arms Reduction Treaty：New START)
ⅰ)米・露間(オバマ・メドヴェージェフ)で調印
ⅱ)2018年までの核弾頭の配備数削減を定める

2016年	**オバマ米大統領，被爆地の広島を訪問**(現職の米大統領として初)

2017年，(²⁵　　　　　　　　)**条約**(Treaty on the Prohibition of Nuclear Weapons)…核兵器の全面禁止と根絶をめざす条約
→国連で採択されるが，核保有国や日本などは不参加

2017年	国際NGOのICAN(核兵器廃絶国際キャンペーン)，ノーベル平和賞を受賞

10-2 冷戦史②──核問題の展開　問題演習

問1　次の年表に示したａ～ｄの時期のうち，核拡散防止条約(核不拡散条約，NPT)が締結された時期として正しいものを，下の①～④のうちから一つ選べ。　＜センター試験　世界史Ａ　2016年＞

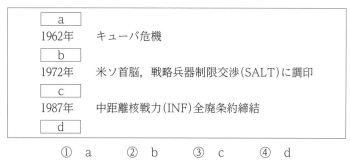

①　ａ　　　　②　ｂ　　　　③　ｃ　　　　④　ｄ

問2　核兵器をめぐる動きについて述べた文として誤っているものを，次の①～④のうちから一つ選べ。

＜センター試験　世界史Ａ・追　2006年＞

①　第二次世界大戦中に，アメリカ合衆国は原子爆弾を完成させた。
②　1950年代に，日本で原水爆禁止世界大会が開かれた。
③　部分的核実験停止条約は，ソ連・アメリカ合衆国・中華人民共和国の３国間の調印から始まった。
④　アメリカ合衆国のレーガン大統領が，中距離核戦力(INF)全廃条約に調印した。

問3　中距離核戦力(INF)全廃条約の調印に関する説明として正しいものはどれか。

＜上智大学　総合人間科学部　2009年＞

　　ａ　米ソが初めて核兵器の削減に同意した点で，歴史的な意義を持つ。
　　ｂ　民主党のクリントン政権が誕生したことで，交渉は急速に進んだ。
　　ｃ　翌年には第一次戦略兵器削減条約(STARTⅠ)も調印された。
　　ｄ　核戦力の削減に不満を高めた軍人たちが，後に反ゴルバチョフ＝クーデターの首謀者となった。

問4　核兵器，原子力発電に関する次の記述を読み，適切でないものを１つ選べ。

＜早稲田大学　社会科学部　2013年＞

ａ．原子力発電が1954年にソ連で実用化されたが，1986年に原子炉が爆発する事故が生じている。
ｂ．原水爆禁止運動は，1954年の第五福竜丸事件を機に東京都杉並の主婦の運動から始まり，世界的運動に発展した。
ｃ．1957年にソ連が開発した大陸間弾道弾は，大型核弾頭を搭載し，長距離を射程とするミサイルである。
ｄ．アメリカ合衆国が1945年７月に，核分裂反応を利用した原子爆弾を最初に開発した。
ｅ．ソ連が1952年11月に，核融合反応を利用した水素爆弾を最初に開発した。

問5　核兵器に関わる以下の４つの条約や協定のうち，締結年が最も古いものを一つ選びなさい。

＜早稲田大学　国際教養学部　2017年＞

ア　核拡散防止条約　　　　　イ　核戦争防止協定
ウ　部分的核実験禁止条約　　エ　包括的核実験禁止条約

問6　括弧(①～②)のそれぞれの語句(Ａ～Ｄ)から最も適するものを一つ選びなさい。

　1970年代は，米・ソ関係の緊張緩和が本格的に進んでいった時代である。例えば，1969年から第1次戦略兵器制限交渉が始まり，1972年，アメリカ大統領①(A　カーター，B　ジョンソン，C　ニクソン，D　フォード)がソ連を訪れ，戦略核兵器の現状凍結協定が結ばれた。翌1973年には，ソ連の書記長②(A　フルシチョフ，B　アンドロポフ，C　ブレジネフ，D　コスイギン)が訪米し，核戦争防止協定が調印された。

問7　(1)核軍拡競争，(2)核軍備管理と核軍縮交渉について述べた1～4の文章のなかから，誤りを含む文章をそれぞれ1つずつ選びなさい。　　　　　　　　　　　　　　　　　　　　　　　<慶應義塾大学　経済学部　2008年>

(1)

1．アメリカの最初の原子爆弾実験成功から約5年後の朝鮮戦争中にソ連が原爆実験に成功した。

2．ソ連の原爆実験成功後にアメリカは水素爆弾の実験に成功し，その翌年にはソ連も水爆実験に成功した。

3．ソ連は1950年代後半，アメリカより先に大陸間弾道ミサイル(ICBM)の開発と人工衛星の打ち上げに成功した。

4．ケネディ米大統領は，ソ連がキューバでミサイル基地の建設を開始したのに対抗し，海上封鎖を実行した。

(2)

1．キューバ危機後，米ソ間にホットラインが設置され，さらに米・ソ・英3カ国が部分的核実験停止条約に調印したが，地下核実験は禁止されなかった。

2．1960年代後半に米・ソ・英などが核不拡散条約(NPT)に調印したが，この条約は米・ソ・英・仏・中5カ国の核兵器保有を認めるものとなっている。

3．米ソ間の第1次戦略兵器制限交渉(SALT I)の結果，NPTの規定に基づいて，米ソが保有するICBMなどの戦略核兵器の数を削減する協定が初めて結ばれた。

4．1980年代後半に，アメリカのレーガン大統領とソ連のゴルバチョフ共産党書記長が中距離核戦力(INF)を全廃する条約に調印した。

問8　核軍拡競争についての次の問題に答えなさい。　　　　　　　　　　　<慶應義塾大学　経済学部・改　2013年>

(1) 次の1～6の米ソの核兵器とその関連技術の開発を，両国が初めて成功した年代順に並べ替え，2番目から5番目までの番号を左から順に記しなさい。

　1．アメリカの原爆開発　　　2．アメリカの人工衛星打ち上げ　　　3．アメリカの水爆開発

　4．ソ連の原爆開発　　　5．ソ連の人工衛星打ち上げ　　　6．ソ連の水爆開発

(2) 1960年代前半に結ばれた核兵器開発に関係する条約の特徴とそれが核軍拡競争に与えた影響を説明しなさい。(100字程度)

問9　1945年に世界で初めて原爆が使用されて以来，国家間であるいは専門家・科学者・市民の運動を通して，核兵器の開発や実験を禁止する動きが続けられてきた。そして1968年には核拡散防止条約(NPT)が調印された。原爆投下からこの条約の調印に至る過程について，次の語をすべて用いて述べなさい。(300字以内)

　　　　　　　　　　　　　　　　　　　　　　　　　　　　<津田塾大学　学芸学部(国際関係学科)　2009年>

　　　　　　　ビキニ原水爆実験　　　　原水爆禁止運動　　　パグウォッシュ会議

問10　第二次世界大戦後に「冷たい戦争(冷戦)」という米ソ両体制の対立する時代が形成された背景には，大国による核開発，核保有が大きな役割を果たしている。第二次世界大戦後の冷戦勃発から，1989年のベルリンの壁の崩壊に至るまでの時期を対象に，各国の核保有，各国間の核軍縮の経緯を押さえた上で，この冷戦期の国際政治に核兵器が果たした歴史的役割について述べなさい。その際，下記の語句を必ず使用し，その語句に下線を引きなさい。(400字以内)　　　　　　　　　　　　　　　　　　　　　　　　　　　　　　　　　　　　　<一橋大学　2005年>

　　　　　　　キューバ危機　　　　中距離核兵器全廃条約　　　　封じ込め政策　　　　ワルシャワ条約機構

11 歴代大統領でみるアメリカ合衆国史

POINT ▶ それぞれの大統領について，所属政党(またはその時の国務長官)やスローガン・対外政策などを関連づけながら確認しよう！

1 アメリカ合衆国建国～南北戦争前

大統領(任期・所属政党など)	内政	外交
初代：(^{1}　　　　　　　) ●任期：1789～97年 ●独立戦争時の植民地軍総司令官 ●「建国の父」と呼ばれる 	●1789年，連邦政府発足(首都：**フィラデルフィア**) ●**ハミルトン財務長官**ら(^{2}　　　　)と**ジェファソン国務長官**ら**反連邦派**(アンチ＝フェデラリスト)の均衡をはかり，戦後の復興や国家体制の整備に尽力	●1793年，フランス革命に対して中立を宣言
第2代：**ジョン＝アダムズ** ●任期：1797～1801年 ●連邦派(フェデラリスト)	●1800年，新首都**ワシントン**(コロンビア特別区)に遷都	
第3代：(^{3}　　　　　　　) ●任期：1801～09年 ●リパブリカン党…(^{3}　)ら反連邦派が1794年頃に形成	●1800年，連邦派との激しい大統領選に勝利して就任　※政権交代が選挙で実現した最初の例 ●1807年，**奴隷貿易を禁止** →以後，密貿易がおこなわれる	●1803年，ミシシッピ川以西の(^{4}　　　　　　)をフランス(ナポレオン時代)から購入
第4代：**マディソン** ●任期：1809～17年 ●リパブリカン党	●イギリスとの貿易途絶のため，アメリカ国内の木綿工業が発達 →産業革命が始まり，**経済的にもイギリスからの自立がすすむ** ※(^{5}　)戦争は第2次独立戦争とも呼ばれる	●1812～14年，(^{5}　　　　　　)**戦争** ⅰ)ナポレオン戦争中，大陸封鎖令に対抗するイギリスが，海上封鎖でアメリカの通商を妨害 →アメリカから開戦 ⅱ)ナポレオン没落で講和
第5代：(^{6}　　　　　　　) ●任期：1817～25年 ●リパブリカン党	●1820年，(^{7}　　　　　　)**協定** →以後，南北の均衡がはかられる ※連邦派は1810～20年代に消滅 ●1824年，リパブリカン党が次期大統領選に際して分裂	●1819年，**フロリダ**をスペインから購入 ●1822年，**リベリア**建設開始 ※首都名：モンロヴィア(モンローに由来)

	ⅰ）国民共和党…反ジャクソン派。連邦主義的な政策を掲げる ⅱ）民主共和党…ジャクソン派。（8　　　　）**主義**を掲げる	●1823年，（9　　　）でヨーロッパとアメリカの相互不干渉を主張 →モンロー主義（アメリカ外交の基本方針）
第6代：J＝Q＝アダムズ ●任期：1825～29年 ●国民共和党 ※第2代大統領アダムズの子	※1839年，アミスタッド号事件…奴隷船内で反乱をおこした黒人奴隷の裁判で，大統領引退後のアダムズが黒人側を弁護	
第7代：（10　　　　　　　） ●任期：1829～37年 ●アメリカ＝イギリス戦争で活躍して名声を得る。初の独立13州以外出身の大統領 ●民主党（民主共和党が大統領選の過程で改称） 	**ジャクソニアン＝デモクラシー** ⅰ）この時代に二大政党制が成立 ⅱ）（10　　）が**猟官制（スポイルズ＝システム）**を導入 　→以後，政党が重要になる 　※猟官制…選挙に勝った政党が政府の官職を独占し，党員や支持者に分け与える制度 ●1830年，（11　　　　）**法**を制定し，先住民を強制的にミシシッピ川以西の保留地に移住させる ※1834年頃，国民共和党などジャクソンに対抗する人々が，ホイッグ党を結成	（10　）時代の民主化の動きの総称 チェロキー族の移動は4000人の死者を出し，「涙の旅路（Trail of Tears）」と呼ばれる 強権をふるう（10　）をイギリス王，その支持者をトーリ党に例え，それに対抗するとしてホイッグ党を名乗る ※1836年，テキサスがメキシコからの独立を宣言
第11代：ポーク ●任期：1845～49年 ●民主党 ●テキサスの併合を約束して大統領選に勝利	●アメリカの領土が太平洋に到達 ※1840年代半ば以降，「**明白な天命 Manifest Destiny**」の言葉が流布 ●1848年，カリフォルニアで**金鉱**発見 → 49年，（12　　　）がおこり，移民急増	●1845年，**テキサス**を併合 →46～48年の（13　　　　）**戦争**に勝利し，**カリフォルニア・ニューメキシコ**を獲得 ●1846年，**オレゴン**を併合
第13代：フィルモア ●任期：1850～53年 ●ホイッグ党		●1852年，**ペリー**を日本へ派遣 → 翌53年，ペリーはフィルモアの国書をたずさえて日本に到着
第14代：ピアース ●任期：1853～57年 ●民主党	●1854年，（14　　　　）**法** → 南北対立が激化 →同年，奴隷制に反対する旧連邦派や旧ホイッグ党メンバーが（15　　　　　　）を結成	●1853年，メキシコとの国境を画定

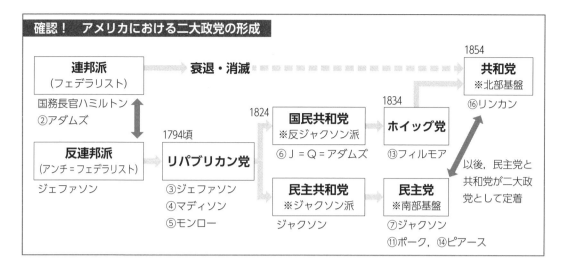

確認! アメリカにおける二大政党の形成

| 連邦派
(フェデラリスト) | ⟶ 衰退・消滅 ┈┈┈┈┈┈┈┈┈┈┈┈┈ | 1854
共和党
※北部基盤 |

連邦派(フェデラリスト)
国務長官ハミルトン
②アダムズ

反連邦派(アンチ゠フェデラリスト)
ジェファソン

1794頃
リパブリカン党
③ジェファソン
④マディソン
⑤モンロー

1824
国民共和党
※反ジャクソン派
⑥J゠Q゠アダムズ

民主共和党
※ジャクソン派
ジャクソン

1834
ホイッグ党
⑬フィルモア

民主党
※南部基盤
⑦ジャクソン
⑪ポーク，⑭ピアース

1854
共和党
※北部基盤
⑯リンカン

以後，民主党と共和党が二大政党として定着

2 南北戦争〜第二次世界大戦期

大統領（任期・所属政党など）	内政	外交
第16代：(¹⁶　　　　　　) ●任期：1861〜65年(暗殺) ●共和党 ※共和党の結成に参加して1860年の大統領選に勝利 　→南部が反発	●1860年，南部諸州が合衆国から離脱 　→翌61年，南部諸州は(¹⁷　　　　　　　)を結成(首都：**リッチモンド**，大統領：**ジェファソン゠デヴィス**) 　→(¹⁸　　　　)**戦争**が勃発(61〜65年) 　※前半は南軍が優勢(**リー将軍**の活躍) ●1862年，(¹⁹　　　　　　　)**法**制定(西部農民の支持が目的) ●1863年1月，(²⁰　　　　　　)**宣言**発表(国内外の支持が目的) ●同年7月，北軍が(²¹　　　　　　)**の戦い**に勝利 　→以降，北軍が優勢(**グラント将軍**の活躍) 　※同年11月，(　21　)戦没者追悼式で「**人民の，人民による，人民のための政治を地上から消滅させてはならない**」と演説 ●1865年4月，南軍の降伏で(　18　)戦争が終結 　→同月14日，(　16　)は暗殺される	
第17代：A゠ジョンソン ●任期：1865〜69年 　※リンカン暗殺で副大統領から昇格 ●民主党(民主党員だが，リンカンの信頼を得て副大統領をつとめていた)	●南部の再建を推進	●1867年，ロシアから(²²　　　　　)を購入
第18代：**グラント** ●任期：1869〜77年 ●共和党 ●南北戦争時の北軍の将軍	●1869年，最初の(²³　　　　　　)が開通	●1872年，来訪した日本の**岩倉使節団**と会見

第23代：ハリソン	●1890年，シャーマン反トラスト法を制定	●太平洋地域で積極外交を推進
●任期：1889～93年		●1889年，第1回(^{24}　　　)**会議**を開催
●共和党	●同年，ウーンデッド＝ニー虐殺事件が発生	
	※1890年頃，「**フロンティア**」が**消滅**	
第25代：(^{25}　　　)	●積極的に海外進出をおこない，帝国主義政策を推進	
	●1898年，(^{26}　　　　　)**戦争**…メイン号事件を契機にアメリカから開戦し，まもなく勝利	
●任期：1897～1901年(暗殺)	→同年，アメリカはパリ条約で(^{27}　　　　)・グアム・プエルトリコを獲得。また，スペインはキューバの独立を認める	
●共和党	●同年，太平洋上の(^{28}　　　　)を併合	
	●1901年，**キューバ**に(^{29}　　　　　)を強制して外交権の制限や米軍基地設置権などを認めさせ，事実上の保護国とする	
	●進出がおくれた中国方面では，国務長官(^{30}　　　　　)が1899～1901年に**門戸開放・機会均等**および**領土保全**を提唱	
第26代：(^{31}　　　　)	●**革新主義(進歩主義)**政策を推進	●カリブ海地域に対し，軍事力を背景に「(^{32}　　　)」をすすめる
	→自由競争を復活させるためのトラスト規制や，労資関係の調停などをおこなう	ⅰ)1903年，パナマをコロンビアから独立させる
●任期：1901～09年		→04年，(^{33}　　　　)建設着工(14年に完成，アメリカが恒久的な管理権を保持)
※マッキンリーの暗殺で副大統領から昇格		ⅱ)ドミニカの内政に干渉
●共和党		●1905年，日露戦争を調停し，**ポーツマス会議**を開催
第27代：(^{34}　　　　)	●革新主義政策を推進し，トラスト規制や累進所得税制の導入などを実施	※フィリピン総督をつとめたのち，特使として1905年に**桂・タフト協定**を結ぶ
●任期：1909～13年		●カリブ海地域や中南米・東アジアに対して「(^{35}　　　)」を展開し，海外投資拡大による影響力増大をはかる
●共和党		
第28代：(^{36}　　　　)	●さまざまな革新主義政策を推進	●「(^{37}　　　　)」と呼ばれる，アメリカ民主主義の道徳的優位を強調する外交を展開
	ⅰ)1913年，銀行制度改革をおこない，**連邦準備制度**を創設	
●任期：1913～21年	ⅱ)1914年，クレイトン反トラスト法を制定し，トラスト規制	●一方，カリブ海・中南米では
●民主党		
●「新しい自由」をスローガン		

に掲げて，大統領選に勝利	を強める iii）1919年，禁酒法を制定 iv）1920年，**女性参政権**を実現 ※1920年，**サッコ・ヴァンゼッティ事件**が発生	アメリカの覇権的地位を確立 i）1914年，パナマ運河完成 ii）1914年，メキシコ革命に介入 iii）ハイチ・ドミニカに派兵 ●1917年，**第一次世界大戦参戦** ●1918年，(³⁸　　　　　　)の平和原則を発表 ●1918年，対ソ干渉戦争に参加 ●1919年，**パリ講和会議**を主導 →(³⁹　　　　　)の設立を提唱 →同年，上院がヴェルサイユ条約の批准を拒否し，アメリカは(　39　)に加盟せず
第29代：(⁴⁰　　　　　　) ●任期：1921〜23年（急死） ●共和党 ●「平常への復帰」をスローガンに大統領選に勝利	●実業界の利益を優先して汚職事件が頻発するが，国内経済は繁栄 ●1923年，遊説中に急死	●1921〜22年，(⁴¹　　　　)**会議**を開催 →四カ国条約・九カ国条約・ワシントン海軍軍備制限条約（主力艦の保有量を制限）を締結
第30代：**クーリッジ** ●任期：1923〜29年 　※ハーディングの急死で副大統領から昇格 ●共和党	●国内経済の繁栄を背景に，自由放任主義政策をとる ●1924年，アジア諸国からの移民を全面的に禁止する(⁴²　　　)**法**の改正が成立	●1924年，(⁴³　　　　　)**案**を提唱 ●1928年，(⁴⁴　　　　)**条約**が成立…仏外相ブリアン・米国務長官ケロッグが尽力
第31代：(⁴⁵　　　　　) ●任期：1929〜33年 ●共和党	●国内経済の好況を背景に「永遠の繁栄」を約束 ●1929年10月，ウォール街の株価大暴落（「暗黒の木曜日」）をきっかけに(⁴⁶　　　　)が発生 →(　46　)に有効な対策とれず	●1929年，ヤング案を提唱 ●1930年，ロンドン海軍軍備制限条約（補助艦の保有量を制限）を締結 ●1931年，**フーヴァー＝モラトリアム**を発表…政府間債務の支払いを1年間猶予
第32代：(⁴⁷　　　　　　) ●任期：1933〜45年（急死） ●民主党 ●「(⁴⁸　　　　)」（新規巻き直し）のス	●恐慌対策として(　48　)**政策**を推進し，従来の自由放任主義政策を転換 　i）1933年，**金本位制を停止** 　ii）1933年，(⁴⁹　　　　)**法**（AAA）を制定…農業生産を	●1933年，**ソ連を承認** ●中南米諸国には，介入・干渉を排し関係改善につとめる「(⁵²　　　　)」を展開 　i）1934年，ハイチから撤兵 　ii）1934年，プラット条項を

ローガンを掲げて大統領選に勝利 	統制し，農産物価格の安定をはかる →36年，連邦最高裁で違憲判決 ⅲ) 1933年，**テネシー川流域開発公社**(TVA)を設立 ⅳ) 1933年，(⁵⁰　　　　　)**法**(NIRA)を制定…企業のカルテル的協定や労働者の団結権・団体交渉権を認め，失業者救済のための公共事業の促進をはかる →35年，連邦最高裁で違憲判決 ● 1933年，禁酒法を廃止 ● 1935年，(⁵¹　　　　　)**法**を制定…違憲判決を受けたNIRAの労働者の権利の部分を立法化 ● 1945年4月，急死(4期目の途中)	撤廃し，**キューバの独立を承認** ⅲ) 1934年，フィリピン独立法を制定し，10年後の独立を承認 ● 1935～39年，中立法を制定し，交戦国への武器売却を禁止 →41年，武器貸与法の成立で，中立法は事実上破棄 ● 1941年，チャーチルと大西洋上会談をおこない，(⁵³　　　　　)を発表 →同年，**第二次世界大戦参戦** ● 1943年11月，カイロ会談 ● 同年11～12月，テヘラン会談 ● 1945年2月，ヤルタ会談

❸ 第二次世界大戦後

大統領(任期・所属政党など)	内政	外交
第33代：(⁵⁴　　　　　) ● 任期：1945～53年 　※ローズヴェルトの急死で副大統領から昇格 ● 民主党 ● 国務長官：マーシャル 	● 共産主義や労働組合の活動に強硬な姿勢でのぞむ 　ⅰ) 1947年，タフト・ハートレー法を制定し，労働組合の活動を規制 　ⅱ) 1947年，国家安全保障法を制定→**中央情報局**(CIA)設立 ● 1950～54年，国内で「(⁵⁵　　　　　)」(赤狩り)が横行 　※赤狩り…マッカーシー上院議員がおこなった極端な反共運動で，共産主義者あるいはその同調者と疑われた多くの政治家・文化人を追放 ● 一方，ニューディールを継承し，社会保障を充実させるフェアディール政策を実施	● 1945年8月，太平洋戦争で原爆を使用→同月，戦争終結 ● 1947年，「**トルーマン＝ドクトリン**」を発表し，「(⁵⁶　　　　　)」政策を推進 ● 1947年，**マーシャル＝プラン**を提唱 ● 1948年，米州機構(OAS)結成 ● 1949年，**北大西洋条約機構**(NATO)結成 ● 1951年，米比相互防衛条約・太平洋安全保障条約(ANZUS)・日米安全保障条約を締結 ● 1952年，水爆実験を実施 ● 1950～53年，(⁵⁷　　　　　)**戦争**に国連軍として参戦 　※51年，マッカーサーを解任

第34代：(58　　　　) ●ノルマンディー上陸作戦時の連合軍総司令官。戦後はNATOの司令官をつとめる ●任期：1953〜61年 ●共和党 ●国務長官：(59　　　　) 	●ニューディール路線を維持 ●1954年，ブラウン判決…公立校での人種隔離は憲法違反とする最高裁判決 　→キング牧師らを指導者とする(60　　　　)**運動**が高揚 ※1955〜56年，バス＝ボイコット運動 ※1957年，リトルロック高校事件 ●1957年，ソ連が人工衛星スプートニク1号の打ち上げに成功すると，アメリカでは**スプートニク＝ショック**が発生 　→教育政策の理系重視への転換などにも波及 　→58年，アメリカは人工衛星エクスプローラー号打ち上げに成功 ●大統領離任演説（1961年）において，**「軍産複合体」の危険性を警告**	●1953年，朝鮮戦争休戦 ●「封じ込め」政策から，「(61　　　　)**政策**（同盟網で社会主義圏に対抗）に転換 　ⅰ）1953年，米韓相互防衛条約を締結 　ⅱ）1954年，東南アジア条約機構（SEATO）結成 　ⅲ）1955年，バグダード条約機構（中東条約機構，METO）結成 ●1954〜58年，ビキニ環礁で水爆実験を実施 ●1954年，グアテマラに介入して左翼政権を崩壊させる ●一方，スターリン死（1953年）後は国際協調が進展（「雪どけ」） 　ⅰ）1955年，ジュネーヴ4巨頭会談に参加 　ⅱ）1959年，訪米したフルシチョフと会談 ●1959年，キューバ革命 　→61年，**キューバと国交断絶** ●1960年，U2型機事件で再び米・ソ関係は緊張状態となる
第35代：(62　　　　) ※アメリカ大統領では史上最年少（43歳）。また，初のカトリック教徒，かつアイルランド系の出身 ●任期：1961〜63年（暗殺） ●民主党 ●**「ニューフロンティア」**のスローガンを掲げて大統領選に勝利	●「ニューフロンティア」の精神のもと，公民権運動に理解を示す ※1963年8月，(63　　　　)に際し，キング牧師が「私には夢がある」演説をおこなう ●1963年11月，テキサス州のダラスで遊説中に暗殺される 	●キューバ革命に対抗して，中南米諸国と**「進歩のための同盟」**を結ぶ ●1961年，南ベトナムへの軍事援助を開始 ●1962年，ミサイル基地建設の発覚をきっかけに，(64　　　　)**危機**が発生 　→米・ソの妥協で衝突回避 　→以後，緊張緩和がすすむ ●1963年，**部分的核実験禁止条約**を締結

第36代：(⁶⁵　　　　)	●内政スローガンに「(⁶⁶　　　　)」の建設や「貧困との闘い」を掲げる	●ソ連との緊張緩和を推進
●任期：1963〜69年		●1965年，ベトナム戦争への本格的介入を開始
※ケネディの暗殺で副大統領から昇格	→1964年，(⁶⁷　　　　)**法**を制定。ただしその後も差別は残り，(⁶⁷)運動は継続	→(⁶⁸　　　　)にふみきるとともに，地上兵力を派遣
●民主党	※1964年，キング牧師がノーベル平和賞を受賞	●1965年，ドミニカ内戦に介入
	※1968年，キング牧師暗殺される	
	●1960年代後半，ベトナム戦争が激化し反戦運動・反体制運動が高揚 →(⁶⁵)は任期満了後，引退	
第37代：(⁶⁹　　　　)	●1969年，(⁷⁰　　　　)が初の月面着陸に成功	●ベトナム戦争の敗退を受けて，積極的な対社会主義圏外交を展開
●任期：1969〜74年(辞任)	●1971年，貿易収支が赤字へ転換	
●共和党	※社会保障費の増大，ベトナム戦争の戦費，他の先進工業国の躍進などが背景	●1972年，(⁷³　　　　)**を訪問**し，関係正常化を合意
●国務長官：キッシンジャー(任1973〜77，その前は大統領補佐官)	→同年，**金・ドルの兌換停止**を発表〈(⁷¹　　　　)と呼ばれる〉	●1972年，日本に沖縄を返還
	●1972年，(⁷²　　　　)**事件**〈(⁶⁹)陣営による民主党本部への盗聴器設置未遂事件〉が発覚 →74年，(⁶⁹)は辞任	●1972年，**第1次戦略兵器制限交渉**(SALT I)に調印
		※1973年，第1次石油危機(オイル＝ショック)発生
		●1973年，(⁷⁴　　　　)**協定**に調印 →ベトナムから撤退
		●1973年，チリのアジェンデ政権に対するクーデタを支援 →ピノチェト政権が成立
第38代：(⁷⁵　　　　)	●ベトナム戦争敗退後の負担や，経済の不況に苦しむ	●ソ連との緊張緩和路線を継承
●任期：1974〜77年		●1975年，第1回(⁷⁶　　　　)に参加
※ニクソンの辞任で副大統領から昇格		●1975年，全欧安全保障協力会議(CSCE)に参加
●共和党		
第39代：(⁷⁷　　　　)	●経済対策やエネルギー政策を重視	●「**人権外交**」と呼ばれる人権尊重を推進する外交を展開
●任期：1977〜81年	●1979年3月，**スリーマイル島原子力発電所事故**	ⅰ)1977年，新パナマ運河条約を締結
●民主党	●在イラン米大使館員人質事件やソ連のアフガニスタン侵攻に際して，	ⅱ)1979年1月，**米中国交正**
※南北戦争後，初の南部出身		
※大統領退任後も国際人権活		

動で活躍 →2002年，ノーベル平和賞を受賞	「弱腰」と批判を受ける ●第2次石油危機の影響によるインフレと雇用の悪化に苦しむ	常化を実現 ⅲ）1979年3月，(^{78} 　） 条約の成立を仲介 ●1979年11月，**イラン革命**に際して，**在イラン米大使館員人質事件**が発生 　→80年，救出作戦に失敗 ※1979年，第2次石油危機発生 ●1979年12月，ソ連がアフガニスタンへ侵攻 　→80年，モスクワ＝オリンピックをボイコット
第40代：(^{79}　　　　　） ●任期：1981〜89年 ●共和党 ●外交政策で混乱したカーター政権にかわって「強いアメリカ」を望む世論を背景に，大統領選に勝利	●減税や規制緩和，福祉の削減により「小さな政府」をめざす，(^{80} 　）**主義**的改革を推進 ●1981年，スペースシャトルの打ち上げに成功 ●1984年，ロサンゼルス＝オリンピック→（　81　）への侵攻を理由に東側諸国がボイコット ●1985年，債権国から債務国に転落 ※財政収支・貿易収支とも赤字となる（「**双子の赤字**」と呼ばれる）	●当初，対ソ強硬路線をとり，緊張が高まる（「**第2次冷戦**」） 　→軍事費の増大に苦しむ ⅰ）1983年，戦略防衛構想（SDI）を提唱 ⅱ）1983年，(^{81} 　）へ侵攻 ⅲ）1984年，ニカラグア内戦に介入 ●1980年代後半，財政赤字削減のため，軍縮を推進 　→87年，(^{82} 　）**条約**を締結
第41代：(^{83}　　　　） （父） ●任期：1989〜93年 ●共和党	●内政では経済の停滞を打開できず ●1992年，ロサンゼルス暴動が発生	●1989年，パナマへ侵攻 ●1989年12月，(^{84}　　　）**会談**で「冷戦終結」を宣言 ●1991年1月，(^{85}　　　）**戦争**を主導し，イラクを撃退 ●1991年7月，**第1次戦略兵器削減交渉**（STARTⅠ）に調印 ●1992年，**北米自由貿易協定**（NAFTA）に調印（94年発足）
第42代：(^{86}　　　　） ●任期：1993〜2001年 ●民主党	●IT革命と情報産業の発展による経済の好調を背景に，財政赤字の解消に成功 ●国務長官にはじめて女性のオルブ	●1993年，SDI計画を放棄 ●1993年，**パレスチナ暫定自治協定（オスロ合意）成立**を仲介 ●1995年，ベトナムとの国交を

	ライトを起用(任1997〜2001)	正常化 ●1999年，パナマ運河を返還
第43代：(⁸⁷　　　　　) (子) ●任期：2001〜09年 ●共和党 ●初の黒人国務長官：パウエル(任2001〜05) ●初の女性黒人国務長官：ライス(任2005〜09)	●2001年，京都議定書から離脱 ●2001年9月11日，(⁸⁸　　　)**事件**が発生 →同年10月，アフガニスタンに対して軍事行動をおこない，ターリバーン政権を倒す(「**対テロ戦争**」) ●2003年，(⁸⁹　　　　　)**戦争**を開始し，フセイン政権を倒す ●2008年，国内の**リーマン＝ショック**をきっかけに，世界各地で深刻な金融危機が発生	 ■同時多発テロ事件
第44代：**オバマ** ●任期：2009〜17年 ●民主党 ●初のアフリカ系(黒人)	●金融危機後の景気後退のなか，経済・雇用対策に取り組むが，失業率は改善できず ●2010年，**医療保険制度改革**を実施(「**オバマ＝ケア**」と呼ばれる)	●2009年，(⁹⁰　　　　　　)での演説で，**核兵器の廃絶を訴える** →同年，ノーベル平和賞受賞 ●2015年，(⁹¹　　　　　　)**との国交を回復** ●2016年，現職の大統領としてはじめて**被爆地の広島を訪問**
第45代：トランプ ●任期：2017年〜 ●共和党	●国内経済の優先を標榜するとともに，不法移民に対して強硬な政策をとる	●2017年，NAFTA再交渉表明 ●2019年，**パリ協定**から離脱

歴代大統領でみるアメリカ合衆国史　問題演習

問1　ワシントンとリンカンについて述べた文として正しいものを，下の①～④のうちから一つ選べ。

<センター試験　世界史A・追・改　2005年>

① ワシントンは，植民地軍の総司令官として独立戦争を戦った。
② ワシントン大統領の下で，アメリカ合衆国はフランスからルイジアナを購入した。
③ リンカンは，民主党選出の大統領として，南部を有力な支持基盤とした。
④ リンカン大統領の下で，アメリカ合衆国はメキシコからカリフォルニアを獲得した。

問2　下の年表はアメリカの西漸運動に関連する事項を年代の古い順に並べたものである。この年表に関して，下の(1)，(2)に答えなさい。

<慶應義塾大学　経済学部　2008年>

1
インディアン強制移住法制定
2
アメリカ＝メキシコ戦争勃発
3
カンザス＝ネブラスカ法制定
4

リンカン，大統領に当選
5
南北戦争勃発
6
南北戦争終結
7

(1) 次のa～dの事項は上の年表のどこに入れるのがもっとも適切か。年表中の空欄1～7のなかから選びなさい。
　　a．カリフォルニア領有　　　b．最初の大陸横断鉄道完成
　　c．テキサス併合　　　　　　d．ホームステッド法制定

(2) 次の史料はアメリカ大統領の教書の一部である。上の年表中の空欄1～7のなかから，この教書が出された時期としてもっとも適切なものを選びなさい。

> 現存するヨーロッパ諸国の植民地ないし属領に関しては，我々は従来干渉しなかったし，また将来も干渉しないだろう。しかし，既に独立を宣言し，それを維持し，また我々がその独立について熟考し公正なる基準に基づいて承認した政府に関しては，ヨーロッパ諸国によって当該独立政府を圧迫する目的で，もしくは他の方法によりその運命を左右せんとする目的をもってするいかなる干渉も，合衆国に対する非友好的意向の表明としか見ることはできない。

問3　次の文中の空欄　イ　と　ウ　に入れる語の組合せとして正しいものを，下の①～④のうちから一つ選べ。

<センター試験　世界史A・追　2015年>

アメリカ大統領　イ　は，世界平和を実現するために，　ウ　を設立することを提唱した。
① イーウィルソン　　　　ウー国際赤十字社(国際赤十字)
② イーウィルソン　　　　ウー国際連盟
③ イーデュナン　　　　　ウー国際赤十字社(国際赤十字)
④ イーデュナン　　　　　ウー国際連盟

問4　アメリカ合衆国の軍事行動や外交について述べた文として正しいものを，次の①～④のうちから一つ選べ。

＜センター試験　世界史B・追　2008年＞

①　アメリカ＝イギリス戦争(米英戦争)の結果，アメリカ合衆国はテキサスを併合した。

②　アメリカ＝スペイン戦争(米西戦争)の結果，プエルトリコがスペイン領となった。

③　第二次世界大戦中に，トルーマン大統領らが大西洋憲章を発表した。

④　ヴェトナム(パリ)和平協定が調印され，アメリカ軍がヴェトナムから撤退した。

問5　アメリカ合衆国の歴代大統領について述べた文として波線部の誤っているものを，次の①～④のうちから一つ選べ。

＜センター試験　世界史B・追　2012年＞

①　フーヴァーは，世界恐慌への対応として，ドイツの賠償金支払いなどを1年間停止することを宣言した。

②　マッキンリーは，カリブ海地域の支配を目指し，棍棒外交を展開した。

③　ニクソンは，ウォーターゲート事件により辞任した。

④　ワシントンは，独立戦争の総司令官を務め，のちに初代大統領となった。

問6　ニューディールについて述べた文として誤っているものを，次の①～④のうちから一つ選べ。

＜センター試験　世界史B・追　2007年＞

①　農業調整法(AAA)が制定された。

②　フーヴァー＝モラトリアムが宣言された。

③　全国産業復興法(NIRA)が制定された。

④　フランクリン＝ローズヴェルトによって推進された。

問7　1950年代に在任したアメリカ大統領の組み合わせとして正しいものはどれか。

＜早稲田大学　政治経済学部　2017年＞

イ　ローズベルト，トルーマン　　　　ロ　ケネディ，ニクソン

ハ　トルーマン，アイゼンハワー　　　ニ　アイゼンハワー，ケネディ

問8　ソ連(共産圏)の拡大を防止するために，封じ込め政策をはじめたアメリカ大統領は誰か。

＜上智大学　文学部　2014年＞

a　アイゼンハウアー　　　b　ケネディ　　　　　c　トルーマン

d　フーヴァー　　　　　　e　ローズヴェルト

問9　1989年のマルタ会談において，ゴルバチョフとともに冷戦の終結を宣言したアメリカ大統領は誰か。

＜上智大学　文学部　2014年＞

a　カーター　　　b　クリントン　　　c　ブッシュ(父)　　　d　ニクソン　　　e　レーガン

問10　ケネディ大統領に関する説明として誤っているものはどれか。　　＜上智大学　総合人間科学部　2008年＞

a　アメリカ初のカトリック教徒の大統領で，最年少で大統領に当選した。

b　部分的核実験停止条約を締結した。

c　ベトナム戦争からの撤退を実現した。

d　テキサス州ダラスで遊説中に暗殺され，副大統領のジョンソンが大統領に昇格した。

問11　当時のアメリカ大統領は，何故ベトナム戦争を正義の戦争としたのか。50字以内で説明しなさい。

＜慶應義塾大学　商学部・改　2016年＞

ヨーロッパ統合の歴史

POINT ヨーロッパ連合（EU）結成の過程を，各組織の内容や，加盟国の推移と国際情勢との関連に注目して確認しよう！

1 ヨーロッパ共同体（EC）の発足と発展

（1）ヨーロッパ統合の理念

- 第一次世界大戦後，（¹　　　　　　　　　　　　　　　）（オーストリアの貴族出身の政治家。母は日本人）が主著『汎ヨーロッパ』（1923年）を発表し，**ヨーロッパ統合の理念**を提唱
- 第一次世界大戦後，国際連盟事務次長として活躍した**ジャン＝モネ**（フランスの政治家）が，ドイツとフランスの国境地帯での石炭・鉄鉱石の共同管理を提唱 ┤のち「欧州統合の父」とも呼ばれる├

（2）ヨーロッパ共同体（EC）の発足

- 1948年，マーシャル＝プラン受け入れのため，ヨーロッパ諸国がヨーロッパ経済協力機構（OEEC）を結成 → 61年，**経済協力開発機構**（OECD）に発展
- 1950年，仏外相（²　　　　　　　）が「（ ² ）＝プラン」で石炭・鉄鋼の共同管理案を提唱

> 1952年，（³　　　　　　　　　　　　　　　　　）（European Coal and Steel Community：ECSC）発足…**フランス・西ドイツ・イタリア・ベネルクス３国（オランダ・ベルギー・ルクセンブルク）で石炭・鉄鋼業を共同管理**

- 1957年，（⁴　　　　　　　）**条約**…仏・西独・伊・ベネルクス３国がEEC・EURATOM結成に合意

> 1958年，（⁵　　　　　　　　　　　　　　）（European Economic Community：EEC）発足…**域内関税の相互引き下げ**（最終的には撤廃），農業を含むすべての製品・サービスの共同市場，資本と労働力移動の自由化などをめざす

> 同年，（⁶　　　　　　　　　　　　　　）（European Atomic Energy Community：EURATOM）発足…**原子力資源**の統合・共同管理をめざす

> 1960年，（⁷　　　　　　　　　　　　　　）（European Free Trade Association：EFTA）発足（本部：ジュネーヴ）

ⅰ）EECが加盟各国政府の政策決定に拘束力を有することに対抗して，**イギリス**を中心に，スウェーデン・ノルウェー・デンマーク・オーストリア・スイス・ポルトガルが結成した経済協力機構

ⅱ）のちにEFTAを脱退してECに加盟する国が増加し，現在の加盟国はスイス・ノルウェー・アイスランド・リヒテンシュタインの４カ国のみ。なお，1994年にEUとEFTAはEEA（European Economic Area，ヨーロッパ経済領域）を結成し，スイス（国民投票で否決）以外は市場統合をおこなっている

> 1967年, (⁸   )(European Community：EC)発足…ECSC・EEC・EUR-ATOMを統合し, 将来の政治的統合も視野にいれる
> ※原加盟国の仏・西独・伊・ベネルクス3国は, (8)の中心として「インナー6」と呼ばれる

(3)ECの発展

- 1973年, (⁹   )・アイルランド・デンマークがECに加盟(**拡大EC**)
  - ※(9)は1961・67年にEECへの加盟を申請しているが, 加盟によってアメリカ合衆国の影響を受けるのではないかという懸念から, フランスのド゠ゴール大統領が拒否し続ける
    - →69年にド゠ゴール大統領が退陣し, (9)の加盟が実現
- 1979年, 欧州議会の初選挙。将来の通貨統合をめざす欧州通貨制度(EMS)発足(イギリス除く)
- 1981年, (¹⁰   )が加盟
- 1986年, (¹¹ ・   )が加盟 → 12カ国体制
- 1987年, (¹²   )発効…92年末までの完全な市場統合(ヒト・モノ・資本・サービスの域内移動の自由)をめざす
- 1989年の「冷戦の終結」宣言や, 90年の東西ドイツ統一 → ECの政治統合を促進
- 1990年, 全欧安全保障協力会議(CSCE)の首脳会議で, パリ憲章が採択される
  - →冷戦終結後の指針…「欧州の対立と分断の時代の終結」と「民主主義・平和・統合の新時代」
- 1990年, (¹³   )**協定**〈(13)はルクセンブルクの小村〉…加盟国間の国境において, 出入国検査(国境検査)なしでの越境を許可

■**シェンゲン協定地域を示す表示**　ワルシャワ空港の乗り換えゲートにて。

  - ※1985年に西ドイツ・仏・ベネルクス3国で合意し, 90年の実施協定で補足。85年・90年の二つの協定を総称して(13)協定と呼ぶ
  - ※(13)協定加盟国は現在26カ国で, EC(EU)加盟国と必ずしも一致せず。例えば, EU加盟国のうち, アイルランドは協定には非加盟だが, EU外のスイス・ノルウェー・アイスランドなどは加盟している

2 ヨーロッパ連合(EU)の発足・発展と現状

(1)ヨーロッパ連合(EU)の発足

- 1992年, (¹⁴   )**条約**調印〈(14)はオランダの都市〉
  - ⅰ)「3つの柱」…①経済・通貨の統合, ②共通外交・安全保障政策, ③司法・内政での協力
  - ⅱ)「欧州市民」の概念を明確化し, 単一通貨ユーロの創設などによる統合をめざす
- 各国が批准をめざすが, デンマークでは国民投票で否決されて批准が延期される
  - →マーストリヒト条約の一部について例外規定が設けられ, 1993年の再投票で可決される
- 1993年1月, EC統合市場発足…ヒト・モノ・資本・サービスの域内移動の自由化が実現

> 1993年11月, (¹⁵   )(European Union：EU)発足…マーストリヒト条約の発効を受けて, ECから発展

- 1995年, オーストリア・フィンランド・スウェーデンが加盟

※『世界史史料12　21世紀の世界へ　日本と世界』(歴史学研究会編，岩波書店，2013年)より

第2条　連合の目的は，次のとおりとする
――とくに内部に境界のない領域を創設し，経済的および社会的一体性を強化し，ならびにこの条約の規定に従い最終的には単一通貨を持つ経済通貨同盟を創設することを通じて，経済的および社会的な進歩ならびに高水準の雇用を促進し，均衡のとれた持続可能な発展を達成すること。
――とくに…(略)…共同防衛に至りうる共同防衛政策の漸進的形成を含む共通外交安全保障政策の実施を通じて，国際社会における連合の主体性を主張すること。

※(¹⁶　　　　　　　　)は1994年の国民投票で加盟を拒否

● 1997年，アムステルダム条約調印(99年発効)…マーストリヒト条約の見直し

　ⅰ)人種・宗教による差別の禁止など，司法・内政での協力強化によるさらなる統合を推進

　ⅱ)欧州議会の権限強化や外交・安全保障についての多数決制の導入など

(2)EUの発展

● 1999年，単一通貨(¹⁷　　　　　　　)を導入(この時点では銀行間などの決済通貨としてのみ)

　※イギリス・スウェーデン・デンマーク・ギリシア(2001年参加)を除く11カ国が参加

● 2001年，ニース条約調印(03年発効)…将来のEU加盟国の拡大に向けて，先行統合(一部の加盟国のみでの共通政策)の実施緩和や，政策決定の効率化(多数決で決める範囲を拡大)をはかる

● 2002年，ユーロの一般使用が始まる

● 2004年，**EUの拡大**…エストニア・ラトヴィア・リトアニア・ポーランド・チェコ・スロヴァキア・ハンガリー・スロヴェニア・マルタ・キプロスの10カ国が加盟

● 2004年，欧州憲法制定条約調印…EUにおける憲法の制定をめざす条約

　→各国が批准をめざすが，05年にフランスやオランダの国民投票で否決され，以降は新条約(のちのリスボン条約)の検討がすすめられる

● 2005年，(¹⁸　　　　　　)がEU加盟交渉を開始 → 2019年現在も交渉中

　※(　18　)はEC時代の1987年から加盟申請を継続。EU加盟基準(自由，民主主義，人権の尊重，法の支配などの理念の尊重)に当てはまるかどうかが焦点(国内でのクルド人弾圧問題，アルメニア人虐殺問題，イスラーム政党の伸張など)

● 2007年1月，ブルガリア・ルーマニアが加盟

● 2007年12月，(¹⁹　　　　　　　)**条約**調印(09年発効)…欧州憲法制定条約の内容を引き継ぐ

　ⅰ)EUの理念や各EU機関の位置づけを再構成

　ⅱ)6カ月ごとの輪番制だった「EU理事会議長」を任期2年半・常任の**EU大統領**とし，外交・安全保障政策上級代表(EU外相)も設置

● 2009年以降，**ギリシア**の財政危機が深刻化

　→10〜12年頃，欧州経済危機…イタリアなどの南欧やアイルランド・キプロスなどに波及

　※ドイツ・フランスがリスボン条約の改定を提案 → 各国の財政規律の強化をめざす

● 2013年，クロアティアが加盟

● 2016年，(²⁰　　　　　　　　)でのEU離脱の国民投票で，離脱派が多数 → 20年，EUを離脱

(3)EUの現状と組織

● 加盟国(2020年現在，以下同)…27カ国

　※おもな非加盟国…スイス・ノルウェー・アイスランド(加盟交渉停止中)・イギリス

　※加盟候補国…モンテネグロ・北マケドニア・セルビア・トルコ・アルバニア

※ボスニア＝ヘルツェゴヴィナ・コソヴォは潜在的加盟候補国

●ユーロ圏(EU加盟国かつユーロを導入している国)…19カ国

　※EU非加盟だがユーロを導入している国…ヴァチカン市国・モナコ公国など

　※EU加盟国だがユーロを導入していない国…スウェーデン・デンマークなど

●本部所在地…(²¹　　　　　　　　　　)(ベルギーの首都)

●最高評議機関：欧州理事会…加盟国首脳＋理事会議長(EU大統領)＋委員会委員長で構成。政策
　　　　　　　　の方向性を決定

●行政：欧州委員会…加盟国各１名による委員の合議制(定数27名)。法案・予算案などを作成。議
　　　　　　　長が行政のトップ

●立法：欧州議会…(²²　　　　　　　　　　)(フランス・アルザス地方)におかれ，議員は加盟国
　　　　　　　の国民による直接選挙によって選出される(任期５年，定数751名)

　　　　：閣僚理事会…加盟国閣僚で構成，議長輪番制。EUの立法を採択し，各国間の政策を調整

●司法：欧州司法裁判所(ルクセンブルク)…加盟国内の最高裁判所より高位におかれる

●欧州中央銀行(European Central Bank：ECB)…1998年設立。フランクフルトにおかれる

●欧州連合部隊(European Union Force：EUFOR)

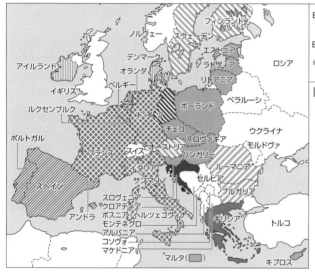

■EC・EUの変遷

ヨーロッパ統合の歴史的意義

中世以来，対立をくりかえしてきたヨーロッパ諸国(とくにフランス・ドイツ)が，主権国家の枠を乗り越え，政治的統一を最終目標に見据えて国際協調に取り組んでいることの意義を考えてみよう。EU(とくにユーロ)がかかえる問題は山積しているが，EUの理念の歴史的意義は大きい。EU議会が，独・仏両国が長年領有を争ったアルザス地方の都市ストラスブールにおかれた意味もあわせて考えてみよう。

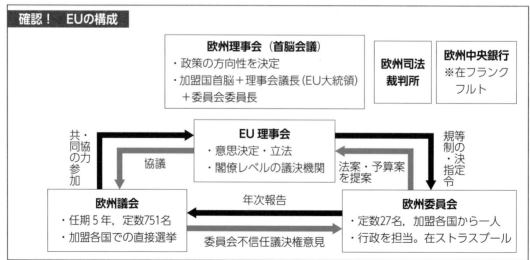

⑫ ヨーロッパ統合の歴史　問題演習

問1　欧州連合(EU)で導入された共通通貨(統一通貨)の名として正しいものを，次の①〜④のうちから一つ選べ。　　　＜センター試験　世界史B　2014年＞

① ドル　　　② ユーロ　　　③ ポンド　　　④ マルク

問2　次の年表に示したa〜dの時期のうち，ヨーロッパ経済共同体(EEC)が発足した時期として正しいものを，下の①〜④のうちから一つ選べ。　　　　　　　　　　　　　　　　　　　　＜センター試験　世界史A・追　2015年＞

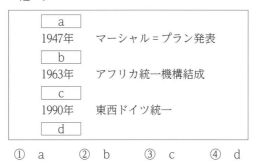

① a　　　② b　　　③ c　　　④ d

問3　次の文aとbの正誤の組合せとして正しいものを，下の①〜④のうちから一つ選べ。

＜センター試験　世界史A・追　2013年＞

a　ギリシアは，ヨーロッパ経済共同体(EEC)にその発足時から加盟していた。
b　イギリスは，ヨーロッパ共同体(EC)にその発足時から加盟していた。
① a−正　b−正　　　② a−正　b−誤
③ a−誤　b−正　　　④ a−誤　b−誤

問4　次の文中の空欄 ア と イ に入れる語の組合せとして正しいものを，下の①〜④のうちから一つ選べ。

＜センター試験　世界史B　2014年＞

　1950年代，西ドイツは，経済復興を実現した首相 ア の下で，ヨーロッパ石炭鉄鋼共同体(ECSC)や イ の創設に参画し，ヨーロッパ統合推進の中心的役割を担った。
① アーアデナウアー　　　イーヨーロッパ原子力共同体(EURATOM)
② アーアデナウアー　　　イーヨーロッパ自由貿易連合(EFTA)
③ アーコール　　　　　　イーヨーロッパ原子力共同体(EURATOM)
④ アーコール　　　　　　イーヨーロッパ自由貿易連合(EFTA)

問5　EURATOM設立に至る出来事を年代順に並べたものはどれか。

＜関西学院大学　教育・経済・国際・社会・神・総合政策学部　2015年＞

a．シューマン＝プラン発表 → ECSC発足 → ローマ条約調印 → EURATOM設立
b．ローマ条約調印 → シューマン＝プラン発表 → ECSC発足 → EURATOM設立
c．ECSC発足 → シューマン＝プラン発表 → ローマ条約調印 → EURATOM設立
d．シューマン＝プラン発表 → ローマ条約調印 → ECSC発足 → EURATOM設立

問6　ヨーロッパ共同体の原加盟国に含まれない国はどれか。

　　a．イギリス　　　b．ベルギー　　　c．オランダ　　　d．イタリア

問7　以下の動きのうち，EECからEUへの組織的な発展に含まれないものはどれか。

　　a．欧州通貨制度(EMS)の発足　　　b．ヨーロッパ自由貿易連合(EFTA)の発足
　　c．単一欧州議定書の発効　　　　　d．シェンゲン協定の調印　　　e．マーストリヒト条約(EU条約)の採択

問8　ヨーロッパ統合について述べた文として正しいものを，次の選択肢（a～d）から1つ選びなさい。

　a　ドイツ外相シューマンの提案にもとづき，ヨーロッパ石炭鉄鋼共同体(ECSC)が発足した。
　b　マーストリヒト条約によって，ヨーロッパ経済共同体(EEC)が発足した。
　c　スイスはオーストリアと同時にヨーロッパ連合に加盟した。
　d　ノルウェーはヨーロッパ連合(EU)に加盟していない。

問9　ヨーロッパ統合への動きについて述べた次の1～4の文章の中から，誤りを含むものを1つ選びなさい。
　文章中のOEECはヨーロッパ経済協力機構，ECSCはヨーロッパ石炭鉄鋼共同体，EECはヨーロッパ経済共同体，EURATOMはヨーロッパ原子力共同体，ECはヨーロッパ共同体，EUはヨーロッパ連合の略語である。

　1．トルーマン政権の対共産主義政策である封じ込め政策の具体化として，マーシャル＝プランが発表されると，西欧諸国はその受け入れ機関としてOEECを結成した。
　2．西欧諸国は経済復興を促進するために，フランスが提案したシューマン＝プランのもとに，西ドイツ・ベネルクス3国・イタリアが参加してECSCを発足させた。
　3．西欧諸国はローマ条約にもとづいて，OEECを関税の相互引き下げや資本・労働力の移動を自由化させるEECに発展させ，また同時期にEURATOMも結成した。
　4．1960年代後半にはECSC，EEC，EURATOMを統合したECが成立した。70年代前半にはイギリスがECに参加し，さらに90年代前半にマーストリヒト条約によってEUへと発展した。

問10　次の1～4の文章の中から，誤りを含むものを1つ選びなさい。　　
　1．NATO(北大西洋条約機構)発足当初，デンマークとノルウェーはこれに加盟したが，スウェーデンとフィンランドは加盟しなかった。
　2．EEC(ヨーロッパ経済共同体)発足に対抗して，イギリスはデンマーク・ノルウェー・スウェーデンなどとEFTA(ヨーロッパ自由貿易連合)を結成した。
　3．イギリスは，デンマーク・ノルウェーとともにEC(ヨーロッパ共同体)に加盟した。
　4．マーストリヒト条約発効後，スウェーデンとフィンランドはEU(ヨーロッパ連合)に加盟した。

問11　冷戦終結は，特定の地域に属する国家間の協力を世界各地で刺激することになった。たとえば，ヨーロッパでは1993年にヨーロッパ連合(EU)が発足した。アジア太平洋経済協力と比較した場合，ヨーロッパ連合に見られる協力の特徴はどのような点にあったか，説明しなさい(50字程度)。　　

問12　1952年のヨーロッパ石炭鉄鋼共同体(ECSC)設立から1999年の共通通貨導入に至るヨーロッパ統合の進展について，次の語をすべて用いて述べなさい。なお，解答に際しては略号を用いてもかまいません。(250字以内)
　　　　ヨーロッパ共同体(EC)　　　関税　　　イギリス　　　マーストリヒト条約

13 女性の権利の歴史

POINT 時代ごとの女性のあり方や，女性参政権の実現にいたる歴史的背景を確認しよう！

1 前近代の女性観と近代の動き

(1)前近代の女性観

- 前近代では，おもに男性＝公的なもの，女性＝家庭的・私的なものとして，女性は受動的かつ男性を補完する存在とみなされる　※古代アテネの民主政治の限界…女性には参政権は認められず
- 一方，多くの地域で女性君主の例あり（クレオパトラ・則天武后・マリア＝テレジアなど）
    - →しかし，これは**世襲制の王朝維持のための女性君主**で，女性全般に対する視点は，あくまでも「男性の補完物」というもの。政治的決定権を主体的に担うことはあまりなかった

(2)フランス革命と女性の権利

- (¹　　　　　)**思想の限界** → 「理性」によれば，女性は男性に従うことが「自然」ともされる

> **史料　ルソー『エミール』** ※『エミール』（ルソー著，今野一雄訳，岩波書店，1964年）より
> 男性は不公平な差別をしていると女性が不平をいうとしたら，女性はまちがっている。この差別は人間がつくりあげたものではない。…(略)…理性がつくったものだ。

- 1789年，**フランス**(²　　　　　)**宣言**（**人間および市民の権利宣言**）…条文での「人間」「市民」は男性を前提とし，女性は同等の権利を得られず
- 1791年，(³　　　　　　　　　　)が『**女性および女性市民の権利宣言**』を発表
    - →93年，(　³　)はジャコバン派による恐怖政治のなかで反革命の容疑で逮捕され，処刑される

> **史料　オランプ＝ド＝グージュ「女性および女性市民の権利宣言」** ※『世界史史料6　ヨーロッパ近
> 代社会の形成から帝国主義へ』（歴史学研究会編，岩波書店，2007年）より
> 第1条　女性は，自由なものとして生まれ，かつ，権利において男性と平等なものとして生存する。…(略)…
> 第6条　法律は一般意思の表明でなければならない。すべての女性市民と男性市民は，みずから，またはその代表者によって，その形成に参与しなければならない。…(略)…
> 第10条　…(略)…女性は，処刑台にのぼる権利をもつ。同時に，女性はその意見の表明が法律によって定められた公の秩序を乱さない限りにおいて，演壇にのぼる権利をもたなければならない。

- フランス革命に際しては，グージュ以外にも多くの女性が活動
    - ⅰ)(⁴　　　　　)夫人…自身のサロンにジロンド派議員を集めて大きな政治的影響力をもち，「ジロンド派の女王」とも呼ばれたが，1793年にジャコバン派によって処刑される
        - ※処刑に際しての言葉…「自由よ，汝の名のもとでいかに多くの罪がおかされたことか」
    - ⅱ)シャルロット＝コルデ…(⁵　　　　　)を暗殺したジロンド派の女性
- ジャコバン派の女性観…「女性は家庭に帰るべき」 → 国民公会は女性の政治クラブへの参加を禁止
- 1804年制定の(⁶　　　　　)**法典**では，家父長権が国家秩序の基礎 → 各国のモデルとなる

(3)女性の権利をめぐる議論のひろがり

- フランス革命の影響を受け，ヨーロッパ各地で女性の権利を求める議論が高まる
- 1792年，イギリスの**ウルストンクラフト**が『女性の権利の擁護』を発表

> **史料　ウルストンクラフト『女性の権利の擁護』**　※前掲『世界史史料6』より
> …(略)…女性が政治の審議に直接参加することが全く許されずただ独断的に支配される，というのではなくて，自分たちの代表者を持つべきだ，と私は本当に考えているのだ。そして私は，それをいつの日にか実現させたいと思う。

2 19世紀・工業化の時代～20世紀・女性参政権の実現

(1)工業化の時代における女性

- 産業革命以降，工場や炭坑などにおいて劣悪な労働条件と低賃金のもとで働く女性が増加
  - →女性は家事・育児とともに労働を担い，工業化の時代を支える
- 一方，中流階級以上では「男性＝家の外で働き，収入を得る。女性＝家庭を守り，子育てと家事に従事」という構図が生まれ，女性は結婚して**専業主婦**になるのが理想とされるようになる
  - ※イギリスでは，19世紀の(7　　　　　　　　　)女王の時代にあたり，アルバート公との間で円満な家庭を築いた(　7　)女王が，欧米諸国の中流階級以上の女性の理想とされる
- 19世紀後半以降，初等～高等教育が普及し，社会で活躍する女性がさまざまな分野で登場
  - ⅰ)**津田梅子**…岩倉使節団とともに渡米した日本初の女性留学生の一人。帰国後，女子英学塾(のちの津田塾大学)を創設
  - ⅱ)(8　　　　　　　　　　　)…イギリスの看護師。クリミア戦争で傷病兵の看護に活躍。近代的看護制度の確立に貢献し，スイスのデュナンによる国際赤十字運動に影響を与える
  - ⅲ)(9　　　　　　　　　　)…ポーランド出身の化学者。夫と共同で放射性物質を研究し，ラジウム・ポロニウムを発見。1903年(夫婦共同)と11年(単独)の二度，ノーベル賞を受賞
  - ⅳ)(10　　　　　　　　)…インドネシアの女性解放運動・民族運動の先駆者。女性教育に尽力
  - ⅴ)**秋瑾**…清朝末期の女性革命家。日本に留学し，中国同盟会に参加。帰国後，1907年に逮捕・処刑
- 1879年，ノルウェーの男性劇作家(11　　　　　　　)が戯曲『**人形の家**』を発表
  - ※『人形の家』…夫に愛され子どもにも恵まれて人形のように不自由なく暮らしていた主人公が，夫とのトラブルを通じ，独立した人間として生きるため家庭を捨てる決意をする経緯を描く

(2)女性参政権の実現

- 1848年，**セネカ＝フォールズ会議**…アメリカ・ニューヨーク州で開催された，世界初の女性の権利に関する会議(指導者：エリザベス＝C＝スタントンやルクレシア＝モットら5人の女性)
- 1865年，イギリスの(12　　　　　　　　　　　　)(功利主義哲学者。『自由論』で有名)が，女性参政権実現を公約に下院議員に当選 → 66年，請願書を下院に提出するが否決される

> **史料　ミルの請願書**　※前掲『世界史史料6』より
> 女性が参政権から排除されていることは，参政権がすべての男性に広く開かれていく度合いに応じて，より大きな罪となり，より大きな権利の剥奪となっている。…(略)…税を支払う者は皆代表を選ぶ権利を持つという原則からすれば，自分の資産を持つ者なら独身女性のみならず既婚女性でも投票権をもつことになる。

- 1903年，イギリスで**パンクハースト**が女性社会政治同盟（WSPU）を結成
  → 戦闘的な女性参政権運動を展開
- (¹³　　　　　　　　　)(1914〜18年)に際して，総力戦体制を支えるために女性が軍需工業へ動員されるなど，女性の社会進出がすすむ
  → 義務や負担にみあう参政権の拡大への要求が高まり，各国で女性参政権実現の動きが高まる

■**20世紀前半のイギリスで選挙法改正を求める女性たち**

- 20世紀前半，日本でも女性解放運動や女性参政権運動が高揚
  - ⅰ）1911年，**平塚らいてう**が『青鞜』を発刊し，女性解放をめざす文学活動を展開
  - ⅱ）1924年，**市川房枝**らが婦人参政権獲得期成同盟会を結成（翌年，婦選獲得同盟に改称）
    → 30年，女性参政権を規定する婦人公民権法案が衆議院で可決されるが，貴族院で否決される

おもな各国の女性参政権の実現年(国政レベル)	
1893年	(¹⁴　　　　　　　　)…世界ではじめて女性参政権が実現
1902年	オーストラリア
1906年	フィンランド
1918年	・(¹⁵　　　　　　)…第4回選挙法改正で30歳以上の女性参政権が実現 ・ソヴィエト＝ロシア…ロシア革命を経て実現。20年には男女平等の普通選挙となる
1919年	・オランダ ・(¹⁶　　　　　)…ヴァイマル憲法によって実現
1920年	(¹⁷　　　　　)(憲法修正第19条，ウィルソン大統領期)・カナダ
1928年	イギリス…第5回選挙法改正で21歳以上・男女平等の普通選挙が実現
1934年	トルコ…ムスタファ＝ケマルによる近代化改革の一環
1944年	(¹⁸　　　　　)…第二次世界大戦末期に実現
1945年	(¹⁹　　　　)・イタリア…第二次世界大戦敗戦後に実現
1949年	中華人民共和国…建国時に実現
1950年	インド…共和制への移行時に実現
2015年	サウジアラビア…厳格なイスラーム法のもとで女性参政権が実現

- 1960年代半ば以降，欧米を中心に，男性中心の価値観を批判するフェミニズム運動がさかんになる
- 1979年，国連総会で，社会的な男女平等の実現をめざす(²⁰　　　　　　　)**条約**が成立
  → 85年，日本では，雇用面での男女平等をめざす男女雇用機会均等法が成立

〔映画紹介〕「**未来を花束にして**」(サラ＝ガヴロン監督，2015年)

映画の原題である「サフラジェット」とは，女性参政権運動家をさす。20世紀初頭のイギリスでのサフラジェットの活動を描いた作品。パンクハーストらの有名な運動家も登場するが，労働者階級の無名の女性たちがいかに粘り強く運動を展開したかがよくわかる。18歳で選挙権を得る皆さんにぜひ見てほしい。

問1 女性の権利について述べた文として誤っているものを，次の①～④のうちから一つ選べ。

<センター試験 世界史A・追 2010年>

① ポリス社会のアテネでは，女性にも参政権が与えられた。

② アメリカ合衆国では，第二次世界大戦前に女性参政権が認められていた。

③ ニュージーランドでは，第一次世界大戦前に女性参政権が認められていた。

④ ムスタファ＝ケマル（ケマル＝パシャ，ケマル＝アタテュルク）は，女性の地位向上に努めた。

問2 次の文章の空欄に適切な語句を答え，下記の設問に答えなさい。 <中央大学 商学部・改 2014年>

産業革命後，工場制機械工業による大量生産が定着すると，賃金の安い女性が労働者として雇用されることが多くなる。しかし男女の賃金格差は大きく，女性の社会的地位は低いままであった。

19世紀後半になり，ようやくヨーロッパ社会を中心に①女性たちの社会的・法律的地位の改善が本格化する。財産権の確立，離婚法の改正，妻の地位に関する法的保護，最低賃金と労働時間の改善など社会的地位に変化がみられる。また，男性と対等に初等教育から高等教育にいたるまで教育が普及し，しだいに②種々の職業が開放され，芸術や学問などのさまざまな分野での女性の社会参加が広がった。さらに20世紀に入り，第一次世界大戦は，女性が社会進出するおおきなきっかけとなった。総力戦体制のもと，労働力不足を補うために女性も軍需工場に動員され，男性の仕事を肩代わりするなど，国民としての役割を果たしていった。

こうしたなかで，イ）女性解放運動や参政権運動も活発化していった。「最大多数の最大幸福」を主張したイギリスの功利主義哲学者の A はフェミニストでもあり，その著書『女性の隷属』が1869年に刊行されると，それはヨーロッパの女性解放運動のバイブルとなった。イギリスでは，1880年代にほぼ完全な男子普通選挙制が確立すると，女性参政権の要求がさらに強まる。20世紀に入り，パンクハースト夫人が組織した女性社会政治同盟などの過激な運動などを経て，イギリスで女性の参政権は1918年に30歳以上の女性に，1928年に男性と同様に完全な形で認められた。イギリスに限らず，1920年を前後して，ロシア，アメリカ，カナダなどの諸国家でも女性の参政権が認められていった。しかし，18世紀に B 憲法で男性普通選挙制を認めたフランスで女性の参政権が認められたのは，1944年のことであった。

設問1 波線部イ）に関連して，19世紀後半からおこった自然主義運動では，ありのままの女性を描くことにより，当時女性を取り巻く困難な状況を伝える文学作品がいくつか出されている。特にこの時期，作品中の主人公「ノラ」を通じて，女性解放運動への展望を描いたとされるノルウェーの作家の戯曲は何か。

設問2 下線部①に関連して，19世紀前半までの女性たちの社会的・法律的地位に関して，次の(a)～(d)の記述中，誤りがあるものを1つ選びなさい。

(a) 女性が除外されたフランスの「人権宣言（人間および市民の権利の宣言）」に対して，女優のオランプ＝ド＝グージュは「女性と女性市民の権利の宣言」を書き，男性と同等の政治参加の権利を求めて処刑された。

(b) ヴィクトリア時代のイギリスで，性別役割分担が定着していった。それは，男性と違って女性は政治などにかかわる公的な場面ではなく，家庭と子どもを守ることなど，私的な生活にその役割があるとするものであった。

(c) フランス革命では，女性たちがベルサイユに行進するなど革命に参加し，社会の変革の一翼を担った。

(d) 『ヴァイマル（ワイマール）憲法』で「夫は妻を保護する義務があり，妻は夫に従わなければならない」と，女性は法律上，未成年と同様に保護の対象とされた。

設問3 下線部②に関連して，次の(a)～(d)の記述中，誤りがあるものを1つ選びなさい。

(a) 『アンクル＝トムの小屋』を書いたストウ夫人は，作品中黒人奴隷の惨状を描き，奴隷解放運動に貢献し

た。

(b) マリー＝キュリーは夫ピエール＝キュリーと協力してラジウムとポロニウムを発見し，夫妻でノーベル物理学賞を受賞した。マリーは夫の死後も研究を続けノーベル化学賞も受賞した。

(c) イギリスの看護婦ナイティンゲールは，イタリア統一戦争の報道に接し，野戦病院に赴き，傷病兵の看護に活躍した。彼女の功績を基礎に，ゴードンは，戦争犠牲者の救援を目指す国際赤十字同盟を設立した。

(d) ベルによる電話機の発明は，女性に電話交換手という新たな事務職の雇用機会を提供した。

問3　次の文章を読んで，問いに答えなさい。　　　　　　　　　　　　　　　　　　　　＜一橋大学・改　2010年＞

2008年アメリカ大統領選における民主党候補者争いは，ヒラリー・クリントンとバラク・オバマによる史上まれに見る接戦となった。いずれも本選で当選すれば，アメリカ政治史上，初の女性大統領，黒人大統領の誕生となることから大きな注目を集めることとなった。しかし，歴史をさかのぼれば，そもそも，アメリカ合衆国の建国時，女性にも黒人にも，大統領に立候補する被選挙権はもちろんのこと，政治に一票を投じる参政権すら付与されていなかった。…（略）…

女性たちの参政権運動は，1848年にセネカ・フォールズにて開催されたアメリカ女性の権利獲得のための集会から始まったといわれる。19世紀後半には女性団体が運動を展開し，1920年になってようやく憲法修正19条により「合衆国市民の投票権は，性別を理由として，合衆国またはいかなる州によっても，これを拒否または制限されてはならない」と定められ，女性の連邦政治への参加が可能となった。

問　アメリカ合衆国以外の各国においても，この1920年前後に，女性参政権が実現した国々が多い。なぜこの時期に多くの国々で女性参政権が実現したのか，その歴史的背景を説明しなさい。その際，下記の語句を必ず使用し，その語句に下線を引きなさい。（350字以内）

　　　　クリミア戦争　　　総力戦　　　ウィルソン　　　ロシア革命　　　国民

問4　近現代の社会が直面した大きな課題は，性別による差異や差別をどうとらえるかであった。18世紀以降，欧米を中心に啓蒙思想が広がり，国民主権を基礎とする国家の形成が求められたが，女性は参政権を付与されず，政治から排除された。学問や芸術，社会活動など，女性が社会で活躍する事例も多かったが，家庭内や賃労働の現場では，性別による差別は存在し，強まることもあった。

このような状況の中で，19世紀を通じて高まりをみせたのが，女性参政権獲得運動である。男性の普通選挙要求とも並行して進められたこの運動が成果をあげたのは，19世紀末以降であった。国や地域によって時期は異なっていたが，ニュージーランドやオーストラリアでは19世紀末から20世紀初頭に，フランスや日本では第二次世界大戦末期以降に女性参政権が認められた。とはいえ，参政権獲得によって，女性の権利や地位の平等が実現したわけではなかった。その後，20世紀後半には，根強い社会的差別や抑圧からの解放を目指す運動が繰り広げられていくことになる。

以上のことを踏まえ，19～20世紀の男性中心の社会の中で活躍した女性の活動について，また女性参政権獲得の歩みや女性解放運動について，具体的に記述しなさい。解答は，解答欄（イ）に20行（600字）以内で記述し，必ず次の8つの語句を一度は用いて，その語句に下線を付しなさい。　　　　　　　＜東京大学　2018年＞

　　　キュリー（マリー）　　　産業革命　　　女性差別撤廃条約(1979)　　　人権宣言
　　　総力戦　　　第4次選挙法改正(1918)　　　ナイティンゲール　　　フェミニズム

14 感染症の歴史

POINT 感染症の流行の歴史的背景や，流行が社会にどのような影響を与えたかに注目しよう！

1 ペスト（黒死病）

（1）概要

- ●ペスト菌の感染により発生する急性感染症。ネズミに感染した菌がノミを媒介してヒトへ伝わる
- ●感染力が強く，死亡率も高い（腺ペストで30〜60％，肺ペストではさらに高くなる）。また，発症者の全身が黒ずむことから「**黒死病**」の異名がある
- ●古代から何度も大規模な流行をくりかえし，推定でもこれまでに1億人以上がペストで死亡
- ●現在は抗生物質による治療が可能。先進国ではほぼ根絶されたが，発展途上国ではまれに流行

（2）ペストに関連する世界史上のできごと

- ●6世紀半ば，ビザンツ帝国で流行 → 以後，東地中海や西ヨーロッパ一帯へ感染が拡大
  ※6世紀半ばの（¹　　　　　　　　　）帝も罹患し，ペストは「（　1　）の斑点」とも呼ばれる
- ●14世紀半ば，東アジア，続いてヨーロッパで大流行（「**14世紀の危機**」）
  ⅰ）14世紀前半，東アジアで流行し，中央アジアへ拡大
  ⅱ）14世紀半ば，中央アジア・クリミア半島を経て，ネズミや毛皮についたノミなどを介して，シチリア島やイタリアの海港都市にペストが上陸
    →全ヨーロッパへ感染が拡大。また，エジプトにも拡大し，マムルーク朝衰退の一因となる
    ※13世紀以降の（²　　　　　　　）**人の遠征や広範囲の交易ネットワークの形成**が背景
  ⅲ）ヴェネツィアでは，オリエント方面の船を40日間港外に停泊させるなど，検疫の制度が誕生
- ●百年戦争（1339〜1453年）中のヨーロッパでは，ペストによって1348年をピークに人口の約3分の1が死亡 → 農民人口が激減し，中世の（³　　　　　　　）制が崩壊するきっかけとなる
- ●ペストの原因がわからなかった当時，流行を（⁴　　　　　　　　）人によるものとするデマが広がるなど，（　4　）人らマイノリティへの迫害が激化
- ●17世紀，ヨーロッパで再び流行（「**17世紀の危機**」）
- ●19世紀半ば，中国の雲南で流行し，広州や香港へ拡大 → 1894年，日本人の（⁵　　　　　　　　）が香港で**ペスト菌**を発見 → 治療法の研究が進展

（3）ペストに関連する文学作品

- ●『**デカメロン**』（1348〜53年）…イタリアの（⁶　　　　　　　）の著作。14世紀のペスト流行時，フィレンツェから山中に避難した男女10人が，1日に1話ずつ10日にわたって語るという形式（書名は「10日物語」の意）。恋愛話や失敗談など赤裸々な描写から近代小説の原型となる

死の舞踏

「死の舞踏」は，「死は万人を襲う」ことを寓意的に表現したもので，中世以降に広まり，これに基づく絵画や彫刻がさかんに製作された。とくにホルバインの木版画集が有名。またペスト流行当時には，「死を想え」（ラテン語で「Memento mori」，死を忘れてはならないという意味）の警句もさかんに説かれた。

- ●『疫病流行記』(1722年)…イギリスのデフォー(代表作『ロビンソン＝クルーソー』)の著作。17世紀ロンドンでのペスト大流行時，金持ちは郊外に逃れる一方，貧しい人々が市中に取り残されたといった，貧富の格差の実態を冷徹に描く
- ●**『ペスト』**(1947年)…フランスの(7　　　　　)の小説。アルジェリアの都市オランがペストに襲われるという設定のもと，ペストに直面した人々の苦闘や連帯を描く
- ※「…(略)…こんな考え方はあるいは笑われるかもしれませんが，しかしペストと戦う唯一の方法は，誠実さということです」「一般にはどういうことか知りませんがね。しかし，僕の場合には，つまり自分の職務を果すことだと心得ています」(主人公の医師リウーの言葉，宮崎嶺雄訳，新潮社，1969年より)

2 天然痘(痘瘡)

(1)概要
- ●発疹性の急性感染症。致死率が高く，高熱や全身に赤い発疹が生じ，治癒しても痕跡が残る
- ●かつて世界的に猛威をふるったが，20世紀後半に地球上から根絶(人類が根絶した唯一の感染症)

(2)天然痘に関連する世界史上のできごと
- ●確認できる最古の症例は，古代エジプトのラメセス5世(前12世紀)のミイラ
- ●16世紀以降，新大陸の発見やヒトの移動の拡大を背景に，天然痘の流行地域が拡散
  - ⅰ)16世紀，(8　　　　　)人がアメリカ大陸に天然痘をもちこむ → **先住民人口が激減**
    - ※この時，天然痘だけでなく結核・インフルエンザ・発疹チフスなどももちこまれる
  - ⅱ)18世紀後半以降，ヨーロッパ人がオセアニア地域にもちこむ → 先住民人口が減少
- ●1796年，イギリス人の(9　　　　　　)が，牛痘(牛の感染症で天然痘の近縁。ヒトでは軽症)にかかった搾乳婦は天然痘にかからないことに注目し，人々へ牛痘を接種(**予防接種の先駆け**)
  - →(9)は(10　　　　　)法を理論化し，免疫学の基礎を築く → 以後，感染症予防のための予防接種が普及
- ●1958年，(11　　　　　　　)(WHO)が，天然痘の根絶計画を開始

■**ジェンナーによる種痘から200年を記念する切手**

  - →天然痘患者を探しだし，その周囲を集中的に種痘(ワクチン接種)する徹底的な対策の結果，77年にソマリアで発症した患者を最後に天然痘の発症者は確認されず
  - →80年，WHOは天然痘の根絶を公式に宣言

3 結核

(1)概要
- ●結核菌の空気感染により肺などの呼吸器官でおこる感染症。感染しても発症しない場合も多いが，発症すると激しい肺出血や喀血をおこし，治療法が確立する以前は致死率が非常に高かった
- ●9000年前の人骨から結核の痕跡が発見されるなど，古代から人類を悩ませてきた感染症の一つ
- ●現在は治療・予防法が確立しているが，いまだに世界中で発症例は少なくない

(2)結核に関連する世界史上のできごと
- ●18世紀のイギリスに始まる(12　　　　　　　)以降，各国で都市化が進むなか，都市への人口集

中，衛生・住環境の悪化，過酷な労働条件などを背景に，結核が大流行

→日本でも明治以降「**国民病**」とされて，ながらく死因の上位を占める

※結核で死亡した歴史上の人物も多く，近世でヘンリ7世，近代ではショパン，ジンナー，ジョージ＝オーウェルらがいる。日本では正岡子規，樋口一葉，石川啄木らが結核で死亡している

※各地にあった結核療養所を舞台にした文学作品も数多い（堀辰男著『風立ちぬ』やトマス＝マン著『魔の山』など）

- 1882年，ドイツ人の（¹³　　　　　　）が結核菌を発見 → 以後，治療・予防法の研究がすすむ
- 1944年，アメリカ人の**ワックスマン**が，結核に有効な抗生物質であるストレプトマイシンを発見

※「抗生物質」の名称はワックスマンが命名

4 コレラ

(1) 概要

- コレラ菌の経口感染によっておこる急性腸管感染症。高熱・下痢・脱水などがおもな症状で，死にいたることもある
- 現在は治療法が確立しているが，発展途上国を中心に流行が続いている

(2) コレラに関連する世界史上のできごと

- もともとはインド・ベンガル地方の風土病 → 中国・東南アジアでは古代から流行
- 19世紀，（¹⁴　　　　　　　）のインド進出・植民地化にともない，流行が世界的に拡大

→江戸時代の日本でも流行し，「文政コレラ」「ころり」などと呼ばれる

- 19世紀以降，ヨーロッパの各都市では，コレラの流行を防止するため，上下水道が整備されるなどの（¹⁵　　　　）**政策**が推進される
- 1883年，**コッホ**がコレラ菌を発見 → 治療・予防法の研究がすすむ
- 19世紀〜20世紀前半にかけて6回の世界的大流行が発生し，1961年に7回目の流行が発展途上国を中心に発生して，現在にいたっている

5 インフルエンザ

(1) 概要

- インフルエンザウイルスによる急性の呼吸器感染症。高熱・関節痛・咳などがおもな症状
- 一般的なかぜに似た症状なこともあり記録のされ方はさまざまだが，歴史上，世界各地で流行

→治療薬が開発されているが，ウイルスの数の多さや変異しやすい性質などから，効果は限定的

(2) インフルエンザに関連する世界史上のできごと

- 1918〜19年，（¹⁶　　　　　　　　）末期からヨーロッパの前線で流行し，（　16　）終結による復員で世界的に広がる。全世界の患者数は約6億人で，約2000万〜4000万人が死亡

→日本でも「**スペインかぜ**」として恐れられ，約2300万人が発症し，約38万人が死亡

※「スペインかぜ」の名称は，中立国スペインの状況がとくに報道されたことに由来

- 1933年，インフルエンザウイルスが発見される → 以後，研究や治療薬の開発がすすむ

6 19世紀以降の感染症克服への取り組み，その他の感染症

(1) 19世紀以降の感染症克服への取り組み

- 19世紀以降，**細菌学・予防医学**の研究が進展 → 公衆衛生の改善など感染症への対策が変化

ⅰ）19世紀後半，フランス人の（¹⁷　　　　　　　　　　　　）が，乳酸菌・酵母菌，脾脱疽および鶏コレラの病原菌を発見し，狂犬病ワクチンの予防接種にも成功して，細菌学を創設

　　※（　17　）はジェンナーの牛痘接種法（vaccination）の功績を讃えて，病原体に対する予防製剤を「ワクチン」（vaccin）と命名（なお，「予防接種」は英語でvaccination）

　　　→また，1888年に（　17　）研究所を創設し，国際的な研究を推進

ⅱ）**コッホ**が脾脱疽菌（1876年）・結核菌（82年）・コレラ菌（83年）を発見

ⅲ）コッホに師事した**北里柴三郎**が1890年に破傷風血清療法を発見し，94年にはペスト菌を発見（同時期にスイス出身のエルサンもペスト菌を発見）。また，北里から細菌学を学んだ**志賀潔**が，97年に赤痢菌を発見

ⅳ）1911年，**野口英世**が梅毒スピロヘータの純粋培養に成功 → その後，黄熱病を研究するが，ガーナで研究中に黄熱病にかかって病死

ⅴ）1929年，イギリス人の（¹⁸　　　　　　　　　）が，抗生物質のペニシリンを開発し，現代の化学療法の先駆となる

●第二次世界大戦後の1948年，（¹⁹　　　　　　　　　　　）の専門機関の一つとして，保健衛生分野で国際協力をおこなう**世界保健機関**（WHO，本部：ジュネーヴ）が創設される

　→以後，感染症の撲滅や各国の衛生に関する情報収集などを推進

（2）その他の感染症…根絶に向かう感染症がある一方，新たな感染症もつぎつぎに発生

●**ハンセン病**（レプラ，らい病）…らい菌によっておこる慢性の感染症

ⅰ）感染力は弱く，感染しても発症することはまれで，進行速度も遅い。手足の変形などの後遺症が残ることもあるが，現在では早期治療により障害を残さず完治可能

ⅱ）症状への恐怖から，患者は多くの地域で偏見・差別，強制的な隔離政策などの対象となる。現在では治療法が確立し，またハンセン病患者の権利回復や補償もすすめられている

●**発疹チフス**…シラミが媒介する急性感染症

ⅰ）衣類の不潔や入浴の不自由などを背景に感染が拡大し，とくに戦場や，収容所などでの不衛生な集団生活で流行することが多い

ⅱ）ナポレオンのロシア遠征や第二次世界大戦，ナチス＝ドイツの強制収容所などでの流行が代表的な例

●**エイズ**（後天性免疫不全症候群 Acquired Immunodeficiency Syndrome：AIDS）…ヒト免疫不全ウイルス（HIV）による感染症。免疫細胞が破壊されて免疫機能が低下する

ⅰ）1981年，アメリカで最初の患者を確認 → その後，世界中から症例の報告があいつぐ

ⅱ）治療薬が開発されているが，現在，全世界で3790万人以上の感染者がいるとされ，その6割はサハラ以南のアフリカに集中している

●その他にも感染症はマラリア，ポリオ（現在，WHOによる根絶計画が進行中），麻疹，風疹など多くの種類がある。さらに近年においても，**エボラ出血熱**や**コロナウイルス**によるSARS・MERS・COVID-19など，新たな感染症がつぎつぎと出現

　→グローバル化による感染の拡大なども背景に，どのようにこうした感染症に向き合うかが，国際的・人類的課題となっている

14 感染症の歴史　問題演習

問1　伝染病は古来，人類にとって自然環境によってもたらされる最大の脅威の一つである。例えば，ヨーロッパでは14世紀半ばに，　ア　の流行により人口の約3分の1が失われたと言われる。伝染病は近代に入っても猛威を振るい，特に人口の稠密な都市はたびたび深刻な打撃を被った。このため19世紀後半には，ナポレオン3世治下のパリ改造事業など，都市の生活環境を改善する動きが見られるようになった。その契機の一つとなったのは，　イ　による細菌学の研究をはじめとする医学・公衆衛生学の発展であった。帝国主義的対立が深刻化し，「健康な身体」が国力増強に不可欠になると，この問題に対して一層大きな社会的関心が寄せられるようになった。
＜センター試験　世界史A・追・改　2012年＞

　　文章中の空欄　ア　と　イ　に入れる語の組合せとして正しいものを，次の①〜④のうちから一つ選べ。
① 　ア―コレラ　　　　　　　　イ―コッホ
② 　ア―コレラ　　　　　　　　イ―キュリー夫妻
③ 　ア―ペスト（黒死病）　　　イ―コッホ
④ 　ア―ペスト（黒死病）　　　イ―キュリー夫妻

問2　14世紀半ばのペストの流行によってもたらされた封建社会への影響について正しい内容の文章を以下のア〜エから1つ選びなさい。
＜早稲田大学　法学部　2014年＞
ア　農民人口が激減し，領主の直営地経営が困難となった。
イ　窮乏したイギリス農民は，バラ戦争の最中にワット＝タイラーの乱を起こした。
ウ　教会は大シスマにより分裂していたが，ペストのため聖職者が多数死亡し，教会の権威の失墜は決定的となった。
エ　人口減少の結果，歩兵の徴用が困難となり，騎兵を中心とする戦術に変化した。

問3　医学の成果で，20世紀にはじめてなされたものはどれか。
＜関西学院大学　神・社会・経済・国際・教育・総合政策学部　2012年＞
a．狂犬病予防接種の開発　　　b．種痘法の確立　　　c．コレラ菌の発見
d．ツベルクリンの創製　　　　e．抗生物質の発見

問4　次の文章を読み，以下の問に答えなさい。
＜大阪大学　2014年＞
　　人類史上，世界的に最も大きな被害をもたらしたと思われる伝染病としては，14世紀の黒死病（ペスト）と1918年に始まったスペインかぜ（インフルエンザ）などがあげられる。黒死病は，ヨーロッパや北アフリカに広まったが，中国でも多数の死者を出しており，アジアから病原菌がもたらされたと考えられている。スペインかぜは，推計5千万人以上の死者を出し，日本も含む全世界的流行となった。

（1）　このような世界的規模の流行を引き起こした要因の一つとして，地域間移動の頻度が増加したことが考えられるが，それぞれについて，最も重要と思われる点を述べなさい。その際，黒死病・スペインかぜに分けて説明すること（100字程度）。
（2）　黒死病によって，ヨーロッパでは人口が激減し，社会的に大きな混乱や変動が起こった。その内容を短期的影響と，数世紀にわたる長期的結果に分けて述べなさい（200字程度）。

15 地球環境と人類

POINT 地球環境の変化はさまざまな歴史的事象と結びついている。歴史を大きくとらえて，その関係をおさえよう！

1 先史時代～古代

(1) 先史時代…文字が発明される以前の時代をさし，人類史の99％を占める

- 地球の環境は，寒冷な氷期と比較的温暖な(^{1} 　　　　　)を周期的にくりかえす
- 約1万年前，氷期が終わって地球は温暖化し，自然環境が大きく変化
  → 人類は，**獲得経済から農耕・牧畜の**(^{2} 　　　　　)**経済へ移行**
  → その後も，温暖化と寒冷化の小さい波が何度もくりかえされる

(2) 古代

- 前4000年頃以降，**古代文明**が誕生（＝**都市**の形成）すると，基本素材（陶器・煉瓦の焼成，金属器の製造，船材・建築材など）として，木材が大量に消費されるようになる
  → 洪水の発生や森林資源の枯渇にもつながり，古代文明の衰退の遠因ともなる
- **気候寒冷期**（前3000年頃～前2000年頃）
  ⅰ）(^{3} 　　　　　　　　)語系民族の大移動…イタリア人・ギリシア人らが地中海へ，ヒッタイト人がオリエント地域へ，アーリヤ人がインドへ進出…etc.
  ⅱ）南アジアの(^{4} 　　　　　　)文明や，オリエントのメソポタミア文明の衰退…森林の大量伐採による塩害をその遠因とする説もあり
- **気候寒冷期**（前1200年頃～前700年頃）
  ⅰ）「海の民」がオリエントへ，ギリシア人が地中海各地へ，スキタイ人が黒海周辺へ進出…etc.
  ⅱ）前1200年頃のギリシア（エーゲ）文明滅亡の遠因に，気候変動の影響をあげる説もある
- **気候温暖期**（前2世紀～後2世紀）…ユーラシア大陸の西方では(^{5} 　　　　　)帝国が地中海世界を統一。東方では漢王朝が成立するなど，東西に大帝国が成立して，東西交易も活発化
- **気候寒冷期**（3～5世紀）
  ⅰ）ローマ帝国は「**3世紀の危機**」（＝軍人皇帝時代）と呼ばれる動乱の時代
  ⅱ）4世紀以降，ユーラシア大陸の東西で民族の大移動が発生

レバノン杉の消滅

レバノン杉は，かつてシリア・レバノン一帯に広く自生していた針葉樹。地中海の海上交易で使用する船舶の材料や建築材などに利用され，エジプト文明（ミイラの木棺もほとんどがレバノン杉！）・メソポタミア文明で使われたり，フェニキア人の主要な交易品ともなったが，大量伐採によって現在はレバノンの一部に残るのみとなっている。

■**レバノン共和国の国旗** 中央にレバノン杉が描かれている。

2 中世～近代

(1)中世

- **気候温暖期**（9〜13世紀）…東西で中央集権的な大国が成長・登場
  - →各地で農業生産力が向上し，ユーラシア東西を結ぶ交易ネットワークも成立

〔ヨーロッパ〕…温暖な気候を背景に人口が急増し，人々の活動範囲も拡大・活発化
  - ⅰ）「商業ルネサンス」…11〜12世紀，貨幣経済の普及や東方貿易などの（⁶　　　　　　　　）の発達で，都市や商業が発展
  - ⅱ）農業技術の進歩や森林伐採による農耕地の増加などを背景に，西ヨーロッパ世界が拡大
    - →十字軍遠征，修道院中心の開墾活動〈12〜13世紀の「（⁷　　　　　　）時代」〉，エルベ川以東への（⁸　　　　　　　　），オランダの干拓，イベリア半島の国土回復運動…etc.

〔アジア（中国）〕
  - ⅰ）穀倉地帯として江南地方の開発がすすむ → 「（⁹　　　　　　　　　　　　）」の諺が誕生
  - ⅱ）囲田・圩田・湖田などの開発で耕地面積が増加し，占城稲の導入など品種改良もすすむ

- **気候大寒冷期**（14世紀）…太陽活動の低下が背景。小氷期とも呼ばれる
  - →各地で異常気象が発生して飢饉が頻発し，感染症も大流行

〔ヨーロッパ〕…（¹⁰　　　　　　　）の大流行 → 人口の約3分の1が死亡（「**14世紀の危機**」）

〔アジア（中国）〕…江南地方で大干ばつや洪水が発生，感染症も流行 → モンゴル帝国の衰退

(2)近世

- **気候温暖期**（15〜16世紀）…明やオスマン帝国，サファヴィー朝，ムガル帝国などの大国がユーラシア東西に並立し，安定した統治のもとで国内経済が発展 → 交易が活性化（「**繁栄の16世紀**」）

〔アジア〕…明の朝貢貿易を背景に，交通の要衝である琉球やマラッカが中継貿易で繁栄
  - →国際商業が活発化（「**大交易の時代**」）

〔ヨーロッパ〕…豊かなアジアの富を求めて海外に進出（「**大航海時代**」）→ 新大陸の「発見」や銀の流入で価格革命・商業革命がおこり，ヨーロッパ全体で経済が活性化
  - →各国は主権国家体制を築き，重商主義政策を推進

- **気候寒冷期**（17世紀）

〔ヨーロッパ〕…寒冷化を背景に，凶作・不況・感染症（ペストなど）の流行などにみまわれ，（¹¹　　　　　）戦争（1618〜48年）をはじめとする戦乱も多発（「**17世紀の危機**」）
  - →17世紀以降のヨーロッパ思想…「自然は人間が解明し，克服し，支配すべき対象」（デカルト，フランシス＝ベーコンら）→ **人間による自然開発へ**

〔アジア（中国）〕…明末清初の社会混乱期。戦乱があいつぎ，明は軍事費のために増税を実施
  - →重税と飢饉を背景に，各地で抗租・抗糧や反乱が発生 → 明が滅亡し，清が中国を統治

(3)近代

- 18世紀後半以降，（¹²　　　　　　　　）が進展し，化石燃料（石炭）の大量消費がすすむ
  - →**大気汚染・水質汚濁**などの公害が各都市で発生
- 19世紀以降，列強がアジア・アフリカで植民地経営をおこない，プランテーション（モノカルチャー化）によって森林（とくに熱帯林）の破壊が進行

> **ナショナル＝トラスト**
> 開発の危険のある土地を取得し，自然保護や景観維持活動をおこなう民間組織。1895年にイギリスで設立され，全世界に同じ理念のもとに設立された組織がある。
> ※『ピーターラビット』の著者ポター（英）は，印税で湖水地方の土地を買い取り，ナショナル＝トラストに寄付

(1)19世紀以降

- 19世紀後半以降,大量生産・大量消費の時代となり,人口も爆発的に増加 → 各地で**環境問題**が発生
  - ⅰ)化石燃料(石炭・石油)の大量消費 → 二酸化炭素などの温室効果ガスを要因とする(¹³　　　　　　)による**海面上昇**や**砂漠化**の進行,**酸性雨**による森林・土壌への被害
  - ⅱ)森林破壊による熱帯林の減少 → 生態系の破壊
  - ⅲ)フロンガスの放出 → (¹⁴　　　　　　　　)**の破壊**
  - ⅳ)核開発 → **放射能汚染**…スリーマイル島原子力発電所事故(米,1979年),チェルノブイリ原子力発電所事故(ソ連,86年),福島第一原子力発電所事故(日本,2011年)
  - ⅴ)乱開発・乱獲…ブラジルのアマゾン川流域,旧ソ連のアラル海(綿花栽培の取水による塩害で消滅の危機)など,自然環境を犠牲にした開発が進行。また,乱獲で多種の動物が絶滅
  - ⅵ)戦争による環境破壊…1960年代のベトナム戦争でのアメリカ軍による枯葉剤(ダイオキシン)使用や,1990年代の湾岸戦争での油田破壊による大気汚染・水質汚濁など

(2)環境保護への世界的取り組み

- 1962年,アメリカの海洋生物学者(¹⁵　　　　　　　　　　　)が『**沈黙の春**』を発表し,化学物質による生態系の破壊を警告して自然との共存を説く
- 1972年,ローマ゠クラブ(科学者・経営者らによる民間の研究団体)が報告書「成長の限界」を発表
  →同年,ストックホルムで(¹⁶　　　　　　　　　)**会議**(スローガン「かけがえのない地球」)が開催され,「人間環境宣言」を採択
- 1975年,**ラムサール条約**発効(1971年採択)…水鳥のために国際的に重要な湿地を保護する条約
- 同年,(¹⁷　　　　　　　　　)**条約**発効(1973年採択,日本の批准は80年)…絶滅のおそれのある野生動植物を保護するため,国際取引を規制する条約
- 政治的にも環境保護への関心が高まり,1980年,西ドイツで環境保護をかかげる「緑の党」が成立
- 1992年,リオデジャネイロで(¹⁸　　　　　　　　　　)**会議**(地球サミット,国連環境開発会議)開催…スローガン「(¹⁹　　　　　　　　　) Sustainable Development」
  →「リオ宣言」を採択し,「アジェンダ21計画」を策定
- 1997年,(²⁰　　　　　　)で地球温暖化防止会議(気候変動枠組み条約第3回締約国会議)開催
  →(²⁰)**議定書**を採択し,2008〜12年までの先進国の温室効果ガス排出量の削減目標を設定(05年発効) ※2001年,ブッシュ(子)米大統領が議定書離脱を表明
- 2002年,ヨハネスブルクで**環境開発サミット**(持続可能な開発に関する世界首脳会議)開催
  →環境保全と貧困解消・開発の両立をめざす
- 2016年,(²¹　　　　　　)**協定**発効(15年採択)…20年以降,中国・インドなどを含む全加盟国・地域が温室効果ガス削減に参加することを取り決める
  ※2019年,トランプ米大統領が協定離脱を表明

〔映画紹介〕

「**チャイナ・シンドローム**」(ジェームズ゠ブリッジス監督,1979年)	原発事故をめぐり,隠蔽しようとする会社側と真実を伝えようとするエンジニア・ジャーナリストとの対立を描く。公開直後にスリーマイル島原発事故が起こり話題に。
「**不都合な真実**」(デイビス゠グッゲンハイム監督,2006年)	地球環境問題を訴えて世界的話題となったドキュメンタリー映画。脚本を担当したゴア元米副大統領は,環境啓蒙運動を認められて2007年にノーベル平和賞を受賞。

15 地球環境と人類　問題演習

問1　次の年表に示したa～dの時期のうち，地球温暖化防止をめぐる京都会議の結果，京都議定書の採択または発効が実現した時期として正しいものを，下の①～④のうちから一つ選べ。

<センター試験　世界史Ａ・追　2015年>

```
┌─────────────────────────────────────────────┐
│         a                                   │
│  1962年    レイチェル＝カーソンが，『沈黙の春』を出版   │
│         b                                   │
│  1972年    ローマ＝クラブが，報告書『成長の限界』を発表  │
│         c                                   │
│  1983年    西ドイツにおいて，緑の党が連邦議会に進出   │
│         d                                   │
└─────────────────────────────────────────────┘
```

①　a　　　②　b　　　③　c　　　④　d

問2　次の年表に示したa～dの時期のうち，国連環境開発会議(地球サミット)が開かれた時期として正しいものを，下の①～④のうちから一つ選べ。　<センター試験　世界史Ａ・追　2011年>

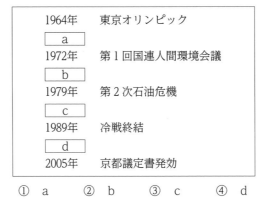

①　a　　　②　b　　　③　c　　　④　d

問3　人口問題および地球環境問題に関する次の記述を読み，適切でないものを１つ選べ。

<早稲田大学　社会科学部　2013年>

a．世界の人口は20世紀初頭には約16億人だったが，2000年代半ばにはほぼ４倍へと急増した。

b．冷蔵庫の冷却媒体などに用いられた水素によるオゾン層の破壊は，生態系に大きな影響を与えている。

c．人口増加の大部分は，発展途上国でおこっており，１人あたりの所得水準をいっそう低め，飢えや社会不安をましている。

d．地球温暖化は，二酸化炭素などの温室効果ガスの増加が原因である。

e．工場の排煙や自動車の排気ガスは，酸性雨の原因となり，森林や歴史的建造物に被害を与えている。

問4　人類史上，政治・経済・環境などさまざまな要因の連鎖により，広い範囲に危機がおよんだ時代が何回もあった。ユーラシアの多くの地域が，14世紀に戦乱，伝染病などによる大きな混乱を経験した。その原因は，第一に北半球の気候の寒冷化による農業生産力の低下，第二にモンゴル帝国時代の交流の活性化がかえって危機の拡大を招いたことなどにあると考えられている。では，どの地域がどんな混乱に襲われたか，日本列島を含む３つ以上の地域の例をあげて説明しなさい。解答には以下の用語をすべて用いること(120字程度)。

<大阪大学・改　2009年>

倭寇　　　紅巾の乱　　　黒死病

第 2 部

文化史・交流史

16 文字の歴史

POINT それぞれの文字の系統を確認しよう。とくにアラム文字の広範な伝播に注目！

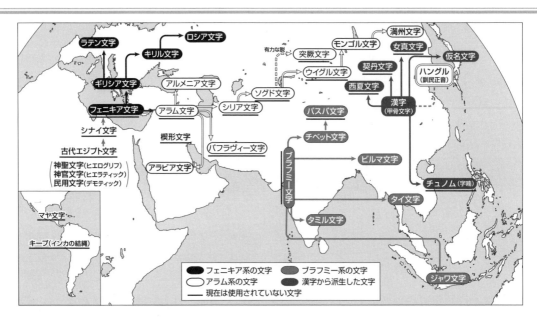

1 古代文字の解読

文字	解読者	年代	解読資料
古代エジプト文字 （神聖文字〈ヒエログリフ〉）	(¹　　　　)（仏）	1822	● (²　　　　　　　　) ⅰ) 1799年，ナポレオンのエジプト遠征時に発見 ⅱ) プトレマイオス朝の王の事績を，神聖文字・民用文字・ギリシア文字の3種の文字で刻む
楔形文字	(³　　　　)（独）	1802	●ペルセポリス碑文
	(⁴　　　　)（英）	1847	● (⁵　　　　　　)碑文 ⅰ) 内容：ダレイオス1世の事績 ⅱ) 古代ペルシア語・バビロニア語・新エラム語による銘文からなる
線文字A（クレタ）	未解読		
線文字B（ミケーネ）	(⁶　　　　)（英）	1952	●クノッソス出土の粘土板
インダス文字	未解読		
甲骨文字	羅振玉	20世紀前半	● (⁷　　　　)から出土したト辞

2 各文字とその伝播・系統

(1)フェニキア文字とその伝播・系統

- (⁸　　　　　　　　　)**文字**…シナイ文字(カナーン文字の一種。古代エジプト文字から発達)をもとに,(　⁸　)人が作成。22字の子音からなる表音文字
  - →ギリシアで母音が加えられ(アルファベット),ラテン文字・キリル文字など西方諸文字の母体となる

表音文字と表意文字

- ・表音文字…一字だけでは意味をもたず音のみを表す文字。アルファベットや日本の仮名文字など,現在地球上で使用されている文字の大部分は表音文字。
- ・表意文字…一字一字がある意味をもっている文字。古代エジプト文字,漢字など。

(2)アラム文字とその伝播・系統

- (⁹　　　　　　　　　)**文字**…フェニキア文字から派生。(　⁹　)人の活動によって各地へ伝播し,さまざまな文字の母体となる
  - ⅰ)東アジア…ソグド文字・(¹⁰　　　　　　)文字・ウイグル文字・モンゴル文字・満州文字
  - ⅱ)西アジア…ヘブライ文字・(¹¹　　　　　　　　)文字
- **ソグド文字**…ソグド人の文字。アラム文字をもとに作成される
- **突厥文字**…6〜9世紀頃にトルコ人がもちいた表音文字。北方遊牧民による最古の文字で,1893年に**トムセン**(デンマーク)が(¹²　　　　　　)碑文から解読　※近年の研究では諸説あり
- **ウイグル文字**…8世紀,おもに西ウイグル王国でもちいられる。アラム文字・ソグド文字に由来
- **モンゴル文字**…13世紀,ウイグル文字をもとに作成される。チンギス゠ハン時代にはウイグル文字でモンゴル語を記していたが,のちに改良されてモンゴル文字となる
- **満州文字**…16世紀末,(¹³　　　　　　　　)の命でモンゴル文字をもとに作成される

(3)ブラフミー文字とその伝播・系統

- **ブラフミー文字**…古代インドの文字で,アラム文字起源説が有力(諸説あり)。マウリヤ朝(¹⁴　　　　　　)王の碑文のものが最古とされる。チベット文字や東南アジアの諸文字へ派生
- **チベット文字**…7世紀,吐蕃の王(¹⁵　　　　　　　　　　)の命で作成される
- **パスパ文字**…13世紀,チベット仏教の僧パスパが(¹⁶　　　　　　　)の命でチベット文字をもとに作成。公文書に使用されたが一般には普及せず
- **タイ文字**…13世紀,(¹⁷　　　　　　　)朝のラーマカムヘン王の命で作成される

(4)漢字とその伝播・系統

> 当時「金」は青銅器をあらわした。文字構造は甲骨文字に似ている

- **金文**(金石文)…殷・周から漢時代の青銅器に鋳込まれた,または刻まれた文字
- **篆書**(秦) → **隷書**(前漢) → **楷書・草書・行書**(後漢)
  - ※則天文字…唐の則天武后がつくらせた漢字で,現在は使用されず(徳川光圀の「圀」など)
- **契丹文字**…10世紀,契丹(キタイ)の(¹⁸　　　　　　　　)の時代に漢字から大字がつくられる。のち耶律迭剌がウイグル文字から小字を作成

> 金と清は同じツングース系だが,文字系統の違いに注意!
> 金…女真文字(漢字系)
> 清…満州文字(アラム文字系)

- **西夏文字**…11世紀,李元昊の命で漢字から作成される(ほぼ解読)
- **女真文字**…12世紀,完顔阿骨打の命で漢字と契丹文字から作成される
- **チュノム**(字喃)…13世紀,ベトナムの(¹⁹　　　　　　)朝において漢字の部首をもとに作成される

(5)その他の文字

- **ハングル**(訓民正音)…15世紀,朝鮮国王の(²⁰　　　　　　)の命で作成される
- **マヤ文字**…マヤ文明で使用された文字。一部が解読されている
- (²¹　　　　　　)(結縄)…インカ帝国で利用された伝達手段。縄の結び目で情報を伝達

問1　碑文について述べた次の文aとbの正誤の組合せとして正しいものを，下の①～④のうちから一つ選べ。

<センター試験　世界史B・追　2015年>

a　ハンムラビ法典には，神聖文字が使用されている。
b　ロゼッタ＝ストーンの一部には，ギリシア文字が使用されている。

①　a－正　b－正　　　②　a－正　b－誤
③　a－誤　b－正　　　④　a－誤　b－誤

問2　文字の歴史に関するつぎの文を読み，下記の設問に答えなさい。

<南山大学　経営学部・改　2016年>

　人類は言語によって情報を伝達する。だが，個人が記憶できる情報量には限りがある。文字の使用により，人類は質量ともに豊かな情報を長期間保持しつつ，同世代や次世代の人々にそれを伝達できるようになった。文字の記録がない時代を先史時代，記録がある時代を歴史時代と言うように，歴史は文字記録の蓄積から成り立っている。

　古代メソポタミアでは，シュメール人が楔形文字(1)(2)を発明し，これを粘土板に刻んだ。楔形文字は多くの民族によって用いられ，これ以降のオリエントにおける各種の文字の原型となった。また，古代エジプトでは複数の文字(書体)が使用された(3)。エジプト文字は東地中海地域の諸民族の文字に，そして，中継貿易で栄えたアラム人の文字(4)はさらに東方の諸民族の文字(5)に，多大な影響を与えた。

　フェニキア人は，　6　の用いた文字からフェニキア文字をつくり，これがギリシア人などに伝わった。現代のさまざまな文字も，こうした古代以来の文字の継承と発展の延長線上にある。

　ところで，文字は，それを記録する物理的媒体がなければ保存・継承できない。この点で，後漢時代に製紙法が改良されて以降，紙が普及した(7)こと，そして，この製紙法が東アジアのみならず西欧世界にまで広まったことは，歴史時代におけるきわめて重要な出来事であった。やがてこの製紙法は，やはり中国を起源とする活版印刷の改良と結びついて，近代の科学や思想の発展をもたらすことになる。

　中国では，漢代までに今あるような漢字の字体が整った。漢字は東アジアを中心に広く普及し，やがて各地で独自の文字もつくられた(8)。たとえば，　9　ではチュノムがつくられ，朝鮮では　10　のときに訓民正音が制定された。

〔設　問〕

(1)　楔形文字の解読に貢献したローリンソンの出身国を選びなさい。

　　㋐　イラン　　　㋑　イギリス　　　㋒　フランス　　　㋓　エジプト

(2)　楔形文字で記された古代メソポタミアの文学作品を選びなさい。

　　㋐　『アヴェスター』　　　㋑　『ギルガメシュ叙事詩』　　　㋒　『アガメムノン』　　　㋓　『イリアス』

(3)　ロゼッタ＝ストーンに書かれた文字に関する記述として正しいものを選びなさい。

　　㋐　上段にはギリシア文字が書かれ，中段には神聖文字が書かれていた。
　　㋑　上段には神聖文字が書かれ，中段にはギリシア文字が書かれていた。
　　㋒　上段にはギリシア文字が書かれ，中段には民用文字が書かれていた。
　　㋓　上段には神聖文字が書かれ，中段には民用文字が書かれていた。

(4)　アラム文字から派生した文字に含まれないものを選びなさい。すべて含まれる場合は㋔を選びなさい。

　　㋐　アラビア文字　　　㋑　ウイグル文字　　　㋒　満州文字　　　㋓　女真文字

(5)　つぎの文の空欄に入る語を選びなさい。

　　（　　　　　）は騎馬遊牧民として初めて独自の文字をつくった。

ⓐ　匈奴　　　ⓘ　突厥　　　ⓤ　契丹　　　ⓔ　タングート

(6) 空欄　6　に入る語を選びなさい。

ⓐ　カナーン人　　　ⓘ　ペルシア人　　　ⓤ　ソグド人　　　ⓔ　アッカド人

(7) つぎの文の空欄に入る語を選びなさい。

中国で紙が普及するまで，帛と呼ばれる（　　　　）が文字の記録媒体のひとつとして用いられた。

ⓐ　木札　　　ⓘ　亀甲　　　ⓤ　竹札　　　ⓔ　絹布

(8) モンゴル帝国の文字に関するつぎの二つの文について正誤を判断し，aとbの両方が正しければⓐを，aが正しくbが誤っていればⓘを，aが誤っておりbが正しければⓤを，aとbの両方が誤っていればⓔを選びなさい。

a　フビライの師であったチベット仏教僧がパスパ文字を考案した。

b　漢字をもとにしたモンゴル文字がモンゴル語の表記に使われた。

(9) 空欄　9　に入る語を選びなさい。

ⓐ　ベトナム　　　ⓘ　ラオス　　　ⓤ　ビルマ　　　ⓔ　タイ

(10) 空欄　10　に入る語を選びなさい。

ⓐ　太宗　　　ⓘ　李成桂　　　ⓤ　世宗　　　ⓔ　李舜臣

問3　東西交易の海の道にあった東南アジアには，世界の主要な宗教や文明が到来した。東南アジアはそれらの外来の文化を摂取し，各地で独自のものに作りかえていった。例えば，①～③はすべて東南アジアで用いられてきた文字であるが，これらは発祥地域オリジナルの文字から，現地の言葉を表記しやすいように改良が施されている。

<大阪大学・改　2015年>

①

②

③

1　①は紀元1000年以前から用いられた系統に属する文字の二つの例である。これらの文字が東南アジアで用いられるようになった歴史的背景について，伝わった宗教・文化に留意しながら「サンスクリット語」という言葉を用いて述べなさい（90字程度）。

2　②は1300年前後から特に島嶼部で用いられた文字である。この文字が東南アジアで用いられるようになった歴史的背景について，この時期から広がった宗教とその伝播の担い手に留意しながら，述べなさい（90字程度）。

3　③は東南アジア大陸部で使われていた文字である。図版からわかるように，この文書では元になった文字とそれをまねて作った文字を混ぜて，文章が書かれている。前者の導入と後者の作成の両方の背景について述べなさい。なお，後者の文字の呼び名は漢字でなく，カタカナで書くこと（80字程度）。

17 情報伝達の歴史

POINT 人類はどうやって情報を伝えたのだろうか。情報ネットワークの変遷に注目しよう！

1 世界史に登場するおもな記録媒体とその発達

(1)オリエント〜ヨーロッパ世界

● メソポタミア文明…(¹　　　　　　　)に楔形文字で記録

● エジプト文明…(²　　　　　　　)〈(　2　)草からつくった一種の紙)に神官文字(ヒエラティック)や民用文字(デモティック)を記録

> 神聖文字(ヒエログリフ)はおもに神殿や墓などで石に刻まれる

● 古代ギリシア…パピルスや(³　　　　　　　　　)(陶片)に記録

● 中世ヨーロッパ…(⁴　　　　　　)(羊・山羊の皮をなめしてつくった紙)に記録

(2)東アジア

● 黄河文明…亀甲や獣骨などの(⁵　　　　　　)に文字を刻む

→ 殷代には(⁶　　　　　　)に金文(金石文)が鋳込まれる

● 戦国時代〜秦・前漢…(⁷　　　　　)や竹簡・帛(絹布)に記録

● 後漢以降…(⁸　　　　　)の使用が普及

※2世紀前半，宦官の(⁹　　　　　)が**製紙法**を改良

> ただし，製紙技術そのものは以前から存在

■**オストラコン**

■**貝葉**

(3)南アジア・東南アジア

● 石碑や銅板などに文字を刻む

● 貝葉(ヤシなどの植物の葉を乾燥・加工したもの)に文字を記す

(4)アメリカ大陸

● (¹⁰　　　　　　)文明…石や加工した樹皮に(　10　)文字を記す

● インカ帝国…キープ(結縄)で情報を伝達

(5)製紙法の西伝

● 751年，(¹¹　　　　　　　　)の戦い…アッバース朝 vs. 唐(玄宗時代，将軍：高仙芝)

→ 唐軍の捕虜から製紙法がイスラーム世界に伝わり，12世紀にはヨーロッパにも伝わる

※757年には，サマルカンドに製紙工場が存在していたという記録あり

※ただし，近年の研究では(　11　)の戦い以前にすでに伝わっていたとの説もあり

(6)印刷技術の発達

● 8世紀，唐で木版印刷が始まる → 宋代には広く普及

● 11世紀，北宋の畢昇が膠泥活字(泥土を膠で固めて文字を彫る)を制作するが，普及せず

● 13世紀，(¹²　　　　　　)で世界最初の**金属活字**がつくられる　※高麗版大蔵経は木版印刷

● 1450年頃，ヨーロッパで(¹³　　　　　　　　　)が**活版印刷術**を改良・実用化

→ 最初の印刷物として『四十二行聖書』を作成。また，贖宥状なども印刷

● ヨーロッパでの印刷術の発達 → 思想・学問の普及を促進 → 新聞・雑誌の刊行も増加し，人々がコーヒーハウスやカフェなどに集って交流するなかで，世論が形成される

2 情報伝達技術の発達とマス＝メディアの形成

(1) 情報伝達技術の発達

- 1785年，イギリスで世界初の日刊新聞『タイムズ』が発刊される
- 1830年代，(^{14}　　　　　　　)が**有線電信**と**モールス信号**を発明・考案（37年に公開実験）
  - →44年，ワシントン～ボルティモア間に世界初の電信線が敷設される。また，クリミア戦争（1853～56年）でも電信が利用される
- 1840年，イギリスで近代**郵便制度**が発足（全国均一料金・切手制度）
- 1840年代，蒸気機関をもちいた印刷機が普及
  - →出版の廉価化 → 新聞・雑誌の普及
- 1851年，イギリスで(^{15}　　　　　　)通信社が設立される
  - →57～59年のインド大反乱をいち早く伝え，通信社の重要性が認識される
  - →その後，フランス通信社（AFP）・アメリカのAP通信社なども発展
- 1865年，**万国電信連合**が創設される
  - →1932年，国際電気通信連合（ITU）に改組。47年には国際連合の専門機関となる
- 1874年，**万国郵便連合**（UPU）が創設される（当初22カ国が参加。日本は1877年に加盟）
  - →1948年には国際連合の専門機関となる
- 1876年，(^{16}　　　　　　)が**電話機**を発明 → 1910年代，ヨーロッパ・アメリカで電話が普及
- 1877年，(^{17}　　　　　　)が**蓄音機**を発明 ※(^{17})は白熱灯や映写機なども発明
- 1895年，(^{18}　　　　　　)が**無線電信**を発明 → 1901年，**大西洋横断無線電信**に成功
- 1895年，フランスのリュミエール兄弟が**映画**の上映（スクリーンへの投影）に成功

(2) マス＝メディアの形成

- 1920年，アメリカで(^{19}　　　　　　)の定時放送開始 ※日本での放送開始は1925年
- 1933年以降，(^{20}　　　　　　　　　　　　　)米大統領がラジオで「炉辺談話」を放送
- **ドイツ・ナチ党政権**の国民啓蒙・宣伝大臣（^{21}　　　　　　　　）は，積極的にメディアを政治的に利用する（ナチ党大会やベルリン＝オリンピック〈1936年〉など）
- 1936年，イギリスBBCが(^{22}　　　　　　)放送を開始 → 39年，アメリカでも放送開始 → 第二次世界大戦後に普及
  ※日本での放送開始は戦後の1953年
- 1954年，アメリカNBCがカラー放送を開始
  ※日本でのカラー放送開始は1960年
- 1990年代以降，(^{23}　　　　　　)がおこり，インターネットや携帯電話が普及

海底電信ケーブルの敷設

19世紀以降，世界中で海底電信ケーブルの敷設がすすみ，瞬時に遠距離を結びつける電報技術の発達は，政治や社会に大きな影響を与えた。電報が大きな役割をはたした有名な事件に1870年のエムス電報事件や，1896年のクリューガー電報事件などがある。

- 1851年，ドーヴァー海峡（英仏間）に海底ケーブルが敷設される
- 1866年，大西洋間に敷設 → 69年にロンドン～インド間，71年に上海～長崎間，73年に東京～長崎間に敷設
- 1906年，太平洋間に敷設

1905年のポーツマス条約の際はまだ，ポーツマス（アメリカ東海岸）と東京間は大西洋・インド周りで連絡をとりあっていた！

マス＝メディアの形成

20世紀以降，新聞やテレビ，ラジオなどのメディアは，ときとして政治を左右するほどの強大な力をもつようになった。たとえば1960年代のアメリカ大統領選挙では，候補者による討論会がテレビで全米に放映され，選挙結果に大きな影響を与えたといわれる。また，ベトナム戦争への反戦運動が世界中で高揚した背景には，メディアが戦争の実情を伝えたことがあげられる。そのほかにも，新聞報道が大統領を辞任にまで追い込んだことで知られる「ウォーターゲート事件」も有名。この事件を扱った映画として，「大統領の陰謀」（アラン＝J＝パクラ監督，1976年）は，ワシントン＝ポスト紙の二人の若い記者の手記を基にしており，事件追及の過程が描かれていて見応えがある。

なお現代では，マス＝メディアだけでなくSNS（ソーシャル・ネットワーキング・サービス）による発信も政治や社会に大きな影響を与えるようになっている。

問1 情報伝達にかかわる歴史について述べた文として誤っているものを，次の①〜④のうちから一つ選べ。

＜センター試験　世界史A　2013年＞

① ハンムラビ法典は，石碑に刻まれて伝えられた。

② 15世紀のヨーロッパでは，活版印刷が行われるようになった。

③ 電信用の海底電線(ケーブル)の敷設は，19世紀に始まった。

④ 電話は，20世紀に発明された。

問2 メディアの歴史について述べた文として正しいものを，次の①〜④のうちから一つ選べ。

＜センター試験　世界史B　2011年＞

① モールスは，電信機を発明した。

② アークライトは，無線電信を発明した。

③ 19世紀後半に，アメリカ合衆国でラジオ放送が開始された。

④ 20世紀前半に，インターネットが普及した。

問3 電気通信技術やマスメディアについて述べた文として最も適当なものを，次の①〜④のうちから一つ選べ。

＜センター試験　世界史A　2006年＞

① 映画は，19世紀後半にノーベルによって発明された。

② 電話は，20世紀前半に発明された。

③ インターネットは，第二次世界大戦中に普及した。

④ テレビ放送は，第二次世界大戦後に普及した。

問4 次の文章を読み，下記の問いに答えなさい。 ＜慶應義塾大学　商学部・改　2016年＞

　情報の伝達でまず重要な事柄は，15世紀半ばごろの，(a)ルネサンスの3大発明の1つである，活版印刷術である。後漢の宦官，　A　によって改良された製紙技法は，8世紀半ばの　B　で捕虜となった製紙職人たちからヨーロッパに伝わった。活版印刷はその製紙技法と合わさり，それまでは(b)一部の人しか持ちえなかった情報が飛躍的に広まるきっかけになった。

　やがて17世紀半ばになると，イギリスでは新聞や雑誌も多数刊行された。晩年，小説家として有名になる　C　も，政治ジャーナリストとして新聞を発刊している。この時代，比較的豊かな都市市民は，　D　が発祥地とされる，新聞や雑誌を備えた(c)コーヒーハウスにあつまり，社交や情報交換を行った。世界的に有名な　E　であるロイズも，ニュートンなど科学革命を生み出した科学者の　F　も，これらコーヒーハウスから始まった。新聞の普及は言論の自由とも関係する。19世紀半ば，ウィーンで起きた　G　で検閲が廃止され，言論の自由がもたらされた際，街が新聞や壁新聞でうめつくされたのは，その一例であろう。

　19世紀後半になると，　H　による電信機や，　I　による初の上映がその始まりとされる映画など，紙以外の音と映像による情報伝達手段が登場してきた。それらの技術は20世紀になり，ラジオやテレビという形で一般家庭に普及した。

　ラジオ放送は1920年にアメリカで始まった。その最初の番組は，　J　の大統領当選を伝える開票速報だった。ラジオはニュースの他，南部の　K　が発祥地と言われるジャズや，野球中継など，大衆文化の伝達にも役立ったが，　L　はそのラジオの普及率に着目し，ホワイトハウスから「炉辺談話」を行い，国民に政策を説明して支持を求めた。

　第二次世界大戦後，情報伝達の主役はラジオからテレビに移った。テレビや写真などの映像によるニュース

配信は，情報量が多いため人々に与えるインパクトも大きかった。たとえば　M　の「安全への逃避」は，　N　でアメリカの攻撃から逃れようと川を渡る母子の姿を撮影したもので，世界に大きな衝撃を与えた。この戦争は連日テレビで世界中に報道され，(d)正義の戦争と信じていたアメリカ国内世論に疑問を呈した。また，1993年に内戦中のスーダン南部で南アフリカの写真家が撮影し，翌年に　O　を受賞した「飢餓でたおれた少女を狙うはげわし」は，世界の指導者たちに強いメッセージを残した。

　芸術面では，20世紀の絵画も社会に対して強いメッセージを示すようになった。　P　で母国が爆撃されたことに抗議し，　Q　が制作した「ゲルニカ」はその例である。また広告・報道写真などの情報伝達手段そのものを素材にポップアートを展開する動きもある。「キャンベルスープ」のシルクスクリーンで知られる　R　はその代表だ。

(1) 文中の空欄　A　〜　R　にあてはまる最も適当な語句を下記の語群から選びなさい。

1　安史の乱	2　イスタンブル	3　ウィーン	4　ウィルソン	5　ウォーホル
6　エディソン	7　王立協会	8　科学アカデミー	9　甘英	10　クーリッジ
11　蔡倫	12　沢田教一	13　三月革命	14　シアトル	15　シカゴ
16　四月普通選挙	17　スウィフト	18　スペイン内戦	19　船舶会社	20　第二次世界大戦
21　タラス河畔の戦い	22　ダリ	23　チャップリン	24　張衡	25　朝鮮戦争
26　チョコレート会社	27　デフォー	28　二月革命	29　ニハーヴァンドの戦い	
30　ニューオーリンズ	31　ノーベル賞	32　ハーディング	33　ピカソ	
34　ピュリッツァー賞	35　ファラデー	36　フィールズ賞	37　フーヴァー	
38　フーコー	39　ベトナム戦争	40　保険会社	41　モールス（モース）	
42　リュミエール兄弟	43　ローズヴェルト	44　ロダン	45　ロバート＝キャパ	
46　湾岸戦争				

(2) 下線部(a)に関連して，ルネサンスの3大発明の残りの2つは何か。

(3) 下線部(b)に関連して，活版印刷発明以前は，何故，一部の人しか情報を持ちえなかったのか。その主たる理由を2つ，記入しなさい。（50字程度）

問5　書物の文化の歴史に関連する以下の設問に答えよ。　　　　　　　　　　　＜東京大学・改　2004年＞

（1） 15世紀中頃のヨーロッパで発明されたこの技術によって，それまでの写本と比べて，書物の値段が大幅に安くなり，書物の普及が促進された。この技術(a)の名称と発明者(b)の名前を(a)・(b)を付して記せ。

（2） 第二次世界大戦中，アメリカ合衆国で新しい技術の開発が始められた。1980年代になると，この技術に基づいてインターネットなどを利用した新しい出版の形態が生み出された。この技術の名称を記せ。

18 暦の歴史

POINT ▶ 暦の種類や違いの理由，さらに暦の役割（暦をつかさどる＝統治の要）に注目しよう！

1 暦の役割とその種類

(1) 暦の役割

● 暦…日常生活の必要から時間を日・週・月・季節・年などに区切ったもの

→太陽や月の周期が区切りの基準。農業や主要な行事なども暦に従っておこなわれる

● 太陰暦・太陰太陽暦・太陽暦に大別されるが，いつを起点とするかなど各地で独自の暦が作られる

→暦をつかさどること＝暦に従う人々の時間を支配すること＝**統治の要**

(2) 太陰暦

● (¹　　　　　　)**の満ち欠け**（公転周期）が基準の暦。1月＝29日あるいは30日，1年＝約354日

→太陽暦と年間約11日の差が生じて，32年で1年の差となる。実際の季節とずれることから農作業のための暦としては不便

● 古代メソポタミアでうまれ，キリスト教世界以外の地域で広くもちいられる

● イスラーム暦…(²　　　　　　　　)（聖遷）があった西暦622年を元年とする純粋な太陰暦

→9月にあたる(³　　　　　　　)月（断食月）や，12月にあたるズー・アル＝ヒッジャ月（巡礼月）なども毎年ずれる　※日常生活では農業などに適した太陽暦も併用されている

(3) 太陰太陽暦

● 太陰暦を農耕社会に対応できるように修正した暦。月の満ち欠けが基準だが，季節とのずれを解消するため19年に7回，(⁴　　　　　)**月**を設ける。1年は平年で約354日，(⁴)**年**では約383日

● 古代メソポタミアでうまれ，同地域や南アジア・東アジア（中国・朝鮮・日本）などでは近代に(⁵　　　　　)**暦**に切り替わるまで広くもちいられる

※ユダヤ暦・ギリシア暦・中国暦・ヒンドゥー暦・チベット暦・日本の旧暦などが太陰太陽暦に基づく暦法

> **十干・十二支**
>
> 中国の漢代以降普及した，十干と十二支を組みあわせて年をあらわす方法。朝鮮・日本にも伝わり，歴史的事件にその年の干支をつけることも多い。
> ┌ 十干…甲・乙・丙・丁・戊・己・庚・辛・壬・癸
> └ 十二支…子・丑・寅・卯・辰・巳・午・未・申・酉・戌・亥
> 例：壬午軍乱(1882年)，甲申政変(1884年)，甲午農民戦争(1894年)，戊戌の変法(1898年)，辛丑和約(北京議定書，1901年)，辛亥革命(1911年) など

(4) 太陽暦

● 地球からみた太陽の動きが基準の暦。地球が太陽の周囲を1公転する時間が1年。1年＝365日

● 古代(⁶　　　　　　　)でうまれ，古代(⁶)人は**ナイル川**の氾濫と恒星**シリウス**の位置関係から1年＝365日とする → のちヨーロッパに普及し，幾度かの改暦を経て（ユリウス暦・グレゴリウス暦・革命暦・ロシア暦など），現在では世界的に採用されている

● 世界史で登場するその他の太陽暦

ⅰ) **マヤ暦**…マヤ文明で使用された暦。1年＝260日の暦と365日の太陽暦など，複数の暦を複雑に組みあわせる

ⅱ)**ジャラーリー暦**…11世紀後半，イスラーム天文学の発達を背景に，イランの(⁷
　　　　)が作成した一種の太陽暦 → 現在のイラン暦の原型

2 暦の変遷

⑴太陽暦の改暦

- 古代ローマではエジプト太陽暦が採用されたが，4年で1日，100年で25日のずれが発生
  → 前1世紀にはずれが大きくなったため，カエサルがエジプト太陽暦を改良させて(⁸
　　　　)**暦**を制定。1年＝365日だが，4年に一度，閏年を設けて366日としてずれを修正
  ※7月(July)の名称＝カエサルの誕生月＝(　⁸　)(Julius)から
- その後，アウグストゥスがユリウス暦を部分的に改暦するが，130年で1日のずれが発生
  ※8月(August)の名称＝アウグストゥスの誕生月＝アウグストゥス(Augustus)の名前から
- のちユリウス暦はキリスト教の暦ともなり，ヨーロッパなどキリスト教世界で使用される
- 1582年，ローマ教皇グレゴリウス13世がユリウス暦の改良をおこない，閏年の精度を高めた(⁹
　　　　)**暦**を制定 → まもなくカトリック諸国が採用するが，プロテスタント諸国は当
  初採用せず
- (¹⁰　　　　)**暦**…**フランス革命期**の1793年に国
  民公会によって制定された暦
  ⅰ)キリスト教的時間の撤廃を目的に，(¹¹
　　　　)樹立宣言の日(1792年9月22日)を
  革命暦元年1月1日とし，1週7日制を廃止
  して1旬＝10日とする
  ⅱ)1806年，(¹²　　　　　　　)によって廃
  止され，グレゴリウス暦が復活

イエスの生誕年と西暦の紀元元年

現在世界中で用いられている西暦の紀元元年は，6世紀に，当時用いられていたディオクレティアヌス帝の即位年を元年とする紀元にかわって，年代学者ディオニュシウスが提案したイエスの生誕年の翌年を元年とする紀元が採用されたことに始まる。

しかし，後年に歴史研究がすすんで，ディオニュシウスによるイエス生誕年の算出には誤差があることがわかり，現在では実際のイエスの生誕は紀元元年から4年あるいは7年ほどさかのぼることがわかったが，暦自体は変更されなかった。

⑵東アジアにおける暦の変遷

- 13世紀，**フビライ**時代の元では，イスラーム暦法の影響を受けて(¹³　　　　)が太陰太陽暦
  の(¹⁴　　　)**暦**を作成
  → 17世紀後半，江戸時代の日本では，渋川春海が(　¹⁴　)暦を基礎に(¹⁵　　　　)**暦**を作成
- 17世紀前半，**徐光啓・アダム＝シャール**らが西洋天文学に基づく「(¹⁶　　　　　　)」を作成
  → 明では採用されず，清において修正が加えられて「時憲暦」として採用される

⑶近代における太陽暦の普及

- 18世紀以降，ヨーロッパ諸国の海外進出を背景に，その植民地や影響を受けた**各地域で太陽暦**
  (グレゴリウス暦)が採用・使用される
- 1873年，(¹⁷　　　　)が太陽暦を採用し，明治5年12月3日(旧暦)を明治6年1月1日(グレ
  ゴリウス暦)として，ずれを修正
- 1912年，中国では，辛亥革命後に中華民国が西暦を採用
- 1917年，ロシアでは，ロシア革命で従来のロシア暦が廃止され，グレゴリウス暦が採用される
- 1925年，トルコでは，(¹⁸　　　　　　　　)が近代化政策の一環として，**イスラーム暦**
  を廃して太陽暦を採用

18 暦の歴史 問題演習

問1 貞享暦について述べた次の文中の空欄 ア と イ に入れる語の組合せとして正しいものを，下の①〜④のうちから一つ選べ。 ＜センター試験 世界史Ｂ・改 2015年＞

貞享暦は，中国の ア の時代に イ によって作られた授時暦を改訂して，日本の実情に合うようにしたものである。

① ア－元 イ－顧炎武
② ア－元 イ－郭守敬
③ ア－清 イ－顧炎武
④ ア－清 イ－郭守敬

問2 フランス革命の時期にフランスで行われた改革について述べた文として誤っているものを，次の①〜④のうちから一つ選べ。 ＜センター試験 世界史Ｂ 2002年＞

① 国民議会は，身分制を廃止して，人間の権利における平等を宣言した。
② 1791年の憲法で，制限選挙制が定められた。
③ 1795年の憲法で，制限選挙制が復活した。
④ 総裁政府下で，共和暦（革命暦）が制定された。

問3 イスラーム教について述べた文として，最も適するものを選びなさい。 ＜明治大学 国際日本学部 2008年＞

1 カーバ神殿は，イスラーム教誕生前のアラビア半島の一神教の中心であった。
2 イスラーム教においては，イエスは預言者の一人である。
3 ヒジュラの年を紀元元年とするイスラーム暦は，古くから太陽暦であった。
4 ムハンマドは，メッカにおいて最初のウンマを成立させた。

問4 マヤ文明に関する以下の説明のうち，適切でないものを一つ選びなさい。 ＜明治大学 経営学部 2009年＞

A．精密な暦を持っていた。
B．代表的な遺跡として太陽のピラミッドがある。
C．チチェン＝イッツァに神殿を築いた。
D．二十進法を用いていた。
E．絵文字で飾られた石造建築による都市を建設した。

問5 暦や年号と時代の権力との関係についての記述として，誤っているものはどれか。

＜早稲田大学 人間科学部 2015年＞

a フランスの革命暦は，旧体制との決別を示すために，1793年に国民公会で採用された暦である。
b 清の冊封を受けた朝鮮王朝や日本などは，独自性を保つため，固有の年号を使用していた。
c ロシアでは，1917年の革命によってロシア暦が廃止され，グレゴリウス暦が導入された。その結果，ロシア暦の二月革命は三月革命，同じく十月革命は十一月革命と呼ばれるようになった。
d 1923年に成立したトルコ共和国は，近代化の一環として政教分離を行い，イスラーム暦に代えて太陽暦を採用した。

19-1 モノの歴史①──茶・コーヒー・陶磁器・香辛料

POINT 古代から人々の嗜好品(ぜいたく品)への憧れが世界を動かしてきた。これらのモノをめぐってどのような交流がうまれたかを確認しよう!

1 茶 イギリスでの茶の需要が世界の歴史を動かしたことに注目しよう!

(1) 茶の発祥と東アジアへの伝播

- 茶の原料のチャノキの原産地は中国・雲南地方。加工の方法(発酵のさせ方)で多くの種類あり
  - →例:発酵茶…紅茶,半発酵茶…ウーロン茶,不発酵茶…緑茶など
- 中国・(^{1}　　　　)代の前1世紀頃,四川で**飲茶の習慣**が始まる
  - →(^{2}　　　　)代の8世紀頃には,飲茶の習慣が中国全土に普及
- 飲茶の習慣は中国の周辺民族にも伝わり,宋代には彼らにとっても生活必需品となる
  - ⅰ)10世紀,中央ユーラシアの遊牧民に伝わる → 茶と(^{3}　　　　)を扱う交易がさかんになる
  - ⅱ)12世紀,鎌倉時代の禅僧(^{4}　　　　)が,宋から日本に茶をもたらす

(2) ヨーロッパへの伝播

- 17世紀,オランダの(^{5}　　　　　　　　)が日本の緑茶を輸入　※当初は薬として使用
  - →17〜18世紀,ヨーロッパで茶の需要が高まり,各国の**東インド会社**が中国・インドから輸入
- 砂糖(原料:**サトウキビ**)は,10世紀以降ムスリム商人によってヨーロッパへ輸出される
  - →16世紀以降,ヨーロッパ人が,カリブ海地域やラテンアメリカにおいてアフリカから輸入した
    (^{6}　　　　　　　)をもちいるサトウキビ=プランテーションを展開
  - →砂糖を入れた紅茶を楽しむ習慣が登場し,ヨーロッパ社会に広まる

(3) イギリスにおける砂糖入り紅茶をめぐる動き

- 17〜18世紀,砂糖入り紅茶は上流階級のシンボルとしてアフタヌーンティーの習慣とともに定着
- 当時,茶は東インド会社が貿易を独占したために高価で,砂糖も政府の保護政策のために高価
  ※茶貿易に関連して,1773年の(^{7}　　　　　　　)事件は**アメリカ独立戦争**の発端となる

確認!　イギリスにおける砂糖入り紅茶をめぐる動き

- 18世紀後半の**産業革命**以降に工場労働者が急増
- 規則正しい労働のためには「酒よりも紅茶を」→ 労働者のあいだでも紅茶の需要が拡大
  ※従来の職人の働き方は比較的自由で,日曜日は酒を飲み,月曜も休む(「聖月曜日」)こともあった

茶	● 1833年(施行34年),茶を中心とする,東インド会社の(^{8}　　　　　　　　)権廃止 ● 19世紀,インドのアッサム地方やセイロンのプランテーションで,茶生産が急増
砂糖	● 1807年に奴隷貿易廃止,33年にイギリス植民地での奴隷制廃止 ● 砂糖の保護政策の廃止と関税の引き下げ
流通	● 1849年,(^{9}　　　　　)法廃止 ● 1850年以降,ティー=クリッパー(紅茶運搬船,快速帆船)による競争激化

- 茶・砂糖の価格下落 → 砂糖入り紅茶は**高カロリーで手軽な飲み物**として労働者の生活必需品となる

- イギリスでは紅茶の需要が高まる一方，中国への対価として銀の流出が深刻化
  - →茶の輸入代価として，銀のかわりにアヘンを導入
  - →1840年，(^{10}　　　　　　)戦争勃発（〜42年）
- 19世紀以降，ティーバッグの開発などによって，世界中に紅茶の飲用が普及

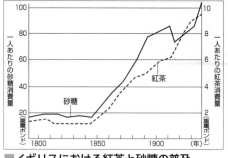
■**イギリスにおける紅茶と砂糖の普及**

2 コーヒー　コーヒーハウスが市民文化の成立にはたした役割に注目しよう！

(1) コーヒーの発祥と伝播

- 原料のコーヒーノキのうち，大半を占めるアラビカ種の原産地は東アフリカ（エチオピア）
  - →同地では古くから葉や豆を煎じて薬用や飲用にする習慣あり
- コーヒー栽培はアラビアに伝播し，9世紀以降ペルシアやメソポタミア地方にも広がる
  - →イスラーム教の(^{11}　　　　　　　)（神秘主義者）を中心に，深夜修行時の眠気ざましや酒のかわりの嗜好品として飲用される
- のちコーヒー豆を焙煎する製法が発見され，15世紀以降イスラーム世界でコーヒーの飲用が普及
  - →16世紀のイスタンブルには，600をこえる喫茶店が存在
  - →17世紀，地中海貿易を介してヨーロッパにもコーヒーの飲用が広まる
- 当初，コーヒー豆のもちだしを禁止するなど，ムスリム商人がコーヒーの交易を独占
  - →16世紀，インドへコーヒーノキの種がもちだされる
  - →17世紀末，(^{12}　　　　　　)がコーヒーノキをもちだし，以後，東南アジアの**ジャワ島**など（　12　）植民地で栽培

(2) コーヒーハウスの普及

> 1683年にはロンドンだけで3000軒以上に！

- 1652年，ヨーロッパ初の(^{13}　　　　　　　　　　)がロンドンに開店
- のちイギリスでは紅茶の飲用が主流になり，ティーハウスと呼ばれるようになる
  - ※1706年，トワイニングが紅茶専門店を開業
- 同じように，フランスでは17世紀頃から，都市を中心にカフェが流行
- コーヒーハウスやカフェが市民の情報交換・交流の場となり，(^{14}　　　　　　)が形成される
  - →市民文化の成立＝近代市民社会における「公共の場」を提供 → 市民革命の背景
  - →文学・科学・ジャーナリズムなどが成長し，金融・保険機構や王立協会，政党なども誕生
  - ※王立協会（Royal Society）…17世紀後半にオックスフォードのコーヒーハウスに集った科学者たちが結成した，科学振興のための学術団体。18世紀に**ニュートン**も会長をつとめる
  - ※ロイズ保険組合…18世紀前半，ロンドンのコーヒーハウスに集まった個人保険業者を中心に結成されたグループが起源

■**コーヒーハウスの様子**　人々がコーヒーを片手に交流を深めている様子がわかる。テーブルの上や壁には文字を書いた紙がみえる。また，客がみな男性であることにも注目しよう。

史料　コーヒーに関する記録──モンテスキュー『ペルシア人の手紙』 ※『ペルシア人の手紙』(シ

ャルル＝ルイ・ド・モンテスキュー著，田口卓臣訳，講談社，2020年)より

　パリでは，コーヒーが大流行している。コーヒーを公に飲ませる店が，実にたくさんある。…(略)…ある店では飲む者に才気をもたらすようにコーヒーを用意している。少なくとも，その店から出てくる者の中で，入った時より4倍の才気があると信じていない者はいない。

(3)コーヒー栽培の拡大

- 18世紀以降，オランダ植民地の(^{15}　　　　　)島をはじめとするコーヒー＝プランテーションでの栽培が拡大
- 18世紀初め以降，(^{16}　　　　　)(のち1804年に独立)をはじめとするカリブ海のフランス植民地において，黒人奴隷の労働によるコーヒー栽培がさかんにおこなわれる
- 19世紀，ブラジルでコーヒー＝プランテーションが本格化
- 1919年，アメリカで(^{17}　　　　)法が成立(〜33年) → コーヒーの消費量が増大
- 第二次世界大戦後にはインスタントコーヒーが開発されるなど，世界中にコーヒーの飲用が普及

3 陶磁器　東洋の陶磁器が西洋でどのように受容されたかに注目しよう！

(1)陶磁器の発祥と展開

- 陶磁器…粘土類を高熱で焼いた器の総称 → 原料の土質や焼成温度など製法の違いによって，**陶器**(china)・**磁器**(porcelain)などの区別あり
- 陶磁器の起源は諸説あるが，とくに中国では紀元前から独自の発展をとげる
  - →中国の陶磁器は古くから世界に伝播して東西の主要な交易品となり，重量のある陶磁器がさかんに運ばれた「(^{18}　　　　　)」は，「**陶磁の道**」とも呼ばれる
- 唐代には，埋葬用の装具として人物・動物などをかたどった(^{19}　　　　　)がつくられる
- 宋代には，(^{20}　　　　　)(現在の江西省)を中心にさかんに陶磁器が生産される
  - →大量の**青磁・白磁**が海外に輸出され，その影響のもとで**高麗青磁**などがつくられる
- 元代には，イスラーム世界からコバルト顔料がもたらされ，それを用いた(^{21}　　　　　)(青花)が景徳鎮で完成される
- 明・清代には，**染付・赤絵**など文様のはなやかさが重視され，景徳鎮を中心にさらに陶磁器生産が発展し，ヨーロッパをはじめ世界各地へ輸出される
  - →周辺諸国にも影響を与え，朝鮮・日本などでは陶磁器の文化が発展

(2)ヨーロッパでの需要拡大と陶磁器生産の開始

- ヨーロッパでは，紅茶やコーヒーを入れる器などとして陶磁器の需要が高まる
- 17世紀，明から清への王朝交替による社会的混乱で，中国からの陶磁器の輸入が停滞
  - →日本の**伊万里焼(有田焼)**の輸入が拡大
- 陶磁器がヨーロッパの王侯貴族のあいだで流行すると，ヨーロッパでの生産が模索される
  - ⅰ)ドイツでは，18世紀初めにザクセン選帝侯により陶磁器生産が開始され，(^{22}　　　　　)に工場が設けられる → (　22　)磁

有田焼と「イマリ」

17世紀後半，明・清の王朝交替期の混乱で中国からの陶磁器輸入が停滞すると，オランダ東インド会社は中国陶磁器にかわって日本の有田焼をヨーロッパに輸入した。有田焼もヨーロッパで人気を博し，伊万里港から積み出されたので，海外では「イマリ」と呼ばれた。上はオランダ東インド会社が作製を依頼した陶器(「染付芙蓉手鳳凰文大皿」，佐賀県立九州陶磁文化館蔵)。「VOC」というオランダ東インド会社のマークが中心部に入っている。

器の製法はヨーロッパ全土に拡大

ⅱ）イギリスでは，18世紀半ばに**ウェッジウッド**が製陶会社を設立

→すぐれたデザインの陶磁器を製造し，イギリス陶器の代表となる

4 香辛料 香辛料の需要が世界の一体化に与えた影響に注目しよう！

(1) 香辛料の原産地と特徴

- **香辛料**…コショウ（胡椒）・クローヴ（丁子）・シナモン（肉桂）・ナツメグなどの総称
- おもに南インド・東南アジアが原産地。とくにクローヴは（23　　　　　　）**諸島**，ナツメグはバンダ諸島でしか18世紀終わりまで産出されず
- 香辛料の使用方法は地域によってさまざまだが，世界中にもたらされ，とくに肉を多食するヨーロッパでは調味料・防腐剤として需要があり，古くから東西の主要な交易品となる

(2) 香辛料貿易の歴史

- 古代，インド洋の（24　　　　　　）（モンスーン）交易で，ローマ帝国にもたらされる
- 中世，北イタリアの諸都市が（25　　　　　　）によって南アジアから輸入

  →ムスリム商人を介したため，ヨーロッパでは同量の銀と交換されたほど非常に高価

  ※（26　　　　　　）商人…アイユーブ朝やマムルーク朝の保護のもと，アレクサンドリア・アデンを中心に，紅海ルートで香辛料・砂糖などを扱った商人団

- ヨーロッパでの需要拡大を背景に，15世紀以降，（27　　　　　　　　）はアジアの香辛料貿易への直接参入をめざしてインド航路の開拓につとめ，海外進出を強める（**大航海時代**）

  →17世紀には，（28　　　　　　）が香辛料貿易に参入

  ※（29　　　　　　）王国（1526年頃〜1813年）…ジャワ島西部のイスラーム王国。コショウの貿易で繁栄したが，のち（　28　）の東インド会社の支配下におかれて滅亡

- 17世紀後半，供給過多によってヨーロッパでの香辛料価格は下落

  →のちに茶・綿織物などが交易品の中心になるとともに，世界各地に香辛料栽培が広がったことから，ヨーロッパでの香辛料の需要はしだいに減少

■コショウ

■ナツメグ

■クローヴ

■シナモン

■香辛料の原産地

19-2 モノの歴史②──銀・織物・アメリカ大陸からもたらされたモノ

POINT ▶ モノの流通が，世界にどのような影響を与えたかを確認しよう！

1 銀 銀が世界の一体化にどのような影響を与えたかに注目しよう！

(1) 銀の特徴と銀貨

- 古代より，銀は世界各地で金とならぶ貴金属として装飾品や貨幣に用いられる
  → 精錬法が未確立だったことから，当初は金より価値が高い場合もあり
- 古代〜中世，西アジアやヨーロッパで銀の精錬法が発達し，銀貨の使用や銀の産出が増加
  ⅰ) 前7世紀のリディア王国で銀貨がつくられる(ただし，銀と金の合金)
  ⅱ) 古代ギリシアでは，アッティカ地方のラウレイオン銀山が豊富な銀を産出
  → (^{1}　　　　　　　　)銀貨がつくられて，以後，地中海世界に広く流通
  ⅲ) イスラーム世界では，7世紀後半に成立したウマイヤ朝の時代に(^{2}　　　　　　　　)銀貨が
  つくられる → 以後，広く流通
  ⅳ) アメリカ大陸「発見」以前のヨーロッパでは銀の供給は少なく，非常に高価
  → 南ドイツの(^{3}　　　　　　　　)が銀を中心とした鉱山業で発展し，15〜16世紀には**フッガー家**のもとでヨーロッパ金融業の中心となる

(2) 価格革命・商業革命と世界の一体化

- 16世紀，世界各地で銀の生産量が急増して，その交易が活発化 → **世界の一体化**がすすむ
- 16世紀以降，スペイン支配下のラテンアメリカでは，(^{4}　　　　　　　)**銀山**(現在のボリビア)や**サカテカス銀山**(現在のメキシコ)の開発がすすみ，その銀がヨーロッパや東アジアへ輸出される
  ⅰ) アメリカ大陸産の銀の流入で，ヨーロッパでは物価が2〜3倍に上昇する(^{5}　　　　　　　)が発生 → 固定地代を収入源とする領主層が打撃を受け，フッガー家なども没落
  ⅱ) スペインは，メキシコの(^{6}　　　　　　　)港からフィリピンの**マニラ**へ**ガレオン船**で銀を運び，現地で中国商人の絹・陶磁器などと交換する(^{6}　)貿易を推進
  → (^{6}　)貿易の影響や日本からの輸入で銀が大量に流入した中国では，明代の(^{7}　　　　　　　)や清代の(^{8}　　　　　　　)制などの税制改革がおこなわれる
- 日本では，(^{9}　　　　　　)**銀山**(現在の島根県)などで銀の生産量が増加し，輸出が拡大
  → 16世紀半ば〜17世紀前半には，**日本は世界の銀産出量の約3分の1を占め**，世界的に知られる

■**ティセラの日本図**(Kobe City Museum/DNPartcom)
16世紀末にポルトガル宣教師が描いた日本地図。地図中の地名「Hivami」はどこをあらわしているだろうか。また，なぜ，この地名を入れたのだろうか。

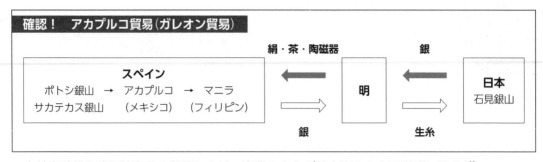

確認！　アカプルコ貿易（ガレオン貿易）

絹・茶・陶磁器　　　　　　銀

スペイン
ポトシ銀山　→　アカプルコ　→　マニラ　　**明**　　←　　**日本**
サカテカス銀山　　（メキシコ）　（フィリピン）　　　　　　　　　　　石見銀山

銀　　　　　　　　生糸

● 大航海時代や遠隔地貿易の発展により，商業の中心が地中海から大西洋岸に移る（¹⁰
　　　）がおこる → （　10　）の影響で，**ヨーロッパにおける東西の分業体制**が形成される
ⅰ）西欧…商工業が発達し，経済的先進地域となる
ⅱ）東欧…**西欧への農作物輸出地域**となり，農場領主制〈（¹¹　　　　　　　）〉による
　　経営が拡大

（3）19世紀の三角貿易と銀の動き

● 18世紀，ヨーロッパで（¹²　　　）の需要が増大
　→イギリスでは中国からの（　12　）の輸入が増加
　　したが，それに対する輸出品がなく，多量の
　　（¹³　　　　　）が流出する片貿易となる

秤量貨幣

重さで価値が決まる貨幣。とくに，右に示した中国・清代の馬蹄形をした馬蹄銀がその代表。また日本の銀も秤量貨幣で，丁銀（なまこ形）と呼ばれた。

● 19世紀初め，イギリスは片貿易の打開のため，中国の茶をイギリスに，イギリスの綿製品をインドに，インド産の（¹⁴　　　　　）を中国に運ぶ（¹⁵　　　　　　）を展開
　→のちアヘン戦争（1840〜42年）の要因ともなる

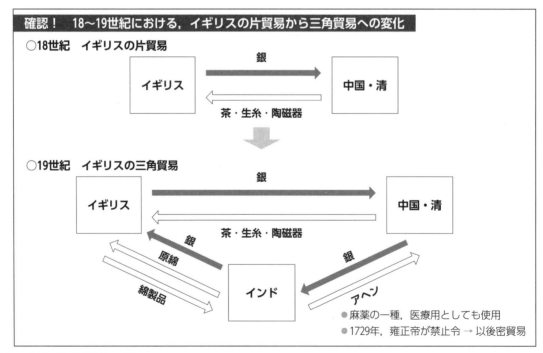

確認！　18〜19世紀における，イギリスの片貿易から三角貿易への変化

○**18世紀　イギリスの片貿易**

銀
イギリス　→　**中国・清**
茶・生糸・陶磁器

○**19世紀　イギリスの三角貿易**

銀
イギリス　→　**中国・清**
茶・生糸・陶磁器

銀　　　　　　　　銀
原綿
綿製品　**インド**　アヘン

● 麻薬の一種，医療用としても使用
● 1729年，雍正帝が禁止令 → 以後密貿易

（4）19世紀後半以降の銀

● 19世紀後半，イギリスを中心に国際通貨体制が発達すると，（¹⁶　　　　　　　）制が主流となる
　→銀の国際価格は下落し，しだいに金の補助貨幣となる
● 20世紀，電気・電子機器の発達を背景に，工業用の材料として銀の需要が増大

2 織物　綿織物への需要が産業革命をうながしたことに注目しよう！

(1) 様々な織物とその特徴

- **麻織物（リネン）**…アマ（亜麻）などの繊維で織った織物。歴史上もっとも古くに登場した織物で，古代エジプトでも使用される（ミイラを包んだ布も麻がもちいられた）→ 世界的・一般的に普及

- **毛織物（ウール）**…動物（羊・ラクダなど）の毛による糸で織った織物。遊牧民の衣料として古くから生産される。ヨーロッパでは，綿織物の普及以前は毛織物が一般的
  - ⅰ）中世，ヨーロッパの（17　　　　　　　）地方やフィレンツェでさかんに生産される
  - ⅱ）大航海時代，（18　　　　　　　）がアメリカ大陸から輸入した銀の対価として毛織物を輸出

- **絹織物（シルク）**…蚕の繭からとった繊維（絹）で織った織物。古くから高級品とされる
  - ⅰ）絹織物の生産は新石器時代の中国にさかのぼり，漢代には生産技術が確立
    - →当初，絹織物の生産技術は中国が独占（蚕を国外に持ち出した者は死罪にされたとも）
  - ⅱ）絹織物は，**絹の道（シルク＝ロード）**とも呼ばれる「（19　　　　　　　）」や，「草原の道」「海の道」を通じて西方へ運ばれ，金貨と同じ重量で取引されるなど珍重される
    - ※中国と北方の遊牧社会のあいだでは，（20　　　　　　　）がおこなわれる
  - ⅲ）6世紀，景教（ネストリウス派キリスト教）の僧が，**ユスティニアヌス帝**時代の（21　　　　　　　）帝国に養蚕の技術を伝える
    - →以降，西アジア～ヨーロッパで絹・絹織物生産が始まり，とくに（22　　　　　　）朝ペルシアで発達して，その影響は「絹の道」を逆にとおって日本にもおよぶ
  - ⅳ）中世，イタリア諸都市や南フランスのリヨンなどで絹織物業が発達したが，中国産におよばず

- **綿織物（コットン）**…綿糸による織物。安価だが保温・吸湿・染色性にすぐれ，幅広い用途で普及
  - ⅰ）インドでは紀元前からすぐれた綿織物の生産がおこなわれ，中世にはヨーロッパ人による（23　　　　　　　）における主要輸入品となる
  - ⅱ）中国では，唐・宋代から綿織物の生産がおこなわれ，（24　　　　）代以降に全国に普及
    - →（　24　）代には長江下流域で綿花栽培が拡大し，穀倉地帯が長江中流域に移動
  - ⅲ）イスラーム世界からヨーロッパにもたらされ，北イタリア諸都市などで少量が生産される
    - →17世紀にイギリス・フランスでも普及するが，大部分は麻や羊毛とあわせたもの

(2) 綿織物の需要増大と産業革命

- 17～18世紀，ヨーロッパでインド産・手織りの綿織物〈（25　　　　　　　）〉の需要が増大
  - 名称はカリカットに由来
  - →イギリスは（25）の輸入を禁止するが需要は増大
- イギリスでは，原料の綿花を輸入して綿織物が生産されるようになる → 18世紀後半以降，綿織物業を中心に（26　　　　　　　）がすすむ
  - ⅰ）1733年，（27　　　　　　　）が飛び杼を発明
  - ⅱ）1764年頃，（28　　　　　　　）が多軸紡績機（ジェニー紡績機）を発明
  - ⅲ）1768年，アークライトが水力紡績機を発明
  - ⅳ）1779年，クロンプトンがミュール紡績機を発明

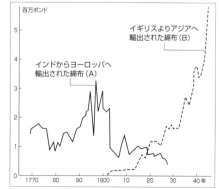

百万ポンド

イギリスよりアジアへ輸出された綿布（B）

インドからヨーロッパへ輸出された綿布（A）

■**インド綿布とイギリス綿布**　AとBが逆転するのは何年頃だろうか。また，それは何を意味するだろうか。

ⅴ）1785年，カートライトが（²⁹　　　　　　）を発明

※1793年，アメリカでホイットニーが綿繰り機を発明し，綿花生産量も増大

- 産業革命の結果，イギリスは綿織物などの製品を世界に輸出して，「**世界の工場**」と呼ばれる
  → インドでは手織りの綿織物業がイギリス製品に圧倒され，しだいに綿花（原料）の供給地となる
- 北アメリカの（³⁰　　　　　　）では，**黒人奴隷**をもちいた**綿花プランテーション**が発達

(3) その後のインドの綿業

- 19世紀以降，インドでは経済的・政治的なイギリスの支配が強まり，低開発状態に苦しむ
- 20世紀前半，インド民族運動の指導者（³¹　　　　　　）が**国産品愛用（スワデーシ）**の理念を訴え，インドの伝統的な手紡ぎ車（チャルカ）をシンボルとする

❸ アメリカ大陸からもたらされたモノ　身近な食材がアメリカ大陸由来であることに注目しよう！

(1)「コロンブス交換」…1492年のコロンブスのアメリカ大陸到達以降，ユーラシア・アフリカ世界とアメリカ世界のあいだで，ヒトや，動植物・食物・道具などのモノ，さらに感染症や思想といったさまざまな面で，文物の交流・交換がおこなわれたことをあらわす言葉

(2) アメリカ大陸からもたらされたモノ…アメリカ大陸からもたらされた食物が世界中に普及

- （³²　　　　　　）…16〜18世紀，喫煙の習慣が世界中に普及（17世紀には日本にも伝わる）
  - ⅰ）ヴァージニア・メリーランドなど，北アメリカで（³²）＝プランテーションが発達
  - ⅱ）当初は刻み・噛み・嗅ぎ（³²）などに加工され，キセル・パイプなどが使われる
    → 19世紀後半，紙巻き（³²）（シガレット）が登場し，巨大産業となる → 各国で専売化
    ※1891〜92年，（³³　　　　　　）運動…（³²）利権に関連して，イランでおこなわれた反英民族運動
- （³⁴　　　　　　）…アメリカの古代文明では聖なる食べ物。コロンブスがヨーロッパへもちこみ，家畜の飼料などとしてもちいられる。また，**アフリカでは重要な食料源**となる
- （³⁵　　　　　　）…耐寒性があり栄養価の高いアンデスの作物。16世紀にヨーロッパへ
  - ⅰ）18世紀，**ドイツ**（フリードリヒ2世が栽培を奨励）や東欧，（³⁶　　　　　　）で普及
  - ⅱ）19世紀半ば，（³⁶）で（³⁵）飢饉が発生
- （³⁷　　　　　　）…やせた土地でも栽培できる食物として，ヨーロッパ・東アジアへ
  → 18世紀前半，日本では青木昆陽によって**救荒作物**として導入される
- （³⁸　　　　　　）…16世紀にヨーロッパにもたらされ，18世紀以降に食用となる。とくに**イタリア料理**の食材として普及
- **トウガラシ**…コロンブスによりヨーロッパへもたらされ，辛味食品として注目される → 16世紀，南アジア・東南アジア・東アジアに普及
- （³⁹　　　　　　）…南アメリカ原産。ココア・チョコレートの原料
  - ⅰ）学名は「テオブロマ」＝「神様の食べ物」で，マヤ・アステカでは「王への貢ぎ物」（貨幣としてもちいられたともされる）
  - ⅱ）16世紀にスペインに伝わり，のちヨーロッパ貴族に普及
  - ⅲ）19世紀前半，オランダ人のバンホーテンがカカオからココアをつくる手法を開発 → 需要が急増し，アフリカ植民地で**カカオ＝プランテーション**が発達（英：ガーナ，ベルギー：コンゴ）

■ヨーロッパで流行した**3つの飲み物**　左から，アラブ人・中国人・アステカ人はそれぞれ何を飲んでいるのだろうか。

⑲ モノの歴史①・② 問題演習

問1 18世紀のロンドンのコーヒーハウスについて述べた文として最も適当なものを，次の①〜④のうちから一つ選べ。 <センター試験 世界史B 2006年>

① 参政権を得た女性たちが集い，議論する場となった。

② カルヴァンら思想家が意見を交わし，イギリス世論を形成する場となった。

③ 新聞が備えられ，情報交換の場となった。

④ 農奴解放を求める農民が集まり，ワット＝タイラーの乱に発展した。

問2 嗜好品の歴史について述べた次の文a〜cが，年代の古いものから順に正しく配列されているものを，下の①〜⑥のうちから一つ選べ。 <センター試験 世界史B・追 2015年>

a イギリスで，紅茶を飲む習慣が広まった。

b イランで，タバコ＝ボイコット運動が展開された。

c 中国で，茶の生産が広まった。

① a→b→c ② a→c→b ③ b→a→c

④ b→c→a ⑤ c→a→b ⑥ c→b→a

問3 茶に関する記述として，誤っているものを次のア〜エから一つ選びなさい。

<早稲田大学 文化構想学部 2013年>

ア 18世紀後半，イギリスでは茶の中国(清)からの輸入が増大したが，見返りの輸出商品が乏しく，対中国貿易は大幅な輸入超過となった。

イ 茶には緑茶や紅茶など多くの種類があるが，18世紀後半以降にイギリスで主に消費されたのは紅茶であった。

ウ 1773年の茶法によって，イギリス政府は東インド会社による北アメリカへの茶の輸出を禁止し，本国からの茶の流出を抑えようとした。

エ 19世紀に入ると，イギリス植民地のアッサム地方やセイロン(スリランカ)などに茶のプランテーションが設けられた。

問4 近代ヨーロッパの商業革命・価格革命や，「世界の一体化」・「近代世界システム」について述べた次の1〜4の説明の中から誤っているものを一つ選びなさい。 <早稲田大学 法学部 2016年>

1 ヨーロッパの商業・貿易活動は世界的な広がりをもつようになり，ヨーロッパ貿易の中心は地中海から大西洋に移動した。

2 ラテンアメリカから大量の銀がヨーロッパにもたらされ，銀価格の暴落によってヨーロッパの物価は大幅に上昇した。

3 ポルトガル商人がアカプルコ貿易を開拓することにより，ヨーロッパとアジアが太平洋をとおして結ばれて，「世界の一体化」がいっそう推進された。

4 「近代世界システム」という考え方は，近代ヨーロッパを中心にした資本主義体制の形成を世界的な分業システムの下で，理解しようとするものである。

問5 大航海時代以前に中国で普及していた作物はどれか。 <上智大学 総合人間科学部 2017年>

a トマト b サツマイモ c サトイモ d カボチャ e トウガラシ

問6　次のグラフはブラジルの輸出向け一次産品である綿花とコーヒーの輸出額の変遷を示したものである。そうした一次産品の輸出動向は，国内的な要因だけでなく，国際情勢にも大きな影響を受けることが多かった。グラフ中の①および②について次の問いに答えなさい。　　　　　　　　　　　　　　　　＜大阪大学　2011年＞

（1）　①の輸出額の増加の背景には，アメリカ大陸の綿花生産の中心であった地域でおこった大規模な紛争があった。その紛争の原因となった経済的な利害対立について，次の用語を必ず用いて述べなさい（100字程度）。

奴隷制　　　　　保護貿易　　　　資本主義

（2）　②の輸出額の減少の原因となった北米に端を発する出来事は，欧米諸国の政治・外交にどのような影響を与えたか。次の用語を必ず用いて述べなさい（200字程度）。

善隣外交　　　　ブロック経済　　　　全体主義

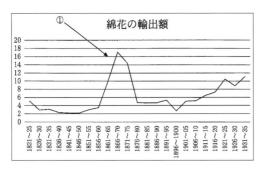

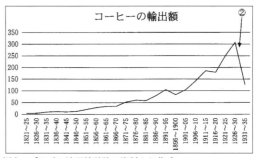

（注）　ブラジル地理統計院の資料より作成。
　　　縦軸は5年間の輸出総額（単位：百万ポンド）。横軸は西暦年。

問7　1985年のプラザ合意後，金融の国際化が著しく進んでいる。1997年のアジア金融危機が示しているように，現在では一国の経済は世界経済の変動と直結している。世界経済の一体化は16，17世紀に大量の銀が世界市場に供給されたことに始まる。19世紀には植民地のネットワークを通じて，銀行制度が世界化し，近代国際金融制度が始まった。19世紀に西欧諸国が金本位制に移行するなかで，東アジアでは依然として銀貨が国際交易の基軸貨幣であった。この東アジア国際交易体制は，1930年代に，中国が最終的に銀貨の流通を禁止するまで続いた。

　　以上を念頭におきながら，16〜18世紀における銀を中心とする世界経済の一体化の流れを概観せよ。解答は，16行（480字）以内とし，下記の8つの語句を必ず1回は用いたうえで，その語句に下線を付せ。なお（　）内の語句は記入しなくてもよい。　　　　　　　　　　　　　　　　　　　　　　　　　　　　＜東京大学　2004年＞

グーツヘルシャフト（農場領主制），一条鞭法，価格革命，綿織物，日本銀，
東インド会社，ポトシ，アントウェルペン（アントワープ）

20-1 東西交流の歴史①──「草原の道」「オアシスの道」

POINT 「草原の道」「オアシスの道」を往来した人々や交易品に注目しよう！また都市名や地方名は必ず地図で確認して，その位置もあわせて覚えよう。

1 「草原の道」

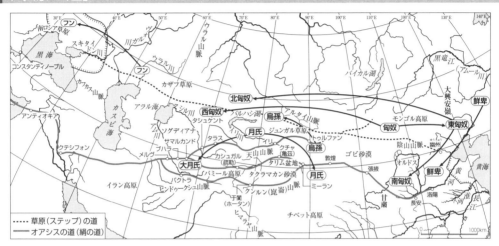

・・・・・ 草原（ステップ）の道
──── オアシスの道（絹の道）

(1)「草原の道」…中央ユーラシアの草原地帯（南ロシア草原～カザフ草原～モンゴル高原）を結ぶ最北のルート。広義の「絹の道」（シルク゠ロード）はこの道と「オアシスの道」をあわせたもの

● スキタイをはじめ，匈奴・突厥・ウイグルなどさまざまな**騎馬遊牧民**が活躍

● 「草原の道」は，ユーラシア大陸の東西を結ぶ交易・文化交流に大きな役割をはたす

(2)「草原の道」を往来した人々

● 前 7 世紀，南ロシアの草原地帯で(¹　　　　　　　　)が活動 → 各地に**騎馬文化**が伝わる

● 前 3 世紀以降，モンゴル高原で(²　　　　　　)が強大化 → 中国の**秦・漢と抗争**

　→前 1 世紀半ばに(　²　)は東西に分裂し，後 1 世紀にはさらに南北に分裂

　→後 2 世紀頃，分裂した北(　²　)が西進〈北(　²　)を**フン人**と同族とする説もある〉

● 4 世紀，「草原の道」の西方で，(³　　　　　　)人がヨーロッパに侵入 ╕
　　　　　　　　　　　　　　　　　　　　　　　　　　　　　　　　　┤ 東西で同時
● 4 世紀，「草原の道」の東方で，**鮮卑**など「(⁴　　　　　　)」が華北へ侵入 ╛ 期の動き！

● 5 世紀，モンゴル高原で(⁵　　　　　　)（モンゴル系）が活動 → **北魏と抗争**

● 6 世紀以降，「草原の道」「オアシスの道」を含むユーラシア東西で**トルコ系**の活動が活発化

　ⅰ) 6 世紀半ば，モンゴル高原～中央アジアで(⁶　　　　　　)（トルコ系）が強大化 → ササン朝と同盟して中央アジアの(⁷　　　　　　　　)を滅ぼす。また，**隋・唐と抗争**

　ⅱ) 8 世紀，(　⁶　)分裂後のモンゴル高原で(⁸　　　　　　)（トルコ系）が強大化

　　→中国の**安史の乱**(755〜763年)に際しては唐の要請で鎮圧に協力するが，のち唐に介入

　ⅲ) 9 世紀の(　⁸　)滅亡以降，(　⁸　)人などトルコ系の人々が**中央アジアへ西進・定住**

　　→中央アジアでトルコ語を話す人々が増加し，のちに「(⁹　　　　　　　　)」（ペルシア語で「トルコ人の地域」）の呼称がうまれる

iv）10世紀以降，中央アジアにおける**トルコ人のイスラーム化**がすすむ

→最初のトルコ系イスラーム王朝の（¹⁰　　　　　　　　）朝下でイスラーム化がさらに進展

● 8 世紀末，「草原の道」の西方では，突厥に圧迫された（¹¹　　　　　　　）人（アルタイ語系）が
ヨーロッパへ侵入し，ビザンツ帝国やスラヴ人を圧迫

→フランク王国の（¹²　　　　　　　　）に撃退され，（　11　）人はのちスラヴ人に同化

● 9 世紀末，（¹³　　　　　　　）人（ウラル語系）が黒海北岸からドナウ川中流域のパンノニア平
原に移り，さらに西方へ進出

→955年，**レヒフェルトの戦い**で東フランク王国の（¹⁴　　　　　　　　　　）に撃退される

→以後（　13　）人はパンノニア平原に定住し，10世紀末に（¹⁵　　　　　　　）王国を建国

●13世紀，モンゴル帝国下で東西の交易ネットワークが拡大し，各国使節などヒトの往来も活発化

ⅰ）モンゴル帝国では駅伝制（ジャムチ）が整えられ，交通路の整備・治安が維持される

ⅱ）13世紀半ば，（¹⁶　　　　　　　）がローマ教皇の使者として，「草原の道」「オアシス
の道」をとおってカラコルムを訪れ，モンゴル帝国第 3 代皇帝グユクに親書をわたす

ⅲ）13世紀半ば，（¹⁷　　　　　　　）がフランス国王（¹⁸　　　　　　　）の使者として，「草原
の道」をとおってカラコルムを訪れ，モンゴル帝国第 4 代皇帝モンケに謁見

2 「オアシスの道」

(1)「**オアシスの道**」…地中海東岸から西アジア・中央アジアをとおって中国にいたる，ユーラシア大
陸の東西をオアシス都市経由で結ぶ最短ルート

●「オアシスの道」をつうじて人々が移動しただけではなく，多くの文物や宗教などが伝播

●交易品として（¹⁹　　　　）・金銀器などが運ばれたことから，19世紀ドイツの地理学者リヒトホー
フェンがこの道を「（　19　）**の道**」（**シルク＝ロード**）と名づける

(2)オアシス都市民の活動

●中央アジアのオアシス都市では，古くから雪解け水や地下水などを利用した農業や手工業生産が
おこなわれ，オアシス都市間を結ぶ（²⁰　　　　　　　）もさかんにおこなわれる

●高温・乾燥の厳しい場所では，（²¹　　　　　　　）と呼ばれる**人工の地下水路**が整備される

●オアシス諸都市はみずから国家をつくることはせず，周辺の大規模国家の支配下にはいる

→草原地帯の遊牧国家もオアシス都市の資源や東西交易の利益を目的に，その支配権を争う

→**オアシス都市民**が，遊牧国家や騎馬遊牧民の保護を得るかわりに交易の利益を提供するなど，
相互補完的な共存関係が結ばれることもあり（例：ソグド人と突厥・ウイグルとの関係）

●（²²　　　　　　　）**人**…中央アジアのソグディアナ地域を原住地とするイラン系民族。古くからラ
クダを使った**中継貿易**をおこなう

ⅰ）「オアシスの道」をつうじた交易ネットワークを形成。また，**ゾロアスター教**や**マニ教**，
（　22　）**文字**を東方に伝えるなど，文化交流にも大きな役割をはたす

ⅱ）突厥やウイグルなどの遊牧国家のもとでは，商業のほかに外交・文化・軍事面でも活躍

(3)「**オアシスの道**」を往来した人々や文物・宗教

●前334～前324年，アレクサンドロス大王の東方遠征 → **ヘレニズム文化が中央アジアへ伝播**

→前 3 世紀半ば，ギリシア系の（²³　　　　　　　）王国が中央アジアのアム川流域に成立

●前 3 世紀以降，モンゴル高原で強大化した匈奴が，「オアシスの道」の諸都市にも勢力を拡大

●前漢の武帝は積極的な対外政策をすすめ，「西域」と呼んだオアシス諸都市へ支配を広げる

ⅰ）前139年，匈奴を挟撃するため（²⁴　　　　　　　）を大月氏に派遣

　　ⅱ）前 2 世紀末，（²⁵　　　　　　）・酒泉・張掖・武威の**河西 4 郡**を設置

●後 1 世紀頃，「オアシスの道」をつうじて（²⁶　　　　　　　）や仏像が中国に伝わる

●1 世紀末，後漢の西域都護（²⁷　　　　　　）が，部下の**甘英**を大秦国（ローマ帝国）へ派遣

　　→甘英はパルティアを経て**条支国（シリア）に到達**するが，大秦国到達は断念して帰国

●4 世紀以降，中国では「オアシスの道」をつうじて伝わっていた仏教が広く普及

　　ⅰ）4 世紀初め，（²⁸　　　　　　　）（クチャ〈亀茲〉の僧）が洛陽（西晋時代）にいたり，布教につと
　　　　めて多くの漢人僧を育成

　　ⅱ）4 世紀末〜 5 世紀初め，（²⁹　　　　　　　）（東晋時代の僧）が仏典を求めて「オアシスの道」をと
　　　　おってインド（グプタ朝・チャンドラグプタ 2 世時代）を訪れる

　　　　→「海の道」を使って帰国し，のち『**仏国記**』を著す

　　ⅲ）5 世紀初め，（³⁰　　　　　　　）（クチャの僧，母はクチャ王の妹）が長安（五胡十六国時代）
　　　　にいたり，布教につとめるとともに仏典の漢訳をおこなう

●5 世紀頃（北魏時代），ゾロアスター教（祆教）が中国に伝わる

●7 世紀頃（唐代），マニ教やネストリウス派キリスト教〈（³¹　　　　　　）〉が中国に伝わる

●7 世紀前半，（³²　　　　　　　）（唐の僧）が仏典を求めて「オアシスの道」をとおってインド（ヴァル
　ダナ朝・ハルシャ王時代）を訪れ，**ナーランダー僧院**で学ぶ

　　→往路と同じく「オアシスの道」をとおって帰国し，のち『**大唐西域記**』を著す

●751年，中央アジアでの**タラス河畔の戦い**（アラブ軍 vs. 唐軍）の際に，唐側の捕虜から（³³
　　　　）**法**が西方へ伝播　※近年，これ以前から伝わっていたとする説もある

●唐代，中央アジア出身のソグド人が，商業のほかに外交・文化・軍事面でも活躍（安史の乱をお
　こした**安禄山**や**史思明**の父も，ソグド人と考えられる〈「安」や「史」はソグド人の姓〉）

　　→イスラーム化がすすんだ後は，（³⁴　　　　　　　　）が東西交易の役割を担う

●モンゴル帝国の時代，東西を結ぶ交易ネットワークが拡大し，ヒトの往来も活発化

　　ⅰ）13世紀後半，ヴェネツィアの商人（³⁵　　　　　　　　　）が「オアシスの道」をとおって元
　　　　代の大都（カンバリク）に到達

　　　　→元につかえたのち「海の道」で帰国。のち『**世界の記述**』（『**東方見聞録**』）を口述筆記

　　ⅱ）13世紀後半，ウイグル人・大都出身の景教の修道士**ラバン = サウマ**がイル = ハン国にいたり，
　　　　同国君主の命を受けてヨーロッパを訪れ，ローマ教皇らに謁見

　　　　→のちの（³⁶　　　　　　　　）の大都派遣のきっかけとなる

●その後も「オアシスの道」「草原の道」での商業活動が展開されるが，16世紀以降は火器の普及など
　騎馬遊牧民の軍事力の低下を背景に，これらのルートの影響力は海上交易にくらべて後退

(4) 近代の「シルク = ロード」の探検家

●19世紀後半以降，帝国主義時代の各国の領土的野心も背景に，「シルク = ロード」探検が活発化

●（³⁷　　　　　　　）（スウェーデン）…19世紀末以降， 4 回にわたって中央アジアを探検

　　→楼蘭遺跡を発見し，ロプノール湖が周期的に移動することなども確認（「さまよえる湖」と表現）

●（³⁸　　　　　　　）（ハンガリー系イギリス人）…インド帝国政府の支援のもと，1900年から 3 回
　にわたって中央アジアを探検し，07年に敦煌千仏洞の古写本を発見

●**大谷光瑞**（日本）…浄土真宗本願寺派22世法主。仏教研究のために1902年から 3 回にわたって中央
　アジアへ探検隊（「大谷探検隊」）を派遣（自身も第 1 回に参加）

(5)「オアシスの道」の主要 3 ルートとおもなオアシス諸都市

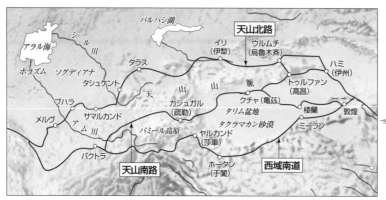

唐代までは西域北道（天山南路）・西域南道がおもなルートだったが、乾燥化によって西域南道の交通機能が低下し、明代以降には天山北路・西域南道（天山南路）が主要ルートとなる

● (³⁹　　　　　)…天山山脈の北側をこえるルート

※ハミ（伊州）→ ウルムチ（烏魯木斉）→ イリ（伊犁）→ タラス → タシュケント → サマルカンド

● (⁴⁰　　　　　)（西域北道）…天山山脈の南側をこえるルート

※敦煌や楼蘭 → ハミ（伊州）→ トゥルファン（高昌）→ クチャ（亀茲）→ カシュガル（疏勒）

● (⁴¹　　　　　)…タクラマカン砂漠の南端をこえるルート

※敦煌 → ミーラン → ホータン（于闐）→ ヤルカンド（莎車）→ バクトラ

(⁴²　　　　　) （現甘粛省）	●漢の武帝が郡を設置。三大石窟寺院の一つである**莫高窟**が有名 ●(　42　)の西に位置する玉門関がシルク＝ロードの起点で、(　42　)以西を中国側は「(⁴³　　　　　)」と呼ぶ
楼蘭 （現新疆ウイグル自治区）	●東トルキスタンのロプノール地方にあった都市で、タリム盆地のなかで中国にもっとも近い要衝として繁栄 ●乾燥化で廃墟になっていたが、20世紀初めに**ヘディン**が発見
トゥルファン （高昌、現新疆ウイグル自治区）	●5〜7世紀半ば、天山山脈の東部のトゥルファン盆地（漢代以来、漢人が植民）を中心に栄える。漢人が支配階級だったが、住民はイラン系の人々。仏教が早くに伝来するなど文化的にも繁栄 ●7世紀に唐に滅ぼされ、のち同地はウイグルの支配下におかれる
(⁴⁴　　　　　) （現新疆ウイグル自治区）	●天山山脈南部に位置し、漢代に(⁴⁵　　　　　)、唐代には**安西都護府**が設置されるなど、中国の**西域経営の中心地** ●仏図澄や鳩摩羅什の出身地
(⁴⁶　　　　　) （現ウズベキスタン）	●**ソグディアナ地方の中心都市**で、東西交易路の要衝として古くからソグド人が商業で活躍 ●アレクサンドロス大王の時代には「**マラカンダ**」と呼ばれ、隋・唐代の中国では「**康国**」と記される ●14世紀、イブン＝バットゥータが来訪 ●**ティムール朝時代には、その首都となる**
(⁴⁷　　　　　) （現ウズベキスタン）	●サマルカンドの西方に位置し、古くからソグド人の商業で栄える ●**サーマーン朝時代にはその首都**。また、**イブン＝シーナー**の出身地

20-2 東西交流の歴史②──「海の道」，ヨーロッパ人の海外進出とその後の展開

POINT
「海の道」を使ってどのような交易が展開されたかを，具体的な交易品に注目して確認しよう！

1 「海の道」

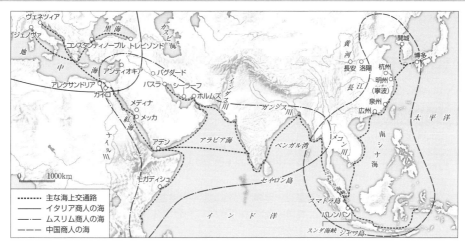

(1)「海の道」…地中海から紅海・アラビア海・インド洋を経て，東南アジア・中国にいたる海上交易ルート

● 陸上よりも大量の荷物を低コストで早く運べることから，紀元前よりインド洋を中心とする(^{1}　　　　　　　)（**モンスーン**）**交易**がおこなわれ，インド商人・ギリシア商人などが活躍

→のちムスリム商人や中国商人の活動で，このルートはさらに発展

● 時代によって異なるが，**ローマの金貨，中国の絹・陶磁器，東南アジアの**(^{2}　　　　　　　)**や香料，南アジアの綿製品，アラビア半島の乳香**などが交易品としてあつかわれる

●「海の道」の発展とともに，マラッカ海峡やインドシナ半島南部などが交通の要衝となる

→これらの地域を中心に，(^{3}　　　　　　　)が建設される

(2)「海の道」の展開①──古代

● 紀元前から，南インドとローマ帝国は「海の道」を通じた交易をおこない，南インドの綿製品やローマの金貨などがあつかわれる

→南インドのチョーラ朝（前3世紀頃〜後4世紀頃，9〜13世紀）や，西北インド〜南インドの（^{4}　　　　　　　）**朝**（前1〜後3世紀）などが，ローマと交易をおこなって繁栄

●『(^{5}　　　　　　　)』…後1世紀後半にエジプト在住のギリシア人船乗りが記した，紅海〜インド洋の地理・物産を紹介する書。季節風を「ヒッパロスの風」と呼ぶ

● ローマ帝国衰退後に南インドと東南アジア・中国との交易の重要性が高まると，マラッカ海峡やインドシナ半島南部が交通の要衝となり，多くの港市国家が成立

ⅰ）後1世紀末，メコン川下流域に（^{6}　　　　　　　）（東南アジア最古の国家ともされる）が成立

※（ $_6$ ）の港市**オケオ**からは，ローマの貨幣やインドの神像などが出土

ⅱ）2世紀末，ベトナム中部にチャム人が，のち（⁷　　　　　　　　）と呼ばれる国を建国
- 166年，「（⁸　　　　　　　）」（ローマ皇帝マルクス＝アウレリウス＝アントニヌスのこととされる）の使者と名乗る者が，後漢時代の**日南郡**に到達
- 4世紀末〜5世紀，インド船のさかんな活動を背景に，（⁹　　　　　　　　）**教・大乗仏教・サンスクリット語**などが，インドから東南アジアへ伝わる（「**インド化**」の動き）
- 5世紀初め，インドで経典を得た（¹⁰　　　　　　　）（東晋時代の僧）が，「海の道」で中国へ帰国
- 7世紀半ば，スマトラ島のパレンバンを中心に（¹¹　　　　　　　　　　）**王国**（〜14世紀）が成立し，「海の道」における海上交易に積極的に参加
  ※7世紀後半，（¹²　　　　　　）（唐の僧）が仏教を学ぶため往復ともに「海の道」でインドを訪れ，その帰途に（　11　）王国の都**パレンバン**に滞在 →『**南海寄帰内法伝**』にその繁栄を記述
- 中国では唐代以降，東南アジア・南インドとの南海交易が発展
  →8世紀初め，唐は広州に海上交易を管理する**市舶司**を設置。また，広州などの港にはペルシア人・アラブ人らの**ムスリム商人**が来航し，外国人居留区として（¹³　　　　　　）が設けられる

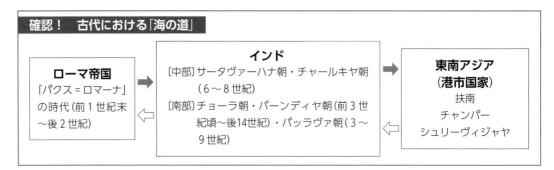

確認！　古代における「海の道」

ローマ帝国	インド	東南アジア
「パクス＝ロマーナ」の時代（前1世紀末〜後2世紀）	〔中部〕サータヴァーハナ朝・チャールキヤ朝（6〜8世紀）〔南部〕チョーラ朝・パーンディヤ朝（前3世紀頃〜後14世紀）・パッラヴァ朝（3〜9世紀）	（港市国家）扶南チャンパーシュリーヴィジャヤ

（3）「海の道」の展開②── 3つの海域の発展

確認！　古代以降の「海の道」の展開　※おもに3つの海域での展開に整理

①南シナ海〜東シナ海…中国商人の海
②インド洋（紅海・ペルシア湾・アラビア海・インド洋・ベンガル湾）…ムスリム商人の海
③地中海…イタリア商人の海

＜①南シナ海〜東シナ海──中国商人の海＞
- 9世紀末，唐末の（¹⁴　　　　　　　）で広州が破壊されると，南海交易が縮小
  →ムスリム商人は拠点を東南アジア・南シナ海に移動
  →宋代に東アジア諸地域間の民間交易が活発化すると，中国商人が（¹⁵　　　　　　　　）船を使って東南アジア・南シナ海へおもむき，西方との交易に直接参加
  ※（　15　）船…遠洋航海用の大型木造帆船。**蛇腹式の縦帆**などが特徴
- 宋代には，中国から（¹⁶　　　　　　）・**銅銭・絹**などが輸出される。また，**東南アジアのコショウ**などの香辛料や，**インドの綿製品**なども重要な交易品
  →さかんに（　16　）が運ばれ，「海の道」は「陶磁の道」とも呼ばれる
  →広州・明州（寧波）・（¹⁷　　　　　）などの港が繁栄し，唐代に広州のみに設置されていた（¹⁸　　　　　）が，宋代には明州・（　17　）にも設置される
  ※（　18　）…海上交易を管理する官庁。専売品の買い上げや関税徴収，出航の許認可などをおこない，国家財政で重要な位置を占める
- 10世紀頃，（¹⁹　　　　　　）・**羅針盤・印刷技術**などが中国から西方へ伝播

●13世紀，モンゴル帝国や元の時代にも東シナ海〜南シナ海の海上交易が引き続き発展し，広州・泉州・(^{20} 　　　　　)などの港が繁栄

　→マルコ＝ポーロは『世界の記述』(『東方見聞録』)のなかで，**広州をカンフー**，**泉州を**(^{21} 　　　　　)，(　20　)**をキンザイ**と記し，とくに(　21　)は「アレクサンドリアの100倍規模の世界最大港の一つ」と紹介

●13世紀後半，元朝の(^{22} 　　　　　)は，交易圏の拡大をめざして陳朝大越国(北ベトナム)・チャンパー(中・南部ベトナム)・パガン朝(ビルマ)・シンガサリ朝(ジャワ島)・日本へ遠征

　→多くは失敗に終わるが，各地の政治・経済・文化に大きな影響を与える

●14世紀半ば，ジャワ島東部を中心とする(^{23} 　　　　　)**王国**(1293〜1520年頃，同地最後のヒンドゥー教国)が，南シナ海〜インド洋の中継貿易で繁栄

●14世紀頃から，ナツメグやクローヴなどの**香辛料の産地**である東南アジアの(^{24} 　　　　　)**諸島**に，ムスリム商人や中国商人が進出

●14世紀，東シナ海では，日本(南北朝時代)の政治的混乱を背景に(^{25} 　　　　　)が活動

　→14世紀後半，明の**洪武帝**は(　25　)を取り締まるため，(^{26} 　　　　　)**政策**をとって私貿易を禁止し，朝貢貿易のみを認める

　　※日本は，永楽帝時代の1404年以降，**明との勘合貿易**を実施(〜16世紀半ば)

●15世紀初め，明の永楽帝が(^{27} 　　　　　)に南海遠征を命じ，各国に朝貢をうながす

　→朝貢貿易が広く実施され，その利益で繁栄する国も登場　※船団の一部はマリンディまで到達

　ⅰ)(^{28} 　　　　　)**王国**…鄭和の南海遠征の拠点となり，以降，マジャパヒト王国にかわって南シナ海〜インド洋の中継貿易で繁栄。15世紀半ばに支配階級がイスラーム教に改宗

　ⅱ)(^{29} 　　　　　)**王国**…明から冊封を受けて，朝貢貿易の交通の要衝として繁栄

<②インド洋──ムスリム商人の海>

●8世紀以降，(^{30} 　　　　　)船をもちいるムスリム商人が，インド洋での交易の主体となる

　※(　30　)船…**三角型の帆**をもつ木造船。釘などの鉄をもちいず，ココヤシなどで建造される

　ⅰ)バスラ・シーラーフ・ホルムズ・カリカットなどを拠点に**南インドの綿製品**，**東南アジアの香辛料**，**中国の陶磁器・絹**，**西アジアのナツメヤシ・馬**，**東アフリカの象牙・金・奴隷**などをあつかう

　ⅱ)アラビア語・ペルシア語が共通の商業語。また，**ディーナール金貨**をおもに使用

　ⅲ)10世紀以降，(^{31} 　　　　　)・モンバサ・ザンジバル・キルワなどアフリカ東岸にも進出し，インド洋交易の西の拠点とする → 同地で(^{32} 　　　　　)**文化**が展開

●10〜11世紀，南インドの(^{33} 　　　　　)朝が最盛期をむかえ，スリランカやシュリーヴィジャヤ王国へ遠征し，中国・北宋にも商人使節を派遣 → 13世紀，パーンディヤ朝に滅ぼされる

●12世紀末，スリランカからミャンマーの(^{34} 　　　　　)**朝**(1044〜1299年)に**上座部仏教**が伝播

　→以後，上座部仏教はタイ・カンボジアなどにも広がる

●13世紀以降，西方から東南アジアにイスラーム教が伝播し，イスラーム化がすすむ

　→15世紀半ばに(^{35} 　　　　　)**王国**の支配階級が改宗すると，イスラーム化の動きが加速

●14世紀，南インド・デカン高原にヒンドゥー王国の(^{36} 　　　　　)**王国**(1336〜1649年)が成立し，インド洋交易を通じて**西アジアから大量の馬**を輸入して，**米・綿布**を輸出

●14世紀，モロッコ出身の(^{37} 　　　　　)が，メッカ巡礼を皮切りに西アジア・中央アジア・インド・中国を旅し，帰国後にはイベリア半島やサハラ以南も訪問

- →その見聞を口述筆記して『**旅行記**』(『**三大陸周遊記**』)にまとめる
- 12〜15世紀，紅海方面では，アイユーブ朝やマムルーク朝の保護を受けた(³⁸　　　　　　)
商人が，地中海とインド洋を結ぶ東西交易で活躍
  - →東南アジア・インド産の**香辛料**や中国産の絹・陶磁器などをアラビア半島の(³⁹　　　　　)
でインド商人から買い付け，**紅海**を経てアレクサンドリアへ運んでイタリア商人に引き渡す

> **確認！　カーリミー商人の交易ルート**
>
> | 中国の絹・陶磁器
東南アジア・インド
の香辛料 | ⇒ | **インド洋** | ⇒ | **紅海
(アデン)** | ⇒ | **ナイル川** | ⇒ | **カイロ
アレクサンドリア** | ⇒ | **地中海** |
>
> **カーリミー商人**　※エジプトの輸出品＝砂糖

＜③地中海──イタリア商人の海＞

- 11〜12世紀，貨幣経済や遠隔地貿易が発達して，都市や商業が成長〈「(⁴⁰　　　　　　)」，
「**商業ルネサンス**」と呼ばれる〉
- 地中海では，(⁴¹　　　　　　　)・ジェノヴァ・ピサなどの港市を拠点とする**イタリア商人**
が，(⁴²　　　　　)をおこなう
  - →アレクサンドリアに商館を設置してカーリミー商人と取引をおこない，**東方から香辛料・絹・
宝石などの奢侈品を輸入**し，**銀**(南ドイツ産)**・毛皮・毛織物**などを輸出

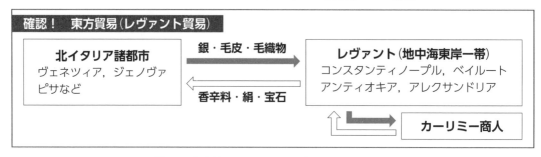

> **確認！　東方貿易（レヴァント貿易）**
>
> | **北イタリア諸都市**
ヴェネツィア，ジェノヴァ
ピサなど | →　銀・毛皮・毛織物
←　香辛料・絹・宝石 | **レヴァント**(地中海東岸一帯)
コンスタンティノープル，ベイルート
アンティオキア，アレクサンドリア |
>
> **カーリミー商人**

- 11〜13世紀，**イスラーム世界の先進的な知識・技術**がヨーロッパにもたらされる
  - →イベリア半島の(⁴³　　　　　)やシチリア島の**パレルモ**を中心に，アラビア語・ギリシア語
の文献がラテン語に翻訳される
- モンゴル帝国の時代，東西を結ぶ交易ネットワークが拡大し，ヒトの往来も活発化
  - ⅰ)マルコ＝ポーロ…ヴェネツィア商人。13世紀，「オアシスの道」で大都へ赴き元朝に仕えたの
ち，「海の道」で帰国 → 帰国後，ジェノヴァとの抗争に巻き込まれて投獄されるが，獄中で
『(⁴⁴　　　　　　)』を口述筆記 → ヨーロッパで反響
  - ⅱ)(⁴⁵　　　　　　　　)…フランチェスコ会修道士。13世紀末，ローマ教皇によって
大都の大司教に任命されて「海の道」で中国へ赴き，**カトリック**を布教

2 ヨーロッパ人の海外進出とその後の展開

(1)ヨーロッパ人の海外進出（大航海時代）とアジア貿易への参入

- 14世紀以降のヨーロッパでは，『世界の記述』などの影響でアジアの富への関心が高まるとともに，
(⁴⁶　　　　　)の改良や快速帆船の普及で遠洋航海が可能になる
  - →ヨーロッパ人がアジアや(⁴⁷　　　　　　)(「**新大陸**」)へ進出(**大航海時代**)

■ヨーロッパ人による航海と探検

凡例:
- ━━ ディアス (1487～88年)
- ‥‥‥ コロンブス第1回 (1492～93年)
- ━ ━ カボット (1497, 98年)
- ━━ ガマ (1497～99年)
- ━‥━ ヴェスプッチ (1499～1500, 1502年)
- ━ ━ カブラル (1500年)
- ‥‥‥ マゼラン (1519～22年) *マゼラン死後の部下の航路を含む。
- ━━ トルデシリャス条約分界線 (1494年)

● 貿易や商業の中心地が大西洋岸に移行する(⁴⁸)によって，東方貿易は衰退

● 15世紀以降，ポルトガルがアフリカ西岸の探検をすすめ，**アジア貿易への直接参入をめざす**

ⅰ) 1488年，(⁴⁹)がアフリカ南端の**喜望峰**に到達

ⅱ) 1498年，(⁵⁰)が**カリカット**に到達し，**インド航路を開拓**

ⅲ) 1500年，(⁵¹)が**ブラジルに漂着**し，同地の領有を宣言

ⅳ) 1509年，(⁵²)の海戦(ポルトガル vs. マムルーク朝〈ヴェネツィア支援〉)に勝利し，15年にホルムズを占領(1622年にサファヴィー朝が奪回)

ⅴ) 1510年にインド西岸の(⁵³)，翌11年には東南アジアの(⁵⁴)を占領

> **(⁵⁴)の変遷**
> 1511年～，ポルトガル領
> 1641年～，オランダ領
> 1824年～，イギリス領

ⅵ) 東アジアでは，1517年に(⁵⁵)に来航し，57年には同地の居住権を獲得。また，50年に日本の**平戸**に来航し，商館を設置

● 国土回復運動(レコンキスタ)を終えたスペインも，ポルトガルに続いて海外へ進出

ⅰ) 1492年，(⁵⁶)の船団が**アメリカ大陸に到達**

　→以後，スペインは**アステカ王国**や**インカ帝国**を滅ぼし，アメリカ大陸を支配下にいれる

ⅱ) 1519年，(⁵⁷)が西まわりでのモルッカ諸島到達をめざし，アメリカ大陸・太平洋を経て21年に**フィリピン諸島**へ到達

　→ (⁵⁷)はフィリピンでの抗争で死亡。その部下が22年に帰還して世界周航を達成

ⅲ) 16世紀後半，スペインはフィリピン経営の拠点として(⁵⁸)を建設

　→ガレオン船による**アカプルコ貿易**で，アメリカ大陸から大量の**銀**がアジアにもたらされる

● 17世紀，オランダはバルト海の中継貿易で繁栄し，東インド会社を設立してアジア貿易にも参入

ⅰ) ジャワ島へ進出し，1619年に(⁵⁹)を建設してアジアの拠点とする

　→23年，モルッカ諸島で(⁶⁰)**事件**をおこし，イギリス勢力を放逐

　→41年，ポルトガルの占領下にあった**マラッカを領有**

ⅱ) 1624年に(⁶¹)南部を占領して**ゼーランディア城**を築くが，61年鄭成功に駆逐される

ⅲ) 日本にも進出して**長崎**を拠点とし，17世紀半ば以降の「鎖国」体制下でもヨーロッパ諸国として唯一貿易を許されて，中国産の生糸や絹を持ち込み，銀や金・銅などを獲得

● アメリカ大陸原産の食物(サツマイモ・トウモロコシなど)がアジアにも伝来・普及

(2)**東南アジア交易の発展**

● 16世紀，東南アジアにヨーロッパ人が進出すると，現地のムスリム諸政権も対抗し商業圏が拡大

ⅰ) マラッカ海峡がポルトガルに占領されると，ムスリム商人は**スンダ海峡**を通るルートを開拓

ⅱ）ポルトガルのマラッカ占領後，スマトラ北部の港市国家（⁶²　　　　　　　）王国（15世紀末〜1903年）が，ポルトガルに反発するムスリム商人を受け入れて香辛料交易の中心地として発展

ⅲ）ジャワ島西部の（⁶³　　　　　　　）王国（1526頃〜1813年）が，コショウ交易で繁栄

ⅳ）ジャワ島中・東部の（⁶⁴　　　　　　　）王国（1580年代末頃〜1755年）が，米の輸出で繁栄

● 大陸部では，ミャンマーのタウングー朝やタイの（⁶⁵　　　　　　　）朝が米や鹿皮の交易で繁栄

⑶ 東アジア（南シナ海〜東シナ海）の展開

● 16世紀，東アジアでも国際商業が発展する一方，明の海禁政策に不満をもつ人々が私貿易や海賊行為をおこなう → （⁶⁶　　　　　　　）と呼ばれ，中国人が主体　※**王直**はそのリーダーの一人

　→ 16世紀後半，明は海禁政策を緩和し，事実上の**自由交易（互市）**を認める

● 海禁政策の緩和後，中国の貿易商人は東南アジア各地に進出して中国人町をつくる

● 17世紀前半，日本の江戸幕府は（⁶⁷　　　　　　　）を東南アジアへ派遣し，**銀・銅・硫黄・刀剣などを輸出して，中国産生糸・絹・香木・砂糖などを輸入**

　→ 日本人も東南アジア各地に居住して（⁶⁸　　　　　　　）を形成。**山田長政**〈駿河出身・アユタヤの（　⁶⁸　）の長〉のように現地政権の高官となった人物もいる

● 17世紀，日中間の銀・生糸の貿易は大きな利益となり，ポルトガル・オランダも中継貿易に参加

　→ 17世紀半ば以降，日本は統治体制を整えるため「（⁶⁹　　　　　　　）」体制をとり，貿易を制限

● 17世紀，中国では明にかわって清が成立 → 1661年，康熙帝が厳しい海禁政策（遷界令）をとる

　→ 東アジアの海上貿易は一時的に停滞

● 1684年，鄭氏を降伏させた康熙帝が遷界令・海禁政策を解除 → 海上貿易が再び発展

● 17世紀以降，清の禁令を犯して東南アジアへ移住する中国人（おもに広東・福建出身）が急増

　→ こうした人々は国際商業で経済力をのばし，（⁷⁰　　　　　　　）と呼ばれる

● 18世紀後半，国際貿易が拡大 → その統制のため，乾隆帝は中国へのヨーロッパ船の来航を（⁷¹　　　　　　　）1港に制限（1757年）→ 以後，（⁷²　　　　　　　）（特権商人組合）が対外貿易を独占

確認！　明・清代の海禁政策

14世紀，**前期倭寇**の活発化　※一方で私貿易は活発

↓

14世紀後半，**海禁政策**＋朝貢貿易　※1404年〜，日本とは**勘合貿易**

↓

16世紀，**後期倭寇**　※北虜南倭の「南倭」
　　　　　　　　　　※一方で国際商業は活発

- 大航海時代以降の銀の生産・流通の増大
- 1526年，日本・石見銀山の採掘開始
- 1571年，スペイン，マニラの建設
　　→アカプルコ貿易を展開

↓

16世紀後半，**海禁政策の緩和**…自由交易（互市）を認める
　→交易の活発化，銀の大量流入 → 一条鞭法の成立
　※ただし，日本は豊臣秀吉の朝鮮出兵で互市から除外

- 対して，江戸幕府は朱印船貿易を展開
- その後，17世紀半ばからは「鎖国」体制（貿易制限）

↓

17世紀後半，清が**海禁政策を強化**（1661年の遷界令，鄭氏台湾への対抗）

↓

1684年，鄭氏を降伏させた清が**遷界令・海禁政策を解除**

20 東西交流の歴史①・② 問題演習

問1 交易について述べた文として誤っているものを，次の①～④のうちから一つ選べ。

〈センター試験 世界史A・追 2016年〉

① ユーラシアのオアシスの道では，中国産の絹が西方へ運ばれた。
② 19世紀の中国では，大量のアヘンがインドから持ち込まれた。
③ マラッカ王国は，清との海上交易で繁栄した。
④ 南北戦争期のアメリカ合衆国では，北部で保護貿易が支持された。

問2 近代以前，東西間の物流は，(1)ユーラシア各地を結ぶ様々な交易ルート，すなわち (2) ，草原の道，海の道によって行われていた。

〈センター試験 世界史A・追・改 2008年〉

（1） 下線部(1)の交易ルートをたどった物や技術について述べた文として最も適当なものを，次の①～④のうちから一つ選べ。
　① 中国で発明された羅針盤が，ヨーロッパに伝わった。
　② 染付と呼ばれる漆器が，中国から各地に輸出された。
　③ 製紙法が，イスラーム世界から中国へ伝わった。
　④ ヨーロッパの香辛料が，東南アジアに輸出された。

（2） 文章中の空欄 (2) に入れる交易ルートの名と，その主なルートを示す次の地図中の線a～cとの組合せとして正しいものを，下の①～⑥のうちから一つ選べ。

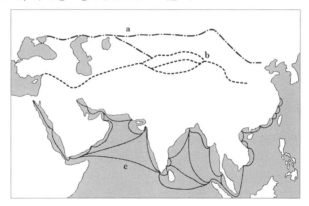

① オアシスの道(絹の道)－a　　② オアシスの道(絹の道)－b　　③ オアシスの道(絹の道)－c
④ 王の道－a　　　　　　　　　⑤ 王の道－b　　　　　　　　⑥ 王の道－c

問3 8世紀以前の東西交流について述べた文として誤っているものを，次の①～④のうちから一つ選べ。

〈センター試験 世界史A・追 2003年〉

① 仏教が初めて中国に伝わったのは，南北朝末期である。
② 大秦国王安敦の使節と称する者が，後漢時代に日南郡を訪れた。
③ 西方から，琵琶やガラス器が中国に伝わった。
④ サータヴァーハナ朝では，ローマや東南アジアとの交易が行われていた。

問4 12～14世紀の東西交流について述べた文として誤っているものを，次の①～④のうちから一つ選べ。

〈センター試験 世界史A・追 2002年〉

① イスラムの天文学が，中国に伝わった。

② 中国の火薬や羅針盤などの技術が，ヨーロッパへ伝わった。

③ プラノ＝カルピニが，モンゴル帝国を訪れた。

④ 徐光啓が，キリスト教に改宗した。

問5　インド洋を介した人間の移動について述べた文として誤っているものを，次の①～④のうちから一つ選べ。
<センター試験　世界史A　2001年>

① レパント海戦に敗れたアイユーブ朝は，インド洋の制海権を失った。

② インド洋の航海は，伝統的に，ダウ船と呼ばれる帆船で行われてきた。

③ イスラム商人は，香辛料などの交易を目的として東南アジアに来航した。

④ いわゆる「海の道」は，イスラム商人の進出以前から開拓されていた。

問6　前近代の社会では，動物や人間も消耗品的なモノの一種として扱われることが少なくなかった。南インドには，この地で繁殖することのむずかしい軍用の動物が，アラビアやイランから海路で継続的に輸入された。この動物の名称(a)と，この交易について13世紀に記録を残したイタリア商人の名(b)を，(a)・(b)の記号を付して記しなさい。
<東京大学　2005年>

問7　南インドを拠点として「海の道」にかかわり，10～11世紀にかけて最盛期を迎え，スリランカや南スマトラにも遠征をおこなった王朝の名をしるせ。
<立教大学　全学部　2016年>

問8　東西の中継貿易に関する説明の中で，誤っているものはどれか。
<早稲田大学　法学部　2010年>

① 草原の道は，南ロシアの草原地帯からモンゴル高原をむすび，さらに中国の長城地帯にいたる交易路で，ここを舞台にいくたの騎馬遊牧民が興亡した。

② 中央アジアのオアシスにアーリヤ人が定住し，灌漑農業を営みながら東西の中継貿易も行い，オアシス都市を築いて繁栄した。

③ 8世紀初めからアラブ人が中央アジアに進出し，タラス河畔でウマイヤ朝と唐が中央アジアの覇権を争い，敗れた唐は西域から後退した。

④ オアシスの道で活躍したソグド人は隊商交易に従事し，そのためソグド語は7世紀以降，中央アジアの商用共通語として使用された。

問9　『エリュトゥラー海案内記』に関連して，誤っている記述はどれか。
<上智大学　総合人間科学部　2017年>

a　エリュトゥラー海は現在の紅海を指す。

b　ローマ帝国が珍重した代表的な産物は胡椒であった。

c　交易の中心であった南インドの代表的な交易品は綿布であった。

d　『エリュトゥラー海案内記』はペルシア人によって著されたとされる。

問10　紀元前後から発達したローマ・インド間の海上交易のあり方とそれがもたらした影響について，次の語句を全て用い，300字以内（句読点等を含む）で述べよ。
<東京学芸大学　2017年>

エリュトゥラー海案内記　　　サータヴァーハナ朝　　　ローマ金貨　　　オケオ

問11　最近注目されている世界史の見方の一つに「海から見た歴史」がある。紀元1000年以降の世界史において，対外貿易を通じて経済的に繁栄した都市を二つあげて，その二つに共通する繁栄の諸要因を説明しなさい（200字程度）。
<大阪大学　2005年>

21 交通・運輸の歴史

POINT 古代より交通・運輸の基本は海洋，すなわち船だった！　また，近代以降は鉄道や飛行機も発達した。こうした歴史の流れを確認しよう！

1 世界史に登場する船

(¹　　　　　　)船
- 古代から長く地中海で活躍した櫂・帆併用船。古代エジプト人やフェニキア人なども使用
- 1571年のレパントの海戦でも主力となるなど，近世までもちいられる

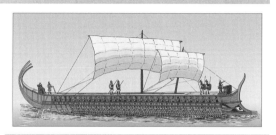

(²　　　　　　)
- 古代ギリシアなどで活躍した軍船
- 上中下3段の漕ぎ手が櫂を使って動かし，敵船に体当たりしてへさきの突起で穴をあける戦法をとる。乗り手はおもに**無産市民**

(³　　　　　　)船
- 紀元前から建造され，とくに中世以降のムスリム商人による**インド洋交易**で活躍
- **三角型の帆**をもつ木造船で，釘などの鉄を用いずにココヤシなどで建造される

(⁴　　　　　　)船
- 10世紀頃から，中国で建造された遠洋航海用の大型木造帆船。**蛇腹式の縦帆**などが特徴
- 宋代以降，中国商人の**南シナ海・東シナ海**交易で活躍

(⁵　　　　　　)船
- 北欧の**ノルマン人**によって建造され，その商業・海賊行為に使用された木造船
- 細長く**喫水も浅い**ため，河川をさかのぼって内陸深く侵入することが可能

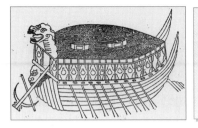

（⁶　　　　）船

- 15世紀，**朝鮮**でつくられた，倭寇に対処する
ために船上を厚板でおおった船
- 16世紀末，豊臣秀吉による壬辰・丁酉の倭乱
に際して，**李舜臣**が改良して活躍

キャラック船

- 15世紀に始まる（⁷　　　　）**時代**に活躍し
た，遠洋航海用のヨーロッパの木造帆船
- 3〜4本のマストをそなえ，ずんぐりとした
船体や船首・船尾の複層式の楼などが特徴
- コロンブスの**サンタマリア号**やマゼランの**ヴ
ィクトリア号**などが有名
- 当時の日本では「**南蛮船**」として知られる

（⁸　　　　）船

- 16〜17世紀，スペインやポルトガルの遠洋航
海に用いられた大型木造帆船
- キャラック船から発展した船形で，小さめの
船首楼や階段状の船尾楼をもち，大砲も装備
して，商船・軍船のいずれにももちいられる
- スペインの（⁹　　　　）貿易で活躍
- ドレークの**ゴールデンハインド号**が有名

クリッパー船

- 19世紀半ばに活躍した**快速帆船**
- 高速を得るための細長い船体や水切りのよい
船首，広い帆面積などが特徴
- イギリスの（¹⁰　　　　）の茶貿易
で活躍し，紅茶運搬船はティー＝クリッパー
と呼ばれ，**カティサーク号**（上）などが有名

（¹¹　　　　）船

- （　¹¹　）を動力にして航行する船
- 1807年，（¹²　　　　）が**クラーモント
号**を開発し，ハドソン川航行に成功
- （　¹¹　）船はまもなく世界中に普及し，19世
紀前半にはサバンナ号が大西洋横断に成功。
その後も改良がすすんで高速化

世界史上で有名な船

メイフラワー号	1620年，ピルグリム＝ファーザーズが北アメリカのプリマスへの航海の際に使用
ビーグル号	イギリス測量船。1831～36年，博物学者ダーウィンが調査航海で乗船
サスケハナ号	アメリカ軍艦。1853年にペリーが日本に来航した際の旗艦（いわゆる「黒船」）
アロー号	イギリス船籍の小型帆船。1856年，アロー号事件（アロー戦争〈第2次アヘン戦争〉のきっかけ）
咸臨丸	● 江戸幕府が購入したオランダ製の木造軍艦 ● 1860年，日本の軍艦としてはじめて太平洋横断に成功（艦長：勝海舟，通訳：ジョン万次郎）
メイン号	アメリカ軍艦。1898年の爆発・沈没事件をきっかけにアメリカ＝スペイン（米西）戦争が勃発
ポチョムキン号	ロシア軍艦。日露戦争中の1905年，黒海上のこの軍艦で水兵の反乱が勃発
タイタニック号	イギリス豪華客船。1912年，処女航海中に沈没
ルシタニア号	イギリス客船。1915年，ドイツの潜水艦によって撃沈され，100人以上のアメリカ人も犠牲となる

2 世界史に登場する運河

(1)中国の「大運河」

● 隋代，(^{13}　　　　　）や続く(^{14}　　　　　）が**大運河**を整備し，江南と華北を結びつける

　i)(13)時代…**広通渠**（大興城〈長安〉～黄河），**山陽瀆**（淮河～長江）

　ii)(14)時代…**通済渠**（黄河～淮河），**永済渠**（黄河～北京），**江南河**（長江～杭州）

● 元の(^{15}　　　　　）の時代には，大運河の補修や「新運河」の開削がおこなわれる

　i)「新運河」…**通恵河**（大都～通州～直沽〈現・天津〉，郭守敬が設計）など

　ii)大都内部にも人工港「**積水潭**」を造営 → 元代には水上輸送が発達

(2)ヨーロッパの「運河時代」

● 19世紀の鉄道普及以前のヨーロッパでは，機械制工業のための原料や製品，(^{16}　　　　　）など
の燃料の運搬，または交通の手段として運河網が整備される

● アムステルダム（オランダ）は，100km以上の運河が環状に張りめぐらされた計画都市

● フランスのミディ運河（17世紀，トゥールーズ～トゥー湖〈地中海に面した湖〉），イギリスのブリッジウォーター運河（18世紀，マンチェスター～ワースリー炭鉱）などが建設される

(3)スエズ運河

● スエズ運河…フランス人技師(^{17}　　　　　）により1869年に完成。**地中海と紅海を結ぶ**
→運河の完成で，海路での地中海～紅海間の往来が可能に（**ヨーロッパとアジアの距離を短縮**）

● 1875年，イギリスが財政難のエジプト政府から**スエズ運河会社の株式を買収**
→イギリスは81～82年の(^{18}　　　　　）**運動**に際して運河地帯を軍事占領し，さらにエジプトを事実上の保護国とする

● 1922年にエジプトは形式上独立するが，イギリスはスエズ運河地帯での軍隊駐屯を継続
→36年に**イギリスはエジプトと同盟条約を結んで，軍隊の駐屯を合法化**（～54年）

● 1956年，エジプトの(^{19}　　　　　）大統領が**スエズ運河の国有化を宣言**
→スエズ戦争〈(^{20}　　　　　）**戦争**，56～57年〉が勃発するが，まもなくイギリスは撤退
→エジプトはスエズ運河の国有化を達成し，その権益を回復

(4)パナマ運河

● パナマ地峡…南北アメリカ間の細長い陸地で，もっともせまい部分。1513年にスペインの探検家
(^{21}　　　　　）がここを横断して，太平洋を確認

- 19世紀，北アメリカの東西を結ぶ交通手段の需要が高まり，パナマ地峡を横断する運河の建設が計画される → 1881年，レセップスが建設に着手するが，難工事のため挫折
  - →（²²　　　　　　　　　　　　）が建設事業を引き継ぎ，1903年にコロンビアからパナマ共和国を独立させて運河条約を結んで，運河の建設権・管理権などを獲得
  - →04年から建設が再開され，14年に開通　※**運河の通行料は（　²²　）がほぼ独占**
- 1960年代以降，パナマは運河地帯の主権返還をアメリカに要求し，ラテンアメリカ諸国も支持
  - →77年に**新運河条約**が成立して管理権のパナマ返還が約束され，99年に**返還が実現**

3 鉄道

(1) 蒸気機関車の発明・実用化

- 1804年，蒸気機関の普及がすすむなか，イギリス人技師（²³　　　　　　　　　）が蒸気機関車を発明
  - →実用化まではいたらず
- 1814年，イギリス人技師（²⁴　　　　　）が蒸気機関車（**ロコモーション号**）を製作
  - →25年，**ストックトン・ダーリントン間**ではじめて客・貨物の牽引に成功し，実用化を達成
  - →30年，（²⁵　　　　・　　　　　　　）間で旅客鉄道の営業を開始（**ロケット号**）
- 1830年，アメリカ合衆国でもボルティモア・オハイオ間で初の鉄道が開業
  - →30年代以降，フランス・ドイツ・ベルギー・イタリア・ロシアなどで鉄道の敷設・開業があいつぐ
  - →40年代，イギリスでは鉄道の敷設がすすみ，「**鉄道狂時代**（railway mania）」とも呼ばれる

■**ロケット号**　1830年にマンチェスター・リヴァプール間を走ったこの蒸気機関車は，イギリス産業革命の象徴となった。

(2) 鉄道の世界的普及

- 1850年代以降，列強の植民地や進出地域（インドやエジプト，オスマン帝国下の中東地域など）で，**資本投下・インフラ整備の中軸**として，鉄道の敷設がすすむ
- 1869年，アメリカで（²⁶　　　　　　　　　）が開通　※サクラメント（カリフォルニア州）・オマハ（ネブラスカ州）間。のち東はシカゴ，西はサンフランシスコまで延伸。また，（　²⁶　）はほかにも複数が開通
- 1872年，日本初の鉄道が**新橋・横浜間**で開業 → 89年，**東海道線**が全線で開通（新橋・神戸間）
- 1879年，ドイツ人技師（²⁷　　　　　　　）が**電気機関車**を発明し，81年に実用化
  - →ロンドンの**地下鉄**（1863年開通）では，90年に蒸気機関車にかわって電気機関車が採用される
  - →世界各地で電気機関車による地下鉄が開業（ブダペスト〈96年〉・ボストン〈98年〉・パリ〈1900年〉・ベルリン〈02年〉・東京〈銀座線，27年〉）
- 1891年，ロシアが（²⁸　　　　　　　　　）建設を開始 → 1905年に一部開通（16年全線開通）

■**大陸横断鉄道の開通式**（1869年）　機関車が両側から来ていることに注目しよう。建設工事は東西からすすめられてユタ州で結ばれた。工事にはアイルランド，中国などさまざまな地域からの移民労働者が従事した。

- 1899年，ドイツが(²⁹   )の敷設権を獲得(3 B政策の一環)
  - →1918年までに3分の2が完成するが，第一次世界大戦で断念(のち各国が継承，1940年完成)
- (³⁰   )戦争(1894～95年)で中国が敗北すると，1890年代後半に列強は鉄道敷設権などの利権獲得をはかる → 1900年代以降，中国で利権回収運動が高まる(鉄道敷設権が焦点)
- 1905年，**ポーツマス条約**で日本はロシアから東清鉄道の一部(長春・旅順間)を獲得
  - →日本は06年に(³¹   )を設立し，以後，中国東北地方へ進出
- 1911年，清が(³²   )を決定 → 民族資本家などが反発し，四川では暴動が発生 → 辛亥革命へ

トマス＝クックと近代的「旅行」業の誕生

　トマス＝クックは近代的な「旅行」業を創始したイギリス人。1851年のロンドン万博や55年のパリ万博への鉄道を利用した団体旅行を企画して好評を得て，71年には世界初の旅行代理店「トマス＝クック＆サン社」を設立した。また，80年代からはエジプト・インドなどイギリス植民地への海外ツアーも開始した。右のポスターを見てみよう。ラクダ，ナイル川クルーズ，遠くに見えるピラミッドなど，オリエンタルムードの旅愁をかきたてるコンテンツが満載である。そのほか，クック社はヨーロッパ全域の鉄道時刻表の出版でも知られた。赤い表紙の時刻表は，かつてはヨーロッパを鉄道旅行するバックパッカーの必需品であった。
　なお，同時代には交通革命を背景に，世界各地でヒトの移動が容易になり，たとえばイスラーム教徒のメッカへの巡礼も，蒸気船の出現でより早く，安全におこなえるようになった。さらに，その影響でメッカの外港ジッダも繁栄することとなった。

4　自動車・飛行船・飛行機

(1) 自動車の発明・実用化
- 19世紀末，第2次産業革命がすすむなか，ドイツで(³³   )やベンツが，ほぼ同時期にガソリンエンジンをもちいた**自動車**を開発　※1926年に(³³)とベンツの会社は合併
- 1903年，アメリカ合衆国で(³⁴   )が自動車会社を設立
  - →13年に**ベルトコンベア**を使った近代的なライン生産方式を導入し，「**T型フォード**」を大量生産
  - →1910年代以降，アメリカでは大衆にも自動車が普及
- 20世紀，アメリカをはじめとして世界中で自動車が普及し，個人単位のヒトの移動や物流が加速
  - →一方，二度の世界大戦によって軍事用としての開発もすすむ
  - ※第一次世界大戦では，イギリスが新兵器として(³⁵   )(タンク)を開発

(2) 飛行船・飛行機の発明・実用化
- 19世紀末にガソリンエンジンが開発されると，それをもちいた飛行船・飛行機の開発もすすむ
  - ⅰ) 1900年，ドイツでツェッペリンが**飛行船**を製作し，実用化に成功
    - →のちに飛行機の開発がすすむと，航空輸送の役割は飛行機が中心となる
  - ⅱ) 1903年，アメリカ合衆国の(³⁶   )**兄弟**が，ガソリンエンジンを搭載した**飛行機**(**ライトフライヤー号**)の初飛行(高度3 m，59秒間)に成功 → 以後各地で開発がすすむ
- 1914～18年の第一次世界大戦では，偵察機・爆撃機・戦闘機などの開発がすすむ
- 第一次世界大戦後には，民間における航空輸送や新規空路の開拓が活発化
  - →1927年，(³⁷   )がスピリット＝オブ＝セントルイス号で，**大西洋横断**(ニューヨーク・パリ間)単独無着陸飛行に成功(約5800km，所用時間33時間30分)
- 第二次世界大戦でも飛行機の開発がすすみ，ジェットエンジンやロケットエンジンが開発される
  - →第二次世界大戦後には，軍用・旅客用としてジェット機が普及・活躍

（**A**）前480年，（38　　　　　　　）の海戦（ペルシア戦争）

→ **勝利** ギリシア連合艦隊（アテネのテミストクレスの計略）vs. **敗北** アケメネス朝ペルシア

（**B**）前31年，（39　　　　　　　）の海戦 ◀ [プレヴェザとほぼ同じ海域]

→ **勝利** オクタウィアヌス vs. **敗北** アントニウス・クレオパトラ連合

（**C**）1509年，（40　　　　　　　）の海戦

→ **勝利** ポルトガル（初代インド総督アルメイダ）vs. **敗北** （41　　　　　　　　）朝

（**D**）1538年，（42　　　　　　　）の海戦 ◀ [アクティウムとほぼ同じ海域]

→ **勝利** オスマン帝国（スレイマン１世）vs. **敗北** スペイン・ヴェネツィア・ローマ教皇連合

（**E**）1571年，（43　　　　　　　）の海戦

→ **勝利** スペイン（フェリペ２世）・ヴェネツィア・ローマ教皇連合 vs. **敗北** オスマン帝国

（**F**）1588年，アルマダの海戦 → **勝利** イギリス〈（44　　　　　　　）指揮〉vs. **敗北** スペイン「無敵艦隊」〈（45　　　　　　　）指揮〉

（**G**）1798年，アブキール湾の海戦

→ **勝利** イギリス〈（46　　　　　　　）提督〉vs. **敗北** フランス・ナポレオン軍

（**H**）1805年，（47　　　　　　　）の海戦

→ **勝利** イギリス（ネルソン提督）vs. **敗北** フランス・ナポレオン軍

（**I**）1827年，（48　　　　　　　）の海戦（ギリシア独立戦争）

→ **勝利** イギリス・フランス・ロシア vs. **敗北** オスマン帝国

（**J**）1840～42年，アヘン戦争

→ **勝利** イギリス（**ネメシス号**など鋼鉄製蒸気戦艦）vs. **敗北** 清（ジャンク船など）

（**K**）1894年，黄海海戦（日清戦争）→ **勝利** 日本 vs. **敗北** 清〈（49　　　　　　）艦隊〉

（**L**）1905年，日本海海戦（日露戦争）

→ **勝利** 日本（連合艦隊：旗艦「**三笠**」）vs. **敗北** ロシア（バルチック艦隊）

（**M**）1916年，ユトランド沖海戦（第一次世界大戦）

→ **勝利** イギリス vs. **敗北** ドイツ → 以後，ドイツは（50　　　　　　）による作戦を展開

（**N**）1942年，（51　　　　　　　）海戦（太平洋戦争）

→ **勝利** アメリカ vs. **敗北** 日本 → 日本は空母「赤城」などを失って連合艦隊が壊滅

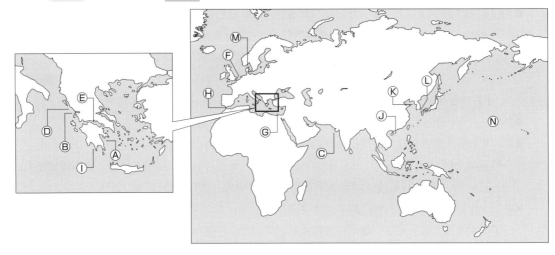

交通・運輸の歴史　問題演習

問1　大航海時代にヨーロッパ諸国が外洋航海に用いた船の図として正しいものを，次の①〜④のうちから一つ
選べ。
<センター試験・世界史・1994年を基に作成>

① 　② 　③ 　④

問2　古代ギリシアで軍船として用いられた船の種類として最も適当なものを，次の①〜④のうちから一つ選べ。
<センター試験　世界史B　2010年>

①　ジャンク船　　②　ダウ船　　③　三段櫂船　　④　亀甲船

問3　東アフリカ海岸部，モルディヴ諸島，インドの地域に関連して，次の文章の空欄　a　に入れる船の種類
と　b　に入れる都市名の組合せとして正しいものを，下の①〜④のうちから一つ選べ。
<センター試験　世界史A・追　2004年>

　古来，アラビア海やインド洋では，季節風を利用して，　a　と呼ばれる三角帆の木造船を駆使するアラブ
商人・インド商人らが活躍してきた。『三大陸周遊記』の著者は，インドの　b　からアラビア半島のザファー
ルまで28日間で渡った，と述べている。
①　a－ジャンク(ジャンク船)　　b－カリカット
②　a－ダウ(ダウ船)　　　　　　b－アデン
③　a－ジャンク(ジャンク船)　　b－アデン
④　a－ダウ(ダウ船)　　　　　　b－カリカット

問4　世界史上の海戦について述べた文として正しいものを，次の①〜④のうちから一つ選べ。
<センター試験　世界史B　2017年>

①　アクティウムの海戦で，アントニウスが勝利した。
②　トラファルガーの海戦で，イギリス艦隊が敗北した。
③　プレヴェザの海戦で，オスマン帝国が勝利した。
④　ミッドウェー海戦で，アメリカ艦隊が敗北した。

問5　中国の大運河に関して，誤った記述はどれか。　　　　　　　　<早稲田大学　法学部　2012年>
①　大運河は隋の文帝が大興城(長安)と黄河を結ぶ運河を開いたことに始まり，煬帝のとき江南の杭州から涿
郡(北京)に至る運河として完成した。
②　大運河に沿い水陸交通の要衝にある揚州に，唐代に最初の市舶司が置かれた。
③　政治の中心地華北と経済の中心地江南を結ぶ大動脈として，隋以後の王朝においても大いに活用されてい
た。
④　元では隋代の運河を改修し，新運河を開掘して補強し，さらに沿岸沿いに長江下流域から大都方面に至る
海上輸送路も併用した。

問6　近世から19世紀までに人類は，産業革命とならんで，海上や陸上の交通手段の飛躍的な発展を体験した。その発展は，人や物の大規模な移動をひき起し，世界各地の人びとの暮らしに大きな影響を与えた。しかし交通手段の発展は，その支配をめぐって国際紛争をひきおこす原因ともなった。そこで以下の設問（1）～（10）に答えよ。

＜東京大学　2003年＞

（1）　近代以前にあっては航海術の水準は，ヨーロッパもアジアもさほどの違いはなかった。すでに15世紀の明代中国は，インド洋を越えてアフリカ東海岸まで進出するほどの航海術や造船技術を持っていた。その時代に大艦隊を率いて大遠征をおこなった中国の人物の名を記せ。

（2）　モンゴル帝国では，首都から発する幹線道路沿いに約10里間隔で駅が設けられ，駅周辺の住民に対して，往来する官吏や使臣への馬や食料の供給が義務づけられていた。この制度によって帝国内の交通は盛んになり，東西文化の交流も促された。この制度の名称を記せ。

（3）　1498年に喜望峰を回航したバスコ・ダ・ガマ船団を迎えたのは，マリンディ，モンバサなど，東アフリカの繁栄する商港群であった。それらはインド洋・アラビア海・紅海にまたがって広がるムスリム商人の海上貿易網の西の末端をなしていた。これらムスリム商人が使っていた帆船の名を記せ。

（4）　18～19世紀は「運河時代」と呼ばれるように，西ヨーロッパ各地で多くの運河が開削され，19世紀の鉄道時代の開幕まで産業の基礎をなした。ブリッジウォーター運河が，最初の近代的な運河である。それは，イギリス産業革命を代表するある都市へ石炭を運搬するために開削された。その都市の名称を記せ。

（5）　1807年に，北米のハドソン川の定期商船として，世界で初めて商業用旅客輸送汽船が建造された。これを建造した人物の名を記せ。また1819年に，補助的ではあったが蒸気機関を用いてはじめて大西洋横断に成功した船舶の名称を記せ。

（6）　1869年に開通した大陸横断鉄道を正しく示しているのは，図の(a)～(e)のどれか。1つを選び，その記号を記せ。

（7）　1883年10月4日にパリを始発駅として運行を開始したオリエント急行は，ヨーロッパ最初の国際列車であり，近代のツーリズムの幕開けを告げた。他方で，終着駅のある国にとっては，その開通はきびしい外圧に苦しむ旧体制が採用した欧化政策の一環であった。オリエント急行の運行開始時のこの国の元首の名と，終着駅のある都市の名を記せ。

（8）　アジア地域における大量交通手段は，欧米から技術と資本を導入して建設されることになり，そのためしばしば欧米列強の内政干渉の口実と，経済支配の手段にもなった。欧米列強が清朝末期に獲得した交通手段に関係する権利を一つ，その名称を記せ。

（9）　1891年に始まったシベリア鉄道の建設は，日露戦争のさなかの1905年に終った。このシベリア鉄道の起点をウラルのチェリャビンスクとすると，終点のある都市はどこか。その名称を記せ。

（10）　ロンドンの地下鉄は1863年に開通したが，蒸気機関を使っていたためにその経路は地表すれすれの浅い路線に限られていた。1890年に画期的な新技術が採用され，テムズ川の川底を横切る新路線が開通した。ひきつづき同じ技術を用いてパリに1900年，ベルリンに1902年，ニューヨークに1904年にそれぞれ地下鉄が設けられた。その画期的な新技術とは何か。その名称を記せ。

22 中国文化史

POINT 文化はその時代の社会情勢と無関係ではない。ジャンルごとに，政治や経済の動きとの関連に注意して確認しよう！

1 儒学　時代によって儒学内の主流学派が変遷することや，科挙との関連に注目しよう！

時代	各時代の儒学の動き
春秋	●([1]　　　　)…儒学の祖。周代を理想として「**仁**」をとなえ，徳治主義を主張 →死後，弟子が(　1　)の言行を『**論語**』に編集
戦国	●([2]　　　　)…**性善説**をとなえ，王道政治を説く。『孟子』はその言行録 →王朝交替を([3]　　　　　　)として理論化 ●([4]　　　　)…**性悪説**をとなえる
前漢・後漢	●前漢の武帝が，社会秩序の安定を目的に**儒学を官学化**　※([5]　　　　　　)の提案による →儒学の経典として「([6]　　　　　)」を定め，それを教える**五経博士**も設置 ※「(　6　)」…『**易経**』(中国古代の占いの書)，『**書経**』(古代の帝王の記録)，『**詩経**』(周の儀式の歌，華北の民謡)，『**春秋**』(魯国の年代記)，『**礼記**』(中国古代の礼の解説書) ●([7]　　　　　)…後漢の**鄭玄**や**馬融**らによって発展した，経典の字句解釈を重んじる儒学の学問　※儒学の官学化の一方，「五経」が難解だったことが発展の背景
魏晋南北朝	●老荘思想や仏教が主流となり，儒学は衰退
隋・唐	●隋が，儒学の試験で広く人材を集める([8]　　　　　)を創始 ●唐代，南北朝時代に分化していた経典の解釈を統一するため，太宗(李世民)の命令で([9]　　　　　)らが『**五経正義**』を編纂 →一方，経典の解釈は固定化されて，訓詁学による儒学は停滞
宋	●宋(北宋)が，官吏登用法の中心として科挙を整備(皇帝が直接試験する**殿試**を開始) →儒学の教養を身に付けた([10]　　　　　　)**層**が，政治・文化の担い手 ●**宋学**(**朱子学**)…宋代に従来の訓詁学による儒学への批判から生まれた新儒学 ⅰ)北宋の([11]　　　　　　)(著書『太極図説』)や程顥・程頤らが基礎を築く ⅱ)南宋の([12]　　　　　)が理気二元論に基づく「**性即理**」を説いて，宋学を大成 →(　12　)は「五経」よりも「([13]　　　　　)」を重視 ※「(　13　)」…『**大学**』(『礼記』の一編)，『**中庸**』(『礼記』の一編)，『**論語**』，『**孟子**』 ●一方，南宋の([14]　　　　　　)は朱熹を批判し，「**心即理**」を説く(陽明学の源流)
元	●元は武人や実務官僚を重視し，科挙をおこなった回数も少数→士大夫層は活躍できず
明	●明は**朱子学を官学**とし，科挙を整備 →経典解釈の基準として『([15]　　　　　　　)』『**五経大全**』などを編纂

明	● (^{16})…明代，(^{17})が「心即理」説を主張して朱子学を批判し，致良知や知行合一を説いて確立した儒学の一学説 ※明後期には，(16)急進派の**李贄**（**李卓吾**）が，過激な言説で投獄される
清	● (^{18})…清代に発展した，古典史料を実証的に研究する儒学の学問 　ⅰ）明末清初の混乱や理論重視の朱子学・陽明学への批判を背景に，(^{19})（著書『明夷待訪録』）や顧炎武（著書『日知録』）らが基礎を築く 　ⅱ）清代中期，(^{20})（著書『二十二史考異』）や**戴震**，**段玉裁**らが大成 ● 清末，『春秋』の注釈の一つ「(^{21})伝」を重視する（ 21 ）**学派**の(^{22})や，彼に学んだ**梁啓超**が，政治改革（変法）をめざす → 失敗 ● 1905年，清は**光緒新政**のなかで**科挙を廃止**

2 宗教　各宗教と王朝との関連に注目しよう！

時代	仏教	道教	その他
春秋・戦国		● (^{23})・**荘子**を祖とする道家が活動	
後漢	● 後1世紀頃，西域から仏教が伝来 → 民間には普及せず	● 後漢末，**張角**が(^{24})を創始（河北・山東） → 黄巾の乱の主力となる ● 後漢末，**張陵**が**五斗米道**（**天師道**）を創始（四川）	
魏晋南北朝	● 4世紀後半以降，西域との交流が活発化し，仏教が普及 　ⅰ）西域から**仏図澄・鳩摩羅什**らが華北を訪れて布教 　ⅱ）華北に多くの石窟寺院が造営される　※**莫高窟**（敦煌）・(^{25})（平城）・**竜門**（洛陽）など ● 東晋の慧遠が(^{26})を創始 ● 東晋時代の**法顕**がインドを訪れ，のち『仏国記』を著す	● 魏・晋代，老荘思想に基づく哲学的論議の(^{27})が流行 ※「**竹林の七賢**」（阮籍・嵇康ら）が有名 ● 仏教の普及に刺激されて，民間信仰・神仙思想に道家の説があわさって**道教が成立** → 北魏の(^{28})が**新天師道**をおこし，太武帝から信任を得る	「三武一宗の法難」… 4人の皇帝による仏教排斥事件の総称。太武帝（北魏，446年）・**武帝**（北周，574年）・**武宗**（唐，845年）・**世宗**（後周，955年）
唐	● 玄奘がインドを訪れ，のち『大唐西域記』を著す ● 義浄がインドを訪れ，のち『南海寄帰内法伝』を著す ● 仏教が隆盛し，浄土宗・禅宗が普及	● 唐帝室が道教を保護 唐の帝室の姓＝李，老子の姓も李だったことが背景の一つ	● **祆教**〈(^{29})〉や**景教**（ネストリウス派），**マニ教**が伝播（唐代三夷教） ● イスラーム教も伝わる

宋	●士大夫層が(30　　　　　　)を，庶民が**浄土宗**を支持して，それぞれ発展 ●南宋時代の初め，民間の宗教結社(31　　　　　　)が成立	●金では，**王重陽**が儒・仏・道3教の調和をとなえる(32　　　　　　)を創始 ●旧来の道教は**正一教**と呼ばれ，江南地方を中心に展開	
元	●元朝が(33　　　　　　)を保護 ●元末，弥勒下生信仰と白蓮教が結びつく→紅巾の乱勃発		●モンテ＝コルヴィノが大都を訪れ，**カトリックの布教を開始**
明・清	●14世紀末〜15世紀初め，チベットで(34　　　　　　)がチベット仏教を改革 ●明・清代には，国家の統制下で仏教の活動は停滞 ●清代の18世紀末，白蓮教徒の反乱が発生	●明・清代，仏教と同じく道教も国家の統制下で停滞	●明後期以降，(35　　　　　　)宣教師がカトリックを布教 ●清代，**典礼問題**でキリスト教布教が禁止される→1860年，北京条約で布教が許可される

3 中国文化史における東西交流　それぞれ人物の事績と時代との関連に注目しよう！

(1)インドを訪れた中国僧

名前	時代	インドの状況	経路	著書
(36　　　)	東晋	●**グプタ朝**，チャンドラグプタ2世時代 ※ナーランダー僧院創設以前	往路：陸 復路：海	『(37　　　　　)』
(38　　　)	唐	●**ヴァルダナ朝**，ハルシャ王時代 ●ナーランダー僧院で学ぶ	往復：陸	『(39　　　　　　　)』
(40　　　)	唐	●ヴァルダナ朝滅亡後の分裂時代 ●ナーランダー僧院で学ぶ ※往復路の途中，シュリーヴィジャヤの**パレンバン**に滞在	往復：海	『(41　　　　　　　　)』

(2)モンゴル帝国・元の時代にユーラシア大陸を往来した人々

名前	詳細・事績など
(42　　　　　　　)	●フランチェスコ会修道士 ●1245〜47年，ローマ教皇の命(目的：偵察と布教)でカラコルムを訪れ，モンゴル帝国第3代皇帝グユクに親書を渡して帰国
(43　　　　　)	●フランチェスコ会修道士 ●1254年，フランス王**ルイ9世**の命でカラコルムを訪れ，第4代皇帝モンケに謁見して帰国

ラバン＝サウマ	●大都生まれの景教（ネストリウス派）の司祭 ●13世紀後半，イル＝ハン国の使節としてヨーロッパを訪れ，ローマ教皇に謁見 → （ 44 ）派遣のきっかけとなる
（44　　　　　　　　　　）	●フランチェスコ会修道士 ●13世紀末，教皇の命で大都へ派遣され，**大都の大司教**に任じられて本格的に**カトリックを布教**。30年以上活動し，同地で死去
（45　　　　　　　　　　）	●**ヴェネツィアの商人**。13世紀後半，父・叔父とともに陸路で中央アジアを経由して大都へおもむき，以後元朝につかえる ●13世紀末，泉州を出発して海路でホルムズ海峡にいたり，陸路でイル＝ハン国を経由して，ヴェネツィアへ帰国 ●帰国後，『（46　　　　　　　　　　）』を口述筆記
イブン＝バットゥータ	●モロッコ生まれの旅行家・知識人。14世紀半ばに大都を訪れる ●のち『**旅行記**』（『**三大陸周遊記**』）を口述筆記

(3)明・清代のイエズス会宣教師

名前 ※（ ）は中国名	中国滞在期間	出身	事績
（47　　　　　　　　　） （利瑪竇）	明代 （1583〜1610年）	伊	●「（48　　　　　　　　　　　）」…中国最初の世界地図 ●『**幾何原本**』…エウクレイデスの『幾何学原本』の漢訳。**徐光啓**が協力
（49　　　　　　　　　） （湯若望）	明末清初 （1622〜66年）	独	●『**崇禎暦書**』…明末の暦法書。**徐光啓**が指導し，（ 49 ）が完成 　→清代に「時憲暦」として施行 ●明代に暦法の改修や大砲製造にあたり，清代には天文台の長官をつとめる
フェルビースト（南懐仁）	清代 （1659〜88年）	ベルギー	●天文台の副長官として（ 49 ）を補佐 ●「坤輿全図」…リッチの「坤輿万国全図」を発展させた世界地図 ●大砲を製造 → 三藩の乱鎮圧に貢献
ブーヴェ（白進）	清代 （1688〜1730年）	仏	●ルイ14世の命で派遣 ●康熙帝の側近となり，『康熙帝伝』を著す ●康熙帝の命で，実測の全国地図「（50　　　　　　　）」作製に尽力
レジス（雷孝思）	清代 （1698〜1738年）	仏	●ブーヴェとともに，「（ 50 ）」作製に尽力
（51　　　　　　　　　） （郎世寧）	清代 （1715〜66年）	伊	●康熙帝・雍正帝・乾隆帝に宮廷画家としてつかえ，**西洋画法**を中国に伝える ●離宮（52　　　　　　　）の設計に参加

時代	作品名・作者・詳細など
春秋・戦国	●『**詩経**』…周の儀式の歌や華北の民謡を，戦国時代に儒家が編集したもの →のち漢代に「五経」の一つとなる
漢	●『**楚辞**』…戦国時代の屈原の詩や長江流域の民謡などを，漢代に編集 ●『**説文解字**』…後漢の許慎が編纂した，中国最古の字書
魏晋 南北朝	●(⁵³　　　　　　　　)…東晋の田園詩人。「**帰去来辞**」「**桃花源記**」 ●謝霊運…南朝・宋の詩人。『山居賦』 ●南朝では，(⁵⁴　　　　　　　　)(4字・6字の対句と韻を用いた華麗な文体)が流行し，『文選』にその名作がおさめられる ●『**文選**』…南朝・梁の**昭明太子**が編集。周～梁代の800余りの詩文をおさめた詩文集
唐	●唐代，科挙で詩作が重視されたことを背景に，詩が発達 　ⅰ)最盛期(8世紀初め～半ば，盛唐とも呼ばれる)…(⁵⁵　　　　)(**詩仙**)，(⁵⁶　　　　)(**詩聖**)「春望」，**王維**(詩仏)らが活躍 　ⅱ)唐後期…**白居易**(白楽天)「長恨歌」(玄宗と楊貴妃の悲恋をうたう) ●唐代，従来の四六駢儷体を批判して，古文の復興をめざす運動がすすむ 　　**唐宋八大家**　唐代：(⁵⁷　　　　)・柳宗元 　　　　　　　　　宋代：(⁵⁸　　　　)・蘇洵・(⁵⁹　　　　)・蘇轍・曾鞏・ 　　　　　　　　　王安石
宋	●宋代，都市や商業の繁栄を背景に，小説・**雑劇**(歌や台詞をともなう歌劇)や楽曲にあわせてうたう歌詞(**宋詞**)がさかんになる
元	●宋代の雑劇は華北で流行して**北曲**と呼ばれ，元代に(⁶⁰　　　　)として完成 　ⅰ)『(⁶¹　　　　　　　)』…王実甫作。封建道徳に対する男女の恋愛を描く 　ⅱ)『**漢宮秋**』…馬致遠作。漢代に匈奴にとつがされた王昭君の悲劇を描く ●雑劇は南方でも流行して**南曲**と呼ばれ，元代には『**琵琶記**』(高則誠作，出世した夫と故郷に残された妻の苦労を描く)などの傑作がつくられる ●小説『水滸伝』『西遊記』『三国志演義』の原型が成立 → 明代に完成
明	●木版印刷による書物の出版が急増し，小説が多くの読者を獲得 　ⅰ)『**三国志演義**』…三国時代の英雄豪傑の活躍を描く。元代の原型をもとに，羅貫中が加筆して元末～明初に完成 　ⅱ)『**水滸伝**』…北宋末の義賊の活躍を描く。元代の原型をもとに，元末～明初に施耐庵・羅貫中が一つの小説にまとめる 　ⅲ)『(⁶²　　　　　　　)』…唐僧・玄奘のインド訪問を題材に，孫悟空らの活躍を描く妖怪変化の物語。16世紀後半に呉承恩が完成させる 　ⅳ)『**金瓶梅**』…明末の新興商人層の欲望に満ちた生活を描く。作者不明 ●講談や劇もさかんで，戯曲『**牡丹亭還魂記**』などがつくられる

清	●明代に引き続き，小説が庶民に流行 　ⅰ）『(⁶³　　　　　　)』…曹雪芹作。満州貴族の家庭生活や栄枯盛衰を描く 　ⅱ）『**儒林外史**』…呉敬梓作。官僚の腐敗を描く。儒林は科挙を受験する読書人層のこと 　ⅲ）『**聊斎志異**』…蒲松齢作。妖怪の世界と人間の交錯を描く短編小説集 ●戯曲では，『**長生殿伝奇**』(唐の玄宗と楊貴妃の悲恋を描く)がつくられる

5 歴史学　それぞれの歴史書の叙述スタイルが紀伝体か編年体かに注目しよう！

時代	書名・著者・詳細など
春秋・戦国	●『**春秋**』…孔子が編集したとされる魯国の年代記(**編年体**)
漢	●『**史記**』…前漢の(⁶⁴　　　　　)が編纂した中国最初の通史。黄帝から前漢・武帝までを**紀伝体**で記す → 以後，**紀伝体が歴代の正史叙述のスタイルとなる** 　※紀伝体…**本紀**(皇帝の年代記)・**列伝**(重要人物の伝記)を中心に記述する歴史書の形式。表(年表)・志(諸制度)などが付属 ●『**漢書**』…後漢の(⁶⁵　　　　　)が編纂した前漢一代の歴史書。(　⁶⁵　)が獄死した後，妹の班昭が完成させる
魏晋 南北朝	●『三国志』…西晋の陳寿が編纂した魏・呉・蜀三国の歴史書。「魏書・東夷伝・倭人の条」(通称『魏志』倭人伝)に**邪馬台国に関する記述**あり ●『後漢書』…南朝・宋代に編纂。「東夷伝」に**倭の奴国への金印授与の記述**あり ●『宋書』…南朝・斉代に編纂。「倭国伝」に**倭の五王の記述**あり
唐	●唐代以降，皇帝の命で前王朝の歴史書が編纂されるようになる　※従来は個人編纂
宋	●北宋の欧陽脩が『新唐書』『新五代史』を編纂 ●北宋の(⁶⁶　　　　　)が，大義名分論に基づいて戦国時代〜五代末までの歴史を編年体でまとめた『**資治通鑑**』を著す 　※南宋の朱熹は『資治通鑑』を綱(大要)と目(詳注)に分類した『資治通鑑綱目』を著す
元	●『元朝秘史』…13〜14世紀頃に成立した，チンギス＝ハンを中心にその祖先からオゴタイまでの伝説や歴史をまとめたモンゴル語の書物。作者不明 ●『(⁶⁷　　　　　)』…イル＝ハン国宰相**ラシード＝アッディーン**が編纂した，ユーラシア全般の歴史書。ペルシア語でモンゴル史・中国史・ヨーロッパ史などを叙述(初の「世界史」とも称される)
清	●乾隆帝の時代，各時代の代表的な歴史書が正史として選定される(「二十四史」)

6 編纂事業　編纂事業を命じた皇帝との関連を確認しよう！

時代	編纂物やその詳細
明	●『(⁶⁸　　　　　)』…**永楽帝**の命で編纂された，古今の膨大な文献を事項別に分類・編集した類書(百科事典) ●永楽帝の時代に，科挙の基準として『**四書大全**』『**五経大全**』などが編纂され，朱子学の学説が集大成される

清	●清朝は，支配下の漢人に対する融和策として，大規模な編纂事業を実施
	ⅰ）『(⁶⁹)』…**康熙帝**が編纂させた字書。約4万7000字を部首・画数などで分類・配列
	ⅱ）『**古今図書集成**』…康熙帝が編纂させ，雍正帝時代に完成した中国最大の類書
	ⅲ）『(⁷⁰)』…**乾隆帝**が編纂させた中国最大の叢書。当時の書物を網羅的に収集し，経(儒教)・史(歴史・法制・地理など)・子(思想・科学技術など)・集(文学)の4部に分類・編修
	ⅳ）『**五体清文鑑**』…乾隆帝の命で編纂された，満州・漢・蒙(モンゴル)・蔵(チベット)・回(ウイグル)の各語を対照させた辞典

7 美術　院体画と文人画それぞれの特徴を確認しよう！

時代	作品名・作者・詳細など
魏晋南北朝	●東晋の(⁷¹)が肖像画や故事人物画にすぐれ，後世に「**画聖**」と呼ばれる。「女史箴図」がその作として有名
唐	●唐初，仏画・人物画にひいでた閻立本が活躍。「歴代帝王図巻」 ●唐中期，色彩豊かな山水画を描いた李思訓や，人物・鬼神・山水などさまざまな画題を描いた(⁷²)，個性的な山水画を描いた王維らが活躍
宋	●宋代，宮廷画家を中心とする写実的な(⁷³)とならんで，絵画の専門家ではない士大夫層による自由な(⁷⁴)がさかんになる 　ⅰ）(73)…宮廷の絵画制作機関である**翰林図画院(画院)**に属する画家が中心。写実的な画風で，伝統的手法・装飾性などを重視 　　※のち明代の董其昌は，(73)を南宗画に対する北宗画として批判 　ⅱ）(74)…**士大夫層**など非職業画家が中心。当初明確な様式はなかったが，のち元代に山水全体をやわらかく描く様式が確立

<院体画の流れ>	<文人画の流れ>
●(⁷⁵)…北宋の皇帝，「風流天子」とも呼ばれる。「**桃鳩図**」 ●南宋では，夏珪や馬遠が代表的な画家 ■「桃鳩図」	●**蘇軾**…北宋の政治家。文人・詩人・書家としても有名。「**墨竹図**」 ●米芾…北宋末の文人。新画風を創始 ●牧谿…宋末元初の画僧。江南で活動し，日本の水墨画に影響を与える ■「墨竹図」

元	●元代には画院がおかれず，院体画は衰退	●「元の四大家」と呼ばれる黄公望・倪瓚・呉鎮・王蒙が出て，山水全体をやわらかく描く様式が確立

明	●明は画院を実質上復興し，明代前半には多くの宮廷画家や職業画家が活躍 ●職業画家の仇英が，伝統的画風を研究して，独自の画風をつくりだす	●明代中期以降，文人画が隆盛 ●(⁷⁶　　　　　　　)…明代を代表する，明末の文人・画家 　→文人画を高く評価し，文人画を南宗画，画院など職業画家による院体画を北宗画と区分して，北宗画を批判

> (　76　)による区分は後世に影響を与えたが，現在では批判・見直されている

清	●董其昌の流れをくむ画家や，独自の画風を求める画家など，さまざまな人々が活躍 ●清の康熙帝〜乾隆帝時代には画院も栄え，南宗画の技法やイエズス会宣教師の**カスティリオーネ**がもたらした西洋画法なども取り入れられる

8 陶磁器 　時代ごとに主流となる陶磁器の特徴を確認しよう！

時代	名称・詳細など
唐	●(⁷⁷　　　　　　)…**白・緑・黄**を基調とする人物・動物・器物などの陶器で，おもに埋葬用につくられる。唐以後，東アジアに広がる
宋	●**景徳鎮**(江西省)が窯業で発展・繁栄 ●(⁷⁸　　　　　　)・**白磁**の技術が発達し，さかんに生産される
元	●西方のイスラーム世界から**コバルト顔料**がもたらされ，コバルト顔料を下地とする(⁷⁹　　　　　　)(青花)が景徳鎮で完成される ●(　79　)は海外にも輸出され，東アジアやヨーロッパにも影響を与える
明	●いったん焼き上げた白磁の上に，赤を基調として黄・緑・青・黒などの多色で文様を描いて焼きつける(⁸⁰　　　　　　)(**五彩**)の技術が確立 　→15世紀以降，染付の生産を上まわり，東アジア・ヨーロッパなど各地へ輸出される

9 文字・書 　書家ごとの書風の特徴を確認しよう！

時代	人物名・作品・詳細など
殷・周	●古代，**亀甲**や**獣骨**に**甲骨文字**を刻む ●殷・周代，**青銅器**に文字をほどこす(**金文**〈金石文〉と呼ばれる)
秦	●前3世紀前半，秦の(⁸¹　　　　　　)は，春秋時代末期に成立していた漢字(大篆)を簡略化させた**小篆**をつくらせて，文字の統一をはかる
漢	●前漢時代，木簡・竹簡の普及を背景に，字画を整理した隷書がつくられる ●後漢〜魏晋南北朝時代にかけて，隷書を簡略化した楷書・行書・草書がつくられる
魏晋 南北朝	●東晋の(⁸²　　　　　　)が「蘭亭序」などを記す 　→典雅な書風から「**書聖**」と呼ばれ，後世に大きな影響を与える 　※唐の太宗が(　82　)の書を愛好し，その書を副葬させたことでも知られる
唐	●唐初，欧陽詢・褚遂良・虞世南ら(「初唐の三大家」)が出て，王羲之の書を受け継いで楷書の典型をつくりだす ●唐中期，(⁸³　　　　　　)が王羲之以来の典雅な書風に対する力強い書風を確立

北宋	●蘇軾・米芾・黄庭堅・蔡襄らが出て，「北宋の四大家」と呼ばれる
元	●趙孟頫…楷書・行書・草書にすぐれ，文人画の画家としても知られる

10 実学・技術 イスラーム世界やヨーロッパへどのように技術が伝播したのかに注目しよう！

時代	人物名・作品・詳細など
漢	●後漢の張衡が，天球儀・地震計などを発明 ● 2 世紀前半，後漢の(⁸⁴)が**製紙技術**を改良
魏晋 南北朝	●北魏の酈道元が，『**水経注**』(地理書)を著す ●北魏の賈思勰が，『**斉民要術**』(中国現存最古の農業技術書)を著す
宋	●唐代に発明された(⁸⁵)が，科挙受験などによる印刷物の需要拡大を背景に，宋代に普及 ●唐末に(⁸⁶)の軍事転用が始まり，宋代には実戦で利用される →北方の金を経てモンゴル帝国に受け継がれ，世界各地への遠征でもちいられる ●(⁸⁷)が発明され，11世紀頃に使用された記録が残る →12世紀，イスラーム世界を経由してヨーロッパに伝えられる
元	●「**授時暦**」…(⁸⁸)がフビライの命で作成。イスラーム暦法の影響を受けた太陰太陽暦 → 江戸時代の日本で，「授時暦」をもとに**渋川春海**が「**貞享暦**」を作成
明	●明末，科学技術への関心の高まりを背景に，さまざまな科学技術書がつくられる ⅰ)李時珍が，薬物に関する総合書『(⁸⁹)』を著す ⅱ)(⁹⁰)が，農業技術・農業政策の総合書『**農政全書**』を著す。また，西洋暦法による『**崇禎暦書**』の作成を指導(アダム＝シャールが完成させる) ⅲ)宋応星が，産業技術書『(⁹¹)』を著す
清	●清代後期，列強の進出を背景に，海外や西洋学術への関心が高まる ●アヘン戦争後，林則徐からの依頼で，**魏源**が19世紀前半までの世界情勢を記した『(⁹²)』を著す

問1　中国の文化について述べた次の文a～cが，年代の古いものから順に正しく配列されているものを，下の①～⑥のうちから一つ選べ。　　　　　　　　　　　　　　＜センター試験　世界史B　2013年＞

　　a　欧陽脩らの名文家が，活躍した。
　　b　顧炎武が，考証学の基礎を築いた。
　　c　『永楽大典』が編纂された。

　①　a→b→c　　　②　a→c→b　　　③　b→a→c
　④　b→c→a　　　⑤　c→a→b　　　⑥　c→b→a

問2　中国では，国際的な帝国であった唐王朝が衰えて漢人国家的な宋王朝が形成されると，文化もそれによって変容し，宋代には唐以前とは異なる思想や芸術が興った。以後の中国文化はそれを伝統としながらも，さらにモンゴル・女真族・西洋などの影響を受けて，それぞれの時代に特徴のある展開を見せた。各時代の中国文化に関する次の各設問に答えなさい。　　　　　　　　　　　　　　＜早稲田大学　国際教養学部・改　2016年＞

　設問1　宋代には新しい儒学が興り，朱子学として大成された。次のうち，宋代の思想家でない人物を一人選びなさい。
　　ア　顧憲成　　　イ　周敦頤　　　ウ　程顥　　　エ　陸九淵
　設問2　宋代の文人・文学に関する記述として誤りを含むものを一つ選びなさい。
　　ア　唐宋八大家には，韓愈・柳宗元の2人の唐代文人が含まれる。
　　イ　『資治通鑑』を著わした欧陽脩は，政治家としても活躍した。
　　ウ　「詩」だけでなく，宋代には楽曲にあわせて歌う「詞」が発達した。
　　エ　蘇軾は宋代を代表する文人であり，「赤壁の賦」などの作品を残した。
　設問3　宋代には院体画（北画）のほかに文人画（南画）が流行した。次のうち「南画の祖」といわれる唐代の文人を一人選びなさい。
　　ア　王維　　　イ　孔穎達　　　ウ　虞世南　　　エ　褚遂良
　設問4　元の時代には，宋・金の流れを引く雑劇が隆盛を見せ，元曲と呼ばれる古典演劇のスタイルができ上がった。次のうち，元曲に含まれない作品を一つ選びなさい。
　　ア　『漢宮秋』　　　イ　『西廂記』　　　ウ　『琵琶記』　　　エ　『聊斎志異』
　設問5　明代には，元末の山水画の画風をうけて文人画が全盛期を迎えた。次のうち，明代を代表する画家とされる人物を一人選びなさい。
　　ア　呉道玄　　　イ　顔真卿　　　ウ　董其昌　　　エ　郭守敬
　設問6　明代には中国の「四大奇書」と称される文学作品が出揃った。それぞれの作品名と内容との組み合わせとして，誤りを含むものを一つ選びなさい。
　　ア　『水滸伝』―北宋末期の梁山泊　　　イ　『金瓶梅』―玄宗と楊貴妃
　　ウ　『西遊記』―唐の玄奘　　　　　　　エ　『三国志演義』―諸葛亮
　設問7　明の時代には陽明学や実学などの新しい思想が生まれた。次のうち，明代の思想・学術に関する記述として誤りを含むものを一つ選びなさい。
　　ア　李贄は朱子学の礼教の復活を主張した。
　　イ　徐光啓は『農政全書』を編纂した。
　　ウ　王守仁は「心即理」を唱えた。

エ　『天工開物』は宋応星が著した産業技術解説書である。

設問8　明末〜清代の中国には，特にイエズス会宣教師によって西洋の学問が紹介され，中国の文化に大きな
影響を与えた。次のうち，中国に来た宣教師に関する記述として誤りを含むものを一つ選びなさい。

　　ア　アダム＝シャールは中国名を湯若望といい，暦の改定をおこなった。

　　イ　カスティリオーネは中国名を郎世寧といい，宮廷画家として西洋画法を紹介した。

　　ウ　フェルビーストは中国名を白進といい，『皇輿全覧図』の作成に関与した。

　　エ　マテオ＝リッチは中国名を利瑪竇といい，幾何学などの西洋学問を伝えた。

問3　中国およびその周辺の地域の文化史に関するA〜Cの文章を読み，設問1〜5について解答を一つ選びな
さい。　　　　　　　　　　　　　　　　　　　　　　　　　　　　　　　　　　＜早稲田大学　法学部・改　2014年＞

A　中国の文学を「漢文・唐詩・宋詞・元曲」と総称するように，唐を代表するものは詩である。唐では古くか
らの古詩の他に，律詩や絶句が興り，また科挙でも詩賦を試験する進士科が重視されたこともあって，詩は
唐代文学の中心的位置を占め，李白・杜甫など多くの詩人が輩出し，すぐれた作品が作られた。そのa断代
（時代区分）は歴史学とやや異なり，一般に初唐・盛唐・中唐・晩唐の四期に分けられる。

　　設問1　下線aの唐詩の断代と各時代を代表する詩人の組み合わせとして，誤っているものはどれか。

　　　①　初唐／王維　　　　②　盛唐／李白　　　③　盛唐／杜甫　　　④　中唐／白楽天

B　六朝時代，とくに斉・梁のころ盛行した文体で，対句を多用し，韻をふみ，典故を引用し，文の形式美を
追い求めた四六駢儷体を批判し，古文にかえそうとした運動を「古文復興」という。その代表者が唐代の韓愈
や柳宗元であり，宋代以後の散文文学の先駆となった。これらの文章家をb唐宋八大家という。

　　設問2　下線bの唐宋八大家とその組み合わせの中で，誤っているものはどれか。

　　　①　欧陽脩／『新唐書』　　　　②　蘇軾／「赤壁の賦」

　　　③　蘇洵／『太常因革礼』　　　④　王安石／『資治通鑑』

C　唐代の儒学は『五経正義』いらい訓詁学が主流であったが，その後これを批判し，直接に古典の精神をとら
え，新しい思想体系として再建しようとする傾向がうまれた。その成果は南宋の朱熹によって集大成された
ので，c朱子学とよばれる。宋代の仏教は禅宗と浄土宗が中国仏教の主流となり，儒学に影響を与えた。道
教では金代に儒仏道三教の調和論にたつ全真教が成立した。

　　設問3　下線cの朱子学に関して，誤っているものはどれか。

　　　①　その学風は周敦頤に始まり，宋学ともよばれる。

　　　②　朱熹は「四書」を尊重して，注釈書『四書大全』を著した。

　　　③　朱熹は君臣・父子の関係を正す大義名分論を『資治通鑑綱目』で強調した。

　　　④　朝鮮王朝では高麗時代の仏教にかえ，朱子学を国学とした。

問4　元・明・清の各時代における儒教を中心とする学問・思想の変遷について，支配体制と社会情勢に関連さ
せて，以下の語句を用いて説明しなさい。（400字程度）　　　　　　　　　　　　　　＜筑波大学　2014年＞

　　　　　　　　　王陽明　　　　科挙　　　　考証学　　　　康有為　　　　『四庫全書』

23 ヨーロッパの建築史・美術史・音楽史

POINT ▷ ジャンルごとの様式の変化を確認しよう！

1 建築 様式ごとの特徴と代表的建築物を確認しよう！

(1)古代ギリシア

- 調和と均整の美しさが，古代ギリシア建築の特徴
  - →おもに**神殿の柱**の様式で分類
  - ⅰ)(^{1}　　　　　　　)**式**…荘厳で力強い前期の様式。
    パルテノン神殿(アテネ)
  - ⅱ)(^{2}　　　　　　　)**式**…優雅な中期の様式。柱頭の
    渦巻状の装飾が特徴。**ニケ神殿**(アテネ)
  - ⅲ)(^{3}　　　　　　　)**式**…華麗な後期の様式。柱頭の
    複雑な装飾が特徴。**エレクテイオン神殿**(アテネ)
- 各ポリスに劇場が建設され，**エピダウロス**(ペロポネ
  ソス半島東部)**の円形劇場**などが有名

■**ギリシア建築の柱の3様式**　左からドーリア式，イオニア式，コリント式

(2)古代ローマ

- エトルリア人の技術を継承した**アーチ技法**などをもち
  いた実用的な公共建築物が，古代ローマ建築の特徴
  - ⅰ)(^{4}　　　　　　　　　)(ローマの円形闘技場)
  - ⅱ)(^{5}　　　　　　)…ガール(南フランス)やセゴビア
    (スペイン)などに現存
  - ⅲ)(^{6}　　　　　　)…戦勝を記念してつくられた建造
    物。ローマのコンスタンティヌス帝のものなど
  - ⅳ)**パンテオン**(万神殿，ローマ)や**公共浴場**(カラカラ
    帝による大浴場など)，**アッピア街道**なども有名

■**ガールの水道橋**

(3)ビザンツ帝国

- ギリシア古典文化の遺産とギリシア正教の融合が，ビ
  ザンツ文化の特徴
- (^{7}　　　　　　　　)**様式**…4～6世紀に発展し，15世紀まで栄えた，コンスタンティノープル(現
  在のイスタンブル)やイタリアを中心とする教会建築様式
  - ⅰ)**ドーム**(円屋根)や**ギリシア十字**(**正十字**)の形状，内部の**モザイク壁画**などが特徴
  - ⅱ)(^{8}　　　　　　　　　)**聖堂**(トルコ・イスタンブル)，**サン゠ヴィターレ聖堂**(イタリ
    ア・ラヴェンナ)が代表例

■**ハギア゠ソフィア聖堂**(ビザンツ様式)

(4)中世

- 中世の西ヨーロッパでは，キリスト教の普及や**ローマ゠カトリック教会の権威**の拡大を背景に，

教会建築やその壁画が美術の中心となる

● (⁹　　　　　　　　　　)**様式**…4〜8世紀のイタリアを中心に広がった，ローマ時代の柱廊からなる公共建築物に由来するキリスト教会堂の建築様式

　※代表例：ローマの聖パウロ聖堂や，聖マリア＝マジョーレ聖堂

● (¹⁰　　　　　　　　　)**様式**…11世紀頃，南フランス・イタリアから西欧に広がった建築様式

　ⅰ)「ローマ風」の意味で，**円頭アーチ**とそれを支える厚い壁や列柱，小さな窓などが特徴

　ⅱ)代表例：**ヴォルムス大聖堂**(独)，(¹¹　　　　　　　)**大聖堂**(伊)，**クリュニー修道院**(仏)

● (¹²　　　　　　　　　)**様式**…12世紀頃，北フランスから西欧に広がった建築様式

　ⅰ)「ゴート人風」という意味で，**高い塔や尖頭アーチ**，大きな窓，**ステンドグラス**などが特徴

　ⅱ)代表例：(¹³　　　　　　　)**大聖堂**(独)，**ノートルダム大聖堂**(仏)，**アミアン大聖堂**(仏)

■**ピサ大聖堂**(ロマネスク様式)　大聖堂の後方に見えるのが有名な「ピサの斜塔」

■**ケルン大聖堂**(ゴシック様式)

■**シャルトル大聖堂のステンドグラス**

(5)近世

● 14〜16世紀，ヒューマニズム(人文主義)思想を背景に，イタリアを中心に「ルネサンス」が展開

● (¹⁴　　　　　　　　　)**様式**…古代ローマ建築の要素を取り入れた，(　14　)期の建築様式

　ⅰ)ドーム(大円蓋)やギリシア風の列柱が特徴

　　※垂直方向を重視するゴシック様式に対して，水平方向(人間中心の目線)を重視

　ⅱ)代表例：ブルネレスキがドームを設計した(¹⁵　　　　　　　　)**大聖堂**や，ブラマンテが設計(のちミケランジェロ，ラファエロが参画)した(¹⁶　　　　　　　　)**大聖堂**

● (¹⁷　　　　　　　　　)**様式**…17世紀，ルネサンス様式への反動や宮廷生活との結びつきを背景に，**絶対王政時代**のフランス・スペインで完成された**豪壮・華麗**な建築様式

　ⅰ)「ゆがんだ真珠」を意味する語に由来。光と影のコントラストの重視など，躍動的・劇的な表現が特徴 → 国王の権威を誇示するのに利用される

　ⅱ)代表例：ルイ14世が建設した(¹⁸　　　　　　)**宮殿**や，オーストリアの**シェーンブルン宮殿の外観**〈(　18　)宮殿に対抗したハプスブルク家の王宮。内部はロココ様式〉

● (¹⁹　　　　　　　　　)**様式**…18世紀のフランスを中心に展開した絵画・建築装飾の様式

　ⅰ)「貝殻や小石」を意味する語に由来。バロック様式の豪壮さに対し，**繊細・優美さ**が特徴。おも

■**ヴェルサイユ宮殿**(バロック様式)

に白を基調とし，室内装飾や家具なども重視

ⅱ）プロイセンのフリードリヒ2世が建設した（²⁰

）宮殿や，**シェーンブルン宮殿の**
内部装飾が代表例

(6)近代

- ●産業革命を経ると，工業化を背景に鉄・**ガラス・コ**
ンクリートなどをもちいた建築が主流となる

■**サンスーシ宮殿**（ロココ様式）

- ●19世紀末以降，多様な着想の建築デザインが誕生

ⅰ）（²¹ ）…19世紀末～20世紀初めに欧米で
流行した装飾様式で，植物の蔓や女性の髪などを題材とした曲線
が特徴。パリの地下鉄（メトロ）のアベス駅入口が代表例

ⅱ）**アール＝デコ**…20世紀前半に（ 21 ）への反動として欧米で流行
した装飾様式で，対照的・直線的な装飾が特徴。**エンパイア・ス**
テート・ビルやクライスラー・ビルが代表例

- ●**モダニズム建築**…19世紀末以降展開された，装飾性を排除し，機能
性・合理性を重視する建築様式。フランスの**ル＝コルビュジエ**が代表
的な建築家

※スペインの（²² ）は，さまざまな美術様式を利用した
サグラダ＝ファミリア（聖家族）教会の建設を開始（現在も未完成）

■**アベス駅入口**（アール＝
ヌーヴォー）

---

② 美術　美術様式と社会情勢の関連に注目しよう！

(1)古代ギリシア〈彫刻〉

- ●前7世紀～前5世紀初め，古代ギリシア美術の**アルカイック時代**

ⅰ）「アルカイック」は「太古，始まり」の意味。ギリシア各地で大理石の神殿や彫刻が製作される

ⅱ）「アルカイック＝スマイル」…この時代の彫刻にみられる，特徴的な口元の微笑

- ●（²³ ）…前5世紀半ば～後半に活躍した，ギリシア彫刻を代表する人物。ペ
リクレスと親交を持ち，パルテノン神殿の再建工事に携わって「**アテナ**
女神像」（黄金と象牙でつくられる。現存せず）を製作したとされる

- ●**プラクシテレス**…前4世紀のアテネの彫刻家。「ヘルメス神像」

(2)ヘレニズム時代〈彫刻〉

- ●人間の性格描写や感情表現などの技巧に優れた作品が製作される

ⅰ）「（²⁴ ）」…ミロス（ミロ）島で出土。作者不詳。
ヘレニズム彫刻の代表的作品

ⅱ）「（²⁵ ）」…ローマで発見された，ギリシア神話に登
場するトロイアの神官を題材とした彫像

ⅲ）「（²⁶ ）」…サモトラケ島で発見された，勝利
の女神（ニケ）像

ⅳ）「瀕死のガリア人」…ペルガモンで発見された，ローマ時代の原作の
レプリカ

■「**ミロのヴィーナス**」

(3) ビザンツ文化〈壁画・絵画〉

- モザイク壁画…ビザンツ様式の教会建築の内部を装飾
- (27　　　　　　　)…ギリシア語で「像」の意味で，イエスや聖母などを主題にした**聖像画**。板絵や
  モザイク，彫刻などさまざまな形でつくられ，ギリシア正教会ではそれ自体が信仰の対象となる

(4) 中世

- 中世の西ヨーロッパでは，キリスト教の普及や**ローマ＝カトリック教会の権威**の拡大を背景に，
  教会建築以外の美術もキリスト教に関連するものが中心となる
  →教会の壁画やステンドグラス，聖書や詩編集の写本を装飾したものが製作される

(5) 近世①──ルネサンス〈絵画・彫刻〉

- 14〜16世紀のルネサンス期，**ヒューマニズム（人文主義）**の思想を背景に，絵画・彫刻分野では古
  代ギリシア・ローマの文化を模範とした作品がつくられる
  →絵画では15世紀前半に(28　　　　　)法が確立して写実主義の基礎が確立 → 近代美術へ影響
- 14〜15世紀は，**フィレンツェ**を中心にルネサンス（初期〜中期）が展開

＜ルネサンス（初期〜中期）にフィレンツェで活動した芸術家＞

分野	名前	作品・業績など
絵画	(29　　　　　　　)	ルネサンス絵画の先駆者。「聖フランチェスコの生涯」
	マザッチオ	遠近法を導入して，絵画における初期ルネサンス様式を確立。「楽園追放」「聖三位一体」
	(30　　　　　　　)	ルネサンス中期の画家。キリスト教と古典文化の融合をめざす。「**春（プリマヴェーラ）**」「**ヴィーナスの誕生**」
彫刻	ギベルティ	サン＝ジョバンニ洗礼堂門扉のレリーフが代表作
	(31　　　　　　　)	彫刻におけるルネサンス様式を確立。「聖ジョルジオ像」

- 15〜16世紀，ローマやヴェネツィアがルネサンス（後期）の中心となる

＜「ルネサンスの三大巨匠」──ルネサンス後期の芸術家＞

名前	作品・業績など
(32　　　　　　　)	●絵画・彫刻・建築・科学・哲学など諸分野を探究した，ルネサンスの理想像とされる「**万能人**」の典型 ●ローマなどイタリア各地で活動し，晩年はフランス王フランソワ１世の招きでフランスに滞在し，同地で死去 ●遠近法を活用した「**最後の晩餐**」（ミラノにある修道院の食堂の壁画）や「(33　　　　　　　)」などの作品が有名
(34　　　　　　　)	「ピエタ」「(35　　　　　　　)」などの彫刻や，ヴァチカンのシスティナ礼拝堂の壁画「**最後の審判**」，天井画「**天地創造**」などの作品が有名
(36　　　　　　　)	「小椅子の聖母」「大公の聖母」など多くの**聖母子像**や，ヴァチカン宮殿・署名の間の壁画「**アテネの学堂**」などの作品が有名

- ルネサンスが西ヨーロッパ各地に伝播 → 各国の国民文化の出発点
  →毛織物業と貿易で繁栄した(6'　　　　　　　)地方では，フィレンツェと同時期の14世紀後
  半にルネサンスが開花し，(　37　)画派が活躍

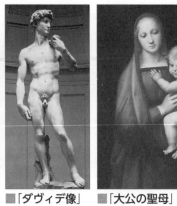

■「モナ＝リザ」　　■「ダヴィデ像」　　■「大公の聖母」　　■「農民の踊り」

地域	名前	作品・業績など
南ネーデルラント	(38 ）兄弟	14世紀後半〜15世紀前半に活動。兄はフランドル画派の創始者，弟は**油絵画法**の改良者。「アルノルフィニ夫妻の肖像」（弟）
	(39 ）	●16世紀に活動した画家。風景画や寓意画のほか，農民の生活を描いた絵画を多く残し，「農民画家」とも呼ばれる ●**「農民の踊り」「バベルの塔」**などが代表作
ドイツ	(40 ）	●15世紀後半〜16世紀前半の画家・版画家。銅版画を多く残す ●**「四人の使徒」**が代表作　※宗教改革ではルターを支持
	(41 ）	●16世紀前半に活動した画家。ドイツ出身だが，のちイギリスのヘンリ8世の宮廷画家となる ●**「エラスムス像」「ヘンリ8世像」**などが代表作

(6)近世②——17〜18世紀〈絵画〉

●17世紀，ルネサンス様式への反動を背景に，絵画でも**バロック様式**が流行

地域	名前	作品・業績など
スペイン	(42 ）	●ルネサンス後期〜バロック初期の画家。クレタ島出身だったことから「ギリシア人」〈（　42　）〉と呼ばれる ●トレドで活動し，独特な色彩と神秘的な画風の宗教画を残す。代表作「オルガス伯の埋葬」
	(43 ）	代表作「無原罪の御宿り」など多くの宗教画を残し，ロココ様式のさきがけともされる
	(44 ）	●スペインの代表的画家。フェリペ4世の宮廷画家 ●肖像画・歴史画などを写実的技法で描く。「**ラス＝メニーナス**」（「**女官たち**」），「**ブレダの開城**」などが代表作
オランダ（ネーデルラント）	(45 ）	●アントウェルペンで活動したフランドル画派の画家で，バロック絵画の代表者 ●宗教・歴史などさまざまな画題を描く。「キリスト降架」（児童文学『フランダースの犬』で主人公が憧れた絵画）
	ファン＝ダイク	（　45　）の弟子。イギリスのチャールズ1世の宮廷画家

(⁴⁶　　　　　　　)	● **アムステルダム**で活動したオランダ最大の画家。明暗をたくみにもちいた技法で光と影を表現 ● オランダ最盛期の市民生活を描く。代表作「**夜警**」	
(⁴⁷　　　　　　　)	● **オランダ市民の生活**や静物画を繊細な表現で描く ● 代表作「真珠の耳飾りの女」「地理学者」	

● 18世紀，バロック様式の豪壮さに対して，フランスでは絵画や建築装飾で**ロココ様式**が流行

地域	名前	作品・業績など
フランス	(⁴⁸　　　　　　)	代表作「シテール島への巡礼」
	フラゴナール	代表作「ぶらんこ」

■「夜警」

■「ぶらんこ」

(7)近代——19世紀〈絵画・彫刻〉

● 18世紀まで文化の担い手は貴族 → 19世紀以降，市民を担い手とする**市民文化**が発展

　→各国の文化・歴史を重視する国民文化の基礎

　→民族や国民の自覚をうながし，国民国家への統合の原動力となる

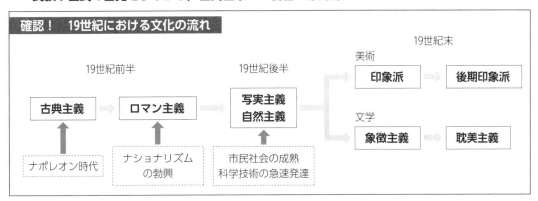

● (⁴⁹　　　　　)**主義**…絵画では18世紀半ば～19世紀初めにかけてさかんになった芸術思潮

　ⅰ）ギリシア・ローマの文化を模範とし，形式美や格調の高さを再現しようとする

　ⅱ）代表的画家：ナポレオン１世の主席画家だったフランスの(⁵⁰　　　　　　　)（代表作「**ナポレオンの戴冠式**」）や，その弟子の**アングル**（代表作「泉」）

● (⁵¹　　　　　　)**主義**…18世紀末に始まり，ウィーン体制期にさかんになった芸術思潮

　ⅰ）古典主義や啓蒙思想に反発し，**人間の個性・感情**，それぞれの歴史や**民族文化の伝統**を尊重

ⅱ）代表的画家：フランスの（⁵²　　　　　　　）。代表作「キオス島の虐殺」（ギリシア独立戦争に影響を受け，その支援を訴える），「**民衆を導く自由の女神**」（七月革命が題材）

● スペインの（⁵³　　　　　）は，ロココ風絵画の末期に分類されるが，19世紀初めのナポレオン軍の侵攻に抵抗する人々を「**1808年5月3日**」に描く

● （⁵⁴　　　　　）**主義**…19世紀半ば，ロマン主義に対抗した，フランスを中心とする芸術思潮

ⅰ）市民社会の成熟や科学技術の急速な発達を背景に，**人間や社会の現実をありのままに描写しようとする**

ⅱ）代表的画家：フランスの（⁵⁵　　　　　　　）。代表作「**石割り**」

● （⁵⁶　　　　　）**主義**…19世紀後半，写実主義を継承した，フランスを中心とする芸術思潮

ⅰ）人間や社会を科学的に観察し，人間の偏見や社会の矛盾を描写しようとする

ⅱ）代表的画家：農民の姿を描いたフランスの（⁵⁷　　　　　　）。代表作「**落穂拾い**」「**晩鐘**」

● 19世紀後半，ヨーロッパでは浮世絵などの**ジャポニスム**が流行 → 印象派・後期印象派に影響

● （⁵⁸　　　　　）…19世紀後半，フランスで始まった絵画の流派。**光と色彩を重視**し，先入観を捨てて外界から得る感覚的印象を表現しようとする

名前	作品・業績など
（⁵⁹　　　）	代表作「草上の昼食」。（　⁶⁰　）らを支援して「印象派の父」とも呼ばれるが，（　⁵⁹　）自身の画風は印象派ではない
（⁶⁰　　　）	代表作「**印象・日の出**」（印象派の語源），「睡蓮」
（⁶¹　　　）	代表作「ムーラン＝ド＝ラ＝ギャレット」

■「民衆を導く自由の女神」

■「晩鐘」

■「印象・日の出」

● （⁶²　　　　　）…19世紀末，印象派の影響を受けつつも自らの感覚を重視した画家の総称

名前	出身	作品・業績など
（⁶³　　　）	仏	●印象派から出発して独自の画風をつくりだす ●代表作「**サント＝ヴィクトワール山**」「カード遊びをする人々」
（⁶⁴　　　）	仏	●ヨーロッパの文明を嫌悪し，原始的な美を求めて**タヒチ島**へ移住 ●代表作「**タヒチの女たち**」
（⁶⁵　　　）	蘭	●印象派や日本の浮世絵の技法に強い影響を受ける ●代表作「**ひまわり**」「星月夜」

● **アール＝ヌーヴォー**…19世紀末〜20世紀初めに欧米で流行した装飾様式。植物の蔓や女性の髪などを題材とした曲線が特徴。絵画だけではなく建築・工芸などにも波及

→チェコスロヴァキアの（⁶⁶　　　　　　）が代表的な人物で，**ポスターデザイン**などで活躍し

たのち，スラヴ＝ナショナリズムの影響を受けて歴史画「**スラヴ叙事詩**」を完成させる

● 彫刻分野では，フランスの(⁶⁷　　　　　　　　)が「**考える人**」「**カレーの市民**」などを製作し，近代彫刻を確立

(8)現代──20世紀〈絵画〉

● (⁶⁸　　　　　　　)**主義**…20世紀初め，自然主義や印象派への反動を背景に，ドイツを中心に絵画から始まって，さまざまな分野に影響をあたえた芸術運動

　ⅰ)本質を探究して主観的意思を「表現」することをめざし，対象の極度の**単純化・抽象化**が特徴

　ⅱ)(⁶⁹　　　　　　)…ノルウェーの画家で(　68　)主義の先駆とされる。代表作「**叫び**」

　ⅲ)**カンディンスキー**…「抽象絵画の父」とも呼ばれる，ドイツで活動したロシア生まれの画家。「分割－統一」，著書『芸術における精神的なもの』

● **野獣派(フォービスム)**…印象派に対抗してうまれた，20世紀初めのフランスの画派

　ⅰ)単純化されたフォルムや**鮮明な原色による大胆な描写**など，奔放さを前面に出す画風が特徴

　ⅱ)代表的画家：フランスの(⁷⁰　　　　　　　)。代表作「赤い部屋」

● (⁷¹　　　　　　)…20世紀初めのフランスで，**ブラック**や(⁷²　　　　　　)が創始した画派

　ⅰ)物体の構成を円筒・円錐・球などの**立体として表現**したことが特徴で，画派の名称の由来

　ⅱ)提唱者のブラック(代表作「エスタックの家」)や(　72　)(代表作「ゲルニカ」。ほかにアフリカ美術の影響を受けた「アヴィニョンの娘たち」や朝鮮戦争をテーマにした「朝鮮の虐殺」などがある)が代表的な画家

● **ダダイスム**…第一次世界大戦中から戦後にかけて欧米でおこった芸術運動。あらゆる伝統的な形式美や価値を徹底的に否定

● (⁷³　　　　　　)**主義(シュルレアリスム)**…20世紀初め，ダダイスムやフロイトの精神分析学の影響で生まれた芸術運動

　ⅰ)潜在意識や超現実的な自由な想像を表現

　ⅱ)代表的画家：スペインの(⁷⁴　　　　　　)。代表作「**内乱の予感**」(スペイン内戦の半年前に作製)，「記憶の固執」

● 20世紀前半，メキシコでは先住民文化の影響を受けた**シケイロスらの壁画運動**が台頭

● 20世紀後半，大衆文化が生み出す図像・製品などを作品に取り入れた**ポップアート**が生まれる

　→代表的人物：アメリカの(⁷⁵　　　　　　)。代表作「キャンベルのスープ缶」「マリリン・モンロー」

■「**ゲルニカ**」　スペイン内戦時のゲルニカ空爆(1937年)に衝撃を受けてピカソが制作し，同年のパリ万博に出品した作品。彼はフランコ独裁に反対し，「スペインに自由が戻るまで」これをスペインで展示することを認めなかった。のち民主化後の1981年にスペインへ返還された。

3 音楽　実際の楽曲を聞いてみて，様式ごとの特徴をつかもう！

(1)17世紀～19世紀初め

● 絶対王政の時代，王侯・貴族の保護で宮廷音楽が発達 → 市民層に拡大し，定期演奏会も始まる

- **バロック音楽**…16世紀後半〜18世紀前半のヨーロッパにおける音楽様式の総称。ルネサンス期の調和の重視に対し，異質的・対比的効果を活かした様式が特徴

名前	出身	作品・業績など
ヴィヴァルディ	伊	●イタリアのバロック期を代表する作曲家。バッハに影響を与える ●バイオリン協奏曲集「和声と創意の試み」(「四季」など)が代表作
(76　　　　　)	独	●宮廷・教会での演奏や楽長として活躍しつつ，多くの宗教曲・器楽曲を残し，バロック音楽を大成。**近代音楽の創始者**ともされる ●代表作「**ブランデンブルク協奏曲**」「マタイ受難曲」
(77　　　　　)	独	●バッハと並ぶバロック音楽の大成者 ●代表作「水上の音楽」「**メサイア**」

- **古典派音楽**…18世紀半ば〜19世紀初めを中心とする，ヨーロッパにおける音楽様式の総称。ウィーンを中心に展開し，バロック音楽に対して，調和を意識した形式美を重視

ハイドン	墺	●交響楽の発展に寄与し，「**交響楽の父**」とも呼ばれる ●代表作，オラトリオ「天地創造」
(78　　　　　)	墺	●幼少より各国宮廷を訪れて楽才を示す。各様式を摂取してオペラ・交響楽・協奏曲など多くの名曲を作曲し，**古典派音楽を確立** ●歌劇の「**魔笛**」や「**フィガロの結婚**」，「レクイエム」などが有名
(79　　　　　)	独	●**古典派音楽を大成**し，ロマン派音楽への道をひらいた作曲家 ●9つの交響曲が有名。第5番「**運命**」，第9番「**合唱付き**」など

(2) 19世紀

- 19世紀，市民社会の成立 → 音楽家が職業として成立
- **ロマン派音楽**…古典派音楽の大成や文芸に始まったロマン主義を背景に，19世紀前半〜同世紀半ばに発達したヨーロッパの音楽様式の総称

(80　　　　　)	墺	●旋律の美しさを特徴とし，ゲーテやシラーらの詞に作曲した歌曲を残す。「**歌曲の王**」とも呼ばれる ●歌曲集の「**冬の旅**」や「野ばら」，「未完成交響曲」が代表作
シューマン	独	●**近代ピアノ技術を開拓**。代表作「子どもの情景」「謝肉祭」
(81　　　　　)	ポーランド	●おもにパリで活動した作曲家・ピアニスト ●ポーランドの民族舞踏マズルカやポロネーズをもとに叙情的なピアノ曲を多く作曲し，「ピアノの詩人」とも呼ばれる
(82　　　　　)	独	●総合芸術としての「**楽劇**」を完成させた作曲家。バイエルン国王の保護のもと，バイロイトに自作上演のための劇場を建設 ●楽劇「**ニーベルングの指輪**」やオペラ「タンホイザー」「ニュルンベルクのマイスタージンガー」などが代表作
(83　　　　　)	伊	●イタリア・オペラの形式を完成させた作曲者。また，**その作品は19世紀のイタリア統一を象徴するものとみなされる** ※オペラ「**ナブッコ**」(題材『旧約聖書』)の合唱「行け，我が想いよ，

		黄金の翼に乗って」は統一運動を象徴する歌として流行
		●代表作「リゴレット」「椿姫」「**アイーダ**」
ブラームス	独	●古典様式を重視し，独自の作風を生み出す。代表作「交響曲第1番」

- ●**国民楽派**…19世紀半ば〜20世紀，ロマン派の影響をうけた東欧やロシアなどで展開された，ナショナリズムの勃興を背景に，自国・自民族に固有な音楽の構築をめざす芸術運動

(84　　　　　)	チェコ	●1848年のプラハ蜂起に参加するなどチェコ民族運動に積極的に参加し，チェコ国民楽派の創始者とされる ●代表作，連作交響詩「**我が祖国**」
(85　　　　　)	チェコ	●スメタナから影響を受け，チェコの国民楽派を大成 ●代表作，交響曲「**新世界より**」
チャイコフスキー	ロシア	●ヨーロッパ音楽の伝統形式を継承・発展させて，**ロシア音楽を大成した作曲家** ●バレエ音楽「**くるみ割り人形**」「白鳥の湖」や，大序曲「**1812年**」（ナポレオンのロシア遠征がテーマ）が代表作

（3）20世紀以降

- ●**印象主義音楽**…印象派の影響を受け，20世紀初めにフランスでおこった音楽の傾向
  - ⅰ）主観的な表現をさけ，瞬間的な気分・感応や雰囲気の表現を重視
  - ⅱ）代表的作曲家：管弦楽曲「牧神の午後への前奏曲」・ピアノ曲「**月の光**」などが代表作のフランスの(86　　　　　　　)や，「ボレロ」を代表作とするラヴェル
- ●20世紀前半，ハンガリーの作曲家**バルトーク**がマジャール人の民謡などを研究し，近代音楽（とくに印象主義音楽）との融合をはかる。代表作「弦楽四重奏曲」
  - ※のち，バルトークはファシズムから逃れるためアメリカへ亡命
- ●**新古典主義**…20世紀初め，自然主義や耽美主義への反動として，古典的な形式美の復興をめざした芸術傾向。音楽では古典派のみならず，ルネサンス期やバロック期の様式も取り入れる
  - →代表的作曲家：戦間期の(87　　　　　　　　)（ロシア出身，ロシア革命後はアメリカで活動）。代表作はバレエ音楽「**火の鳥**」「春の祭典」
- ●20世紀前半，オーストリアの(88　　　　　　)（ユダヤ系）が**十二音技法**を確立
  - →ドイツ・ナチ党政権の成立後，(　88　)はアメリカへ亡命し，同地で理論的音楽の基礎を築く
- ●ソ連では，独自の様式を打ち出したショスタコーヴィチが，交響曲や弦楽四重奏などを作曲
- ●アメリカ合衆国では，大衆文化の発達を背景に黒人音楽から誕生した(89　　　　　　)（発祥はニューオーリンズ）が，1920年代から流行 → 第二次世界大戦以降，世界的に影響をあたえる
  - →アメリカの作曲家**ガーシュイン**（ユダヤ系ロシア移民の家系に生まれる）が，クラシックと(　89　)を融合して新局面をひらく。代表作「**ラプソディー・イン・ブルー**」
- ●1950年代，アメリカ合衆国で，黒人音楽の**リズム＆ブルース**や白人の**カントリー＝ミュージック**を背景に，**ロック＝ミュージック**が誕生 → 世界中に広まり新たな音楽ジャンルとなる

問1 ビザンツ様式の建築物として正しいものを，次の①～④のうちから一つ選べ。

<センター試験　世界史B・追　2013年>

① サン＝スーシ宮殿　　② ケルン大聖堂(ケルン司教座聖堂)

③ ヴェルサイユ宮殿　　④ サン＝ヴィターレ聖堂

問2 16世紀に農民生活を描いた次の絵の作者として正しいものを，下の①～④のうちから一つ選べ。

<センター試験　世界史A　2016年>

① ミレー　　② ブリューゲル　　③ ボッティチェリ　　④ ルノワール

問3 さまざまな時代に造られた建築や建造物のなかには，現在，世界の観光資源として非常に重要なものがある。しかもそれらは，それらを擁する国家や都市の歴史の雄弁な証言者となっている。この点をふまえて，以下の質問に答えなさい。

<東京大学・改　2012年>

問(1) アテネの軍事上の拠点であったアクロポリスには，紀元前5世紀，ペリクレスの命でポリスの守護神であるアテナ女神を祀るパルテノン神殿が建てられた。この神殿の建築様式は何か。

問(2) 前近代のヨーロッパでは，時代ごとにある特定の建築様式がほぼ全域にわたって広まった。人里離れた修道院によく見られる，小さな窓，重厚な壁，高度の象徴性を特徴とする建築を何様式と呼ぶか。

問(3) ヴェルサイユ宮殿は，絶対王政期の国王の権威を象徴する豪華絢爛な宮殿である。18世紀にプロイセンのフリードリヒ大王が，ヴェルサイユ宮殿を模倣してポツダムに造らせた宮殿の名称を記しなさい。

問4 多様な建築物についての記述として適切でないものを次の①～④のなかから一つ選びなさい。

<明治大学　情報コミュニケーション学部・改　2013年>

① ギリシア建築は，優美なドーリア式，華麗なイオニア式，荘厳で力強いコリント式に分類される。

② ビザンツ様式の建築物の特徴としては，ドームとモザイク壁画があげられる。

③ ロマネスク様式では，半円状アーチを用いた天井を持つものが多く，厚く広い壁面にはフレスコ画が描かれた。

④ ゴシック様式の建築物は薄い壁と広い窓が特徴的であり，ステンドグラスが使用された。

問5 イタリア＝ルネサンスの美術，建築について誤っているものはどれか。　　<早稲田大学　商学部　2015年>

1．ドナテルロは正確な写実で人間の美や力を表した。

2．ラファエロの代表作として絵画『四使徒』がある。

3．ボッティチェリは独特の女性美を描き出した。

４．ブラマンテはサンピエトロ大聖堂の設計に従事した。

問6　次の文章を読み，図１～４を見て，設問１～４に答えなさい。　　＜早稲田大学　文化構想学部・改　2017年＞

　19世紀後半から20世紀にかけて，美術界では新しい価値を提示する前衛芸術が次々と展開された。20世紀初頭，絵画を現実世界の再現という伝統的役割から解放したのは，おもに２人のアーティストを中心とする動向である。マティスは，実際に見える色にとらわれない自由な色彩を用い，　A　と呼ばれる作風を確立した（図１）。一方　B　は，描く対象を，時間的にも空間的にも異なる諸視点からとらえたイメージを同一画面に再構成して示すことで，キュービズムと呼ばれる作風に到達する（図２）。

　彼らが示した芸術は，図３を描いたダリに代表される　C　や抽象美術など，さらなる新しい美術動向を導くようになる。これらの芸術は，芸術固有の表現形式の刷新という枠を越え，視覚，認識，精神性，存在，時間，空間といった人間の本質的要素にかかわる問題を内包しており，同時代の原子物理学や哲学などとの関連性も考えられる。こうした状況は，絵画芸術に限られることなく，たとえば建築の分野などにも認められる。2016年世界遺産として登録された東京の国立西洋美術館（図４）を設計した建築家　D　は，画家としても活動し，前衛芸術家たちと交流し最新の芸術思想を共有するなかで，歴史的様式から解放された独自のモダニズム建築を生み出した。

図1《赤の調和》　1908年
エルミタージュ美術館

図2《アヴィニヨンの娘たち》　1907年
ニューヨーク近代美術館

図3《記憶の固執》　1931年
ニューヨーク近代美術館

図4《国立西洋美術館》　1958—59年
東京

設問1　空欄A，Bにあてはまる言葉を次のア～エから一つ選びなさい。

　ア　A　フォーヴィズム　　　B　ピカソ　　　　イ　A　自然主義　　　B　セザンヌ

　ウ　A　新造形主義　　　　　B　ピカソ　　　　エ　A　フォーヴィズム　　　B　シケイロス

設問2　空欄Cにあてはまる言葉を記しなさい。

設問3　図１，図２の絵画にかかわる解説として正しいのはどれか。ア～エから一つ選びなさい。

　ア　図１ではイスラーム美術の装飾性，図２ではアフリカ美術の影響が認められる。

　イ　図１ではフェルメールの細密な描写，図２ではレンブラントの明暗法が指摘できる。

　ウ　図１では印象派風の室内風景，図２ではギリシャ彫刻を思わせる人物像が見出せる。

　エ　図１ではルネサンス絵画の遠近法，図２ではバロック美術の空間処理が見出せる。

設問4　空欄Dにあてはまる人名を記しなさい。

編者　　　　　　角田　展子
　　　　　　　　株式会社　山川出版社

表紙デザイン　　水戸部　功

本文デザイン　　株式会社　エディット

ポイントレクチャー　テーマ別世界史

2020 年 7 月 30 日　　第 1 版 1 刷発行
2021 年 11 月 30 日　　第 1 版 2 刷発行

編 者　角田　展子
発行者　野澤　武史
印刷所　明和印刷株式会社
製本所　有限会社　穴口製本所
発行所　株式会社　山川出版社
　　　　〒101-0047　東京都千代田区内神田 1-13-13
　　　　電話　03-3293-8131（営業）　03-3293-8134（編集）
　　　　https://www.yamakawa.co.jp/
　　　　振替口座　00120-9-43993

ポイントレクチャー
テーマ別世界史
解　答

山川出版社

第1部 政治史・社会史

① 移民史(p. 4～9)――――――――――
解説 1．WASP　2．アイルランド　3．ジャガイモ
4．ユダヤ　5．ポグロム　6．ゴールドラッシュ
7．ホームステッド　8．奴隷　9．奴隷解放　10．ク
ーリー　11．北京　12．大陸横断鉄道　13．中国人移民
禁止　14．移民　15．サッコ・ヴァンゼッティ　16．世
界人権　17．白豪　18．華僑　19．海禁　20・21．福
建・広東〔順不同〕　22．錫　23．孫文　24．シンガポー
ル　25．印僑　26．ゴム　27．ガンディー

問題演習 **問1** ③〔東欧からの移民急増は19世紀末から20
世紀初頭にかけて〕　**問2** ④〔a）1920年代の移民法で
は，移民の受け入れ制限が強化された。b）強制移住法
では，移民ではなく先住民が対象となった〕　**問3** d
〔a）新移民は南欧系・東欧系。北欧系はそれ以前の移民
に多かった。b）中国人移民禁止法は1902年ではなく
1882年の移民法をさす。また，移民を制限する法律は，
1875年の移民法が最初。c）1830年代半ばではなく1840
年代半ば〕　**問4** B〔アジア系移民がヨーロッパ系移民を
上回ることはなかった〕　**問5** ③〔イタリアの国家統一の
実現は1861年〕　**問6** 日本人を含むアジア系移民を全面
的に禁止し，ヨーロッパ系移民も国別割当制として大幅
に制限した。(46字)
問7　大航海時代以降，「旧大陸」のヨーロッパと「新大
陸」であるアメリカ大陸が出会い，ヨーロッパ人はアメ
リカ大陸での鉱山開発やプランテーション開発に乗り出
した。その労働力として，先住民にかわって，アフリカ
から黒人奴隷が運ばれた。18世紀にはアフリカから南北
アメリカ大陸に大量の人口が移動している。一方，19世
紀にはアメリカ合衆国でのゴールドラッシュや工業化の
進展，奴隷制の廃止にともなってそれにかわる安価な労
働力が求められたことを背景に移民の需要が高まった。
19世紀半ばにはジャガイモ飢饉を背景にアイルランドか
らの移民が急増した。19世紀後半からは中国系が増えた
が，1882年の移民法改正で中国系移民が禁止されると，
かわって日系移民が増え，また19世紀末には南欧や，ポ
グロムからのがれた東欧のユダヤ系移民も急増した。
(347字)〔表からはアフリカからの黒人奴隷貿易が，図2
からアイルランドのジャガイモ飢饉が読みとれるが，題
意は「移民などの様々な人口移動について」なので，アジ
ア系移民などについても忘れずに記述すること〕
問8　19世紀後半以降，世界各地での経済開発にともな
って労働力の需要が高まったこと，交通・運輸革命によ
って移動手段が発達したことなどを背景に，華僑・印僑
などのアジア系移民が急増した。彼らは東南アジアやオ
ーストラリア，北米などで鉱山，農園，鉄道などの労働
に従事したが，現地の下層労働者との対立がおこり，オ
ーストラリアでは白豪主義，北米では1924年移民法など
で差別された。(179字)〔アジア系移民急増の理由(PULL
要因)，移民はどこに向かったのか，現地に与えた影響
の3点すべてにふれるようにすること〕

問9　17世紀以降，ヨーロッパでの生活革命を背景に，
大西洋三角貿易が展開された。西アフリカから黒人奴隷
を労働力としてカリブ海や北アメリカに運び，カリブ海
地域ではサトウキビ，北アメリカ南部地域ではタバコな
どのヨーロッパ向け商品作物がプランテーションで栽培
された。奴隷貿易の中心港となったリヴァプールは巨利
を獲得し，それはイギリス産業革命の原資となった。19
世紀初頭にはカリブ海のフランス領サン＝ドマングで
フランス革命の影響を受けた黒人奴隷の反乱がおこり，ハ
イチ独立は成功した。19世紀前半には，イギリス・フラ
ンスで人道的見地や自由貿易体制を望む産業資本家の主
張もあり，奴隷制度が廃止されていった。一方，アメリ
カ合衆国でも奴隷制度をめぐって奴隷制を廃止した北部
の自由州と，綿花プランテーションが産業の中心である
南部の奴隷州の対立が激化し，19世紀半ばには南北戦争
がおこり，結果的に奴隷制度は廃止された。奴隷にかわ
る安価な労働力としての移民の需要が増え，アメリカの
工業発展を背景に，海外渡航が解禁された中国人が年季
労働者として流入した。彼らは大陸横断鉄道建設にも従
事したが，白人下層労働者との軋轢が深まると，排斥運
動が展開され，1882年のアメリカ移民法改正で中国人の
移民が禁止された。(531字)〔非白人系の移動が対象なの
で，アフリカ系とアジア系について記述する。また，
「奴隷制廃止と安価な労働力としての移民の急増」の関係
を説明すること〕

2-1 奴隷史①――世界史における奴隷(p.10～13)―
解説 1．ヘシオドス　2．アリストテレス　3．ラウレ
イオン　4．債務奴隷　5．ヘイロータイ（ヘロット）
6．ラティフンディア　7．シチリア　8．スパルタク
ス　9．エピクテトス　10．シュードラ　11．不可触民
12．カースト　13．ザンジュ　14．マムルーク　15．ガ
ズナ　16．ホラズム＝シャー　17．奴隷　18．マムルー
ク　19．タバコ　20．三角貿易　21．ユトレヒト
22．アシエント　23．ホイットニー　24．砂糖　25．武
器　26．黒人奴隷　27．産業革命　28．リヴァプール
29．モノカルチャー　30．ベニン　31．国民公会
32．トゥサン＝ルヴェルチュール　33．ウィルバーフォ
ース　34．奴隷貿易　35．奴隷　36．第二共和政
37．奴隷解放

**2-2 奴隷史②――アメリカの黒人奴隷制と解放運
動**(p.14～20)――――――――――
解説 1．アメリカ独立　2．ミズーリ　3．リベリア
4．ストウ　5．カンザス・ネブラスカ　6．共和党
7．ドレッド＝スコット　8．リンカン　9．南北
10．憲法修正第13条　11．シェアクロッパー　12．クー＝
クラックス＝クラン　13．デュボイス　14．ブラウン
15．公民権　16．キング　17．ガンディー　18．ワシン
トン大行進　19．公民権　20．オバマ

問題演習 **問1** ①〔②スパルタクスの奴隷反乱は紀元前1
世紀のローマ共和政時代。③アクバルではなくアイバ
ク。④奴隷解放宣言は南北戦争中の1863年に発表され

た〕　問2①　問3①　問4 a〔b〕ガーナ王国ではなくアシャンティ王国。c〕パリ条約ではなくユトレヒト条約。d〕ニューイングランド植民地ではなくヴァージニア植民地〕　問5 c〔リベリア共和国の建国は南北戦争以前の1847年〕　問6 d

問7　近代奴隷制は，南北アメリカ大陸やカリブ海諸島で発達した。その特徴として，大西洋三角貿易によってアフリカから黒人奴隷を輸入し，その労働力でヨーロッパの市場に向けた商品作物を生産する国際分業体制のもとで成立した点があげられる。16世紀にスペインやポルトガルが中南米の植民地で鉱山開発やサトウキビ＝プランテーションに黒人奴隷を導入して始まり，その後，イギリスやフランスもカリブ海諸島の植民地でサトウキビやタバコのプランテーションを展開した。奴隷貿易はイギリスが主導権を握った。18世紀後半にイギリスで産業革命が始まると綿花の需要が高まり，北アメリカ大陸南部で黒人奴隷を使用する綿花プランテーションが発達した。（299字）〔題意は近代奴隷制の特徴と展開過程についてなので，特徴だけでなく，展開過程も年代を入れてしっかり書くこと〕

問8　ハイチではトゥサン＝ルヴェルチュールを指導者とする黒人奴隷の反乱を機にフランスから独立し，奴隷制が廃止された。アメリカ合衆国では南北戦争中にリンカンが奴隷解放宣言を出し，戦後の憲法修正で廃止された。（99字）〔表の読みとりは解答には直接関連しない。ハイチとアメリカ合衆国の奴隷解放の歴史については100字以内なので，コンパクトに書くことが求められる〕

3-1　東アジア史の諸テーマ①——中国歴代王朝・制度史の総まとめ（p. 21〜32）

解説　1．殷墟　2．封建　3．丞相　4．郡県　5．郡国　6．呉楚七国の乱　7．三長　8．律令国家　9．三省　10．六部　11．中書　12．門下　13．尚書　14．州県　15．都護府　16．節度使　17．安史の乱　18．文治　19．王安石　20．二重統治　21．猛安・謀克　22．フビライ　23．行中書省　24．朱元璋　25．六部　26．内閣　27．里甲　28．ヌルハチ　29．軍機処　30．理藩院　31．郷挙里選　32．九品中正　33．科挙　34．則天武后　35．殿試　36．士大夫　37．色目人　38．朱子学　39．戊戌の変法　40．豪族　41．屯田　42．均田　43．荘園　44．佃戸　45．租調庸　46．両税　47．募役　48．一条鞭法　49．地丁銀　50．府兵　51．募兵　52．藩鎮　53．千戸　54．衛所　55．八旗　56．緑営　57．郷勇　58．太平天国の乱　59．新軍　60．刀銭　61．布銭　62．半両銭　63．五銖銭　64．飛銭　65．交子　66．会子　67．交鈔

問題演習　問1③〔①は宋代の王安石による新法の一つ。②は北魏の孝文帝が導入した政策。④は秦の始皇帝の政策〕　問2④〔b（唐代）→ c（明代）→ a（清代）〕

問3④〔①六部は尚書省に属する組織。中書門下省とは宋代に中書省が門下省を吸収したことを示す呼称。②三省は隋・唐代に整備された。③六部は尚書省に属する〕

問4①　問5③　問6 a〔b〕地丁銀制では人頭税は土地

税にくりこむかたちで廃止された。c〕台湾は直轄地で理藩院の管轄下ではない。d〕緑営は対外戦争ではなく国内の治安維持活動に従事した〕　問7 設問1．エ〔郷挙里選ではなく九品中正〕　設問2．イ〔詔勅・上奏の起草は，門下省ではなく中書省が担当した〕　問8 エ〔軍機処は乾隆帝ではなく雍正帝が設置した〕　問9 ア〔郷挙里選が創始されたのは蜀（蜀漢）ではなく前漢〕

問10　設問1．郷挙里選とは優秀な人材を地方長官が中央に推薦する制度。実際には，能力によってではなく豪族などの有力者の子弟を推薦することが多くなった。設問2．中央政府から派遣された中正官が，郷里の人材を9等級に評価して中央に報告し，中央はそれに応じた官品を与えた制度。結果として地方の有力者の子弟が高い郷品を独占し，門閥貴族の固定化につながった。

問11　唐の税制は，成人男子に土地を支給し，世帯ごとに穀物や労役を課す租調庸制だったが，均田制の崩壊にともない，8世紀半ばに資産に応じて銭納させる両税法に変わった。16世紀の明代には人頭税と土地税を一括して銀納させる一条鞭法になり，18世紀の清代には人頭税を土地税にくりこみ一括化して銀納させる地丁銀制になった。（150字）〔8世紀は両税法，16世紀は一条鞭法，18世紀は地丁銀制への変更の時期なので，それぞれの税制の内容を説明すること〕

3-2　東アジア史の諸テーマ②——東アジアの諸地域（p. 33〜40）

解説　1．吐谷渾　2．吐蕃　3．ソンツェン＝ガンポ　4．安史の乱　5．チベット仏教　6．パスパ　7．ツォンカパ　8．アルタン＝ハン　9．ダライ＝ラマ　10．ポタラ　11．康熙帝　12．藩部　13．乾隆帝　14．英露協商　15．辛亥革命　16．ダライ＝ラマ13世　17．中華人民共和国　18．チベット反乱　19．ダライ＝ラマ14世　20．中印国境　21．ノーベル平和賞　22．尚巴志　23．首里　24．薩摩　25．両属　26．琉球処分　27．南京　28．北京　29．租借　30．改革・開放　31．一国二　32．ポルトガル　33．鎖国　34．倭寇　35．オランダ　36．ゼーランディア　37．鄭成功　38．遷界令　39．直轄地　40．天津　41．台湾出兵　42．下関　43．台湾総督府　44．皇民化　45．外省　46．本省　47．二・二八　48．蔣介石　49．国交正常化　50．新興工業経済地域　51．李登輝　52．陳水扁　53．民進党

問題演習　問1③〔明ではなく清によって藩部とされた〕　問2④〔a〕5世紀ではなく7世紀。b〕直轄領ではなく藩部として統治した〕　問3③〔a〕琉球王国は，島津氏に支配されたのちも中国への朝貢を続け，両属状態となっていた〕　問4①〔②大友氏ではなく島津氏。③琉球ではなく台湾。④対等な外交関係ではなく朝貢の関係〕　問5①　問6④〔①明ではなく清に抵抗した。②中国共産党ではなく中国国民党が逃れてきた。③日清修好条規ではなく下関条約〕　問7 エ〔16世紀ではなく14世紀末〜15世紀初め〕　問8 a，e〔a〕琉球が日本領となったのは1879年，台湾が日本領となったのは1895年。e〕台湾

出兵ではなく琉球処分による〕　**問9** b，f〔b）台湾出兵は1874年で，台湾割譲は日清戦争後の1895年。f）この説明は台湾ではなく朝鮮半島に関するもの。なお，問題文中の日台協約は存在しない〕　**問10**イ〔ロ）台湾総督府は国民党の機関ではなく，日本の統治機関。ハ）蔣介石はソ連ではなくアメリカとの協調路線を築いた。ニ）1988年に総統となった李登輝は本省人であった〕

問11　イギリスは1842年の南京条約で香港島を，60年の北京条約で九竜半島南部を割譲させ，98年に新界地区を租借した。(52字)

4-1　**おさえておきたいヨーロッパの諸地域①──アイルランド史**(p.41〜45)──────

解説 1．ケルト　2．カトリック　3．ノルマン　4．ヘンリ2世　5．ヘンリ8世　6．アルスター　7．クロムウェル　8．大ブリテン＝アイルランド連合　9．カトリック教徒解放　10．オコンネル　11．ジャガイモ　12．アイルランド土地　13．アイルランド自治　14．シン＝フェイン党　15．議会　16．イースター蜂起　17．アイルランド自由国　18．ウェストミンスター憲章　19．デ＝ヴァレラ　20．エール　21．アイルランド共和国　22．ヨーロッパ共同体　23．IRA

問題演習 問1②　**問2**④〔①フィレンツェではなくヴェネツィア。②スペインではなくフランス。③プロテスタント系住民ではなくカトリック系住民〕　**問3**④〔アイルランド自治法案の否決は保守党政権ではなく自由党政権時代のできごと〕　**問4** a〔1848年に結成されたのは青年アイルランド党。アイルランド国民党は1880年代に成立〕　**問5** c〔アイルランドでジャガイモが主食となったのは穀物生産が困難だったからではなく，穀物をイギリス人の地主に供出したため〕　**問6**②〔穀物法は1846年に廃止された。またこれは穀物価格の下落につながったため，アイルランド農民にとっては有利となった〕

問7⑤〔図1のbが1840年代に急増している点から，bがアイルランドとわかる〕

問8　17世紀にクロムウェルがアイルランドに侵攻して以降，プロテスタントのイギリス人地主がアイルランドの農地を所有し，カトリックのアイルランド人農民は小作人として，貧困と宗教的差別に苦しむこととなった。(97字)

問9　17世紀のクロムウェルの侵攻以降，イギリス人がアイルランドの農地を地主として所有し，カトリックのアイルランド人農民は小作人となる社会構造となった。アイルランド人は穀物をイギリス人地主に供出しジャガイモを主食とした。1801年に正式にアイルランドはイギリスに併合された。1840年代半ばにジャガイモ飢饉がおこり北米への移民が急増した。1829年のカトリック教徒解放法以降，アイルランド人も英議会へ進出したが自治法案は2度否決された。1916年，シン＝フェイン党を中心に独立を求める武装蜂起がおきた。1922年，イギリスは北部アルスター地方を除き，アイルランドに自治権を認めアイルランド自由国が成立した。(289字)〔書くべき内容が多いので，自分で年表をつくるなどして知識を確

認・整理してから書きはじめること〕

問10　1914年にアイルランド自治法が成立したが第一次大戦勃発のため実施延期となった。16年シン＝フェイン党を中心に独立を求めるイースター蜂起が起きたが鎮圧された。22年北アイルランドを除くアイルランドに自治権が承認されアイルランド自由国が成立した。(118字)

4-2　**おさえておきたいヨーロッパの諸地域②──地中海の島々の歴史**(p.46〜53)──────

解説 1．ギリシア　2．シラクサ　3．カルタゴ　4．ポエニ　5．属州　6．アルキメデス　7．奴隷反乱　8．ユスティニアヌス　9．ファーティマ　10．ノルマン　11．両シチリア　12．パレルモ　13．フリードリヒ2世　14．イェルサレム　15．シチリアの晩鐘　16．ナポリ　17．スペイン　18．スペイン継承　19．ユトレヒト　20．ナポレオン＝ボナパルト　21．ウィーン　22．ガリバルディ　23．イタリア　24．アメリカ合衆国　25．アラゴン　26．サルデーニャ　27．カヴール　28．ジェノヴァ　29．イギリス　30．アメリカ独立　31．ヴェネツィア　32．ギリシア独立　33．ヨハネ騎士団　34．レパント　35．冷戦の終結　36．ギリシア正教　37．十字軍　38．ベルリン

問題演習 問1（1）①〔②クレタ文明は青銅器文明で，鉄器は使用されていなかった。③クレタ文明を滅ぼして成立したのがミケーネ文明。④線文字Aが使用された〕（2）③〔bはシチリア島で，ナポレオン1世の出身地はdのコルシカ島〕（3）③〔cはサルデーニャ島。イタリアを統一した国王ヴィットーリオ＝エマヌエーレ2世は，統一前はサルデーニャ国王であった〕　**問2**④〔①フランク王国が支配したことはなく，ヴァンダル王国や東ゴート王国が支配した。②オスマン帝国の支配下に入ったことはない。③ベルリン条約でイギリスが支配権を獲得したのはキプロス島〕　**問3** c〔ビザンツ帝国からではなくイスラーム勢力から支配権を奪った〕　**問4**②　**問5** c〔カスティリャ王国ではなくアラゴン王国〕　**問6** b〔フィリップ2世ではなくルイ9世〕　**問7** c　**問8**②〔①はヤルタ会談，③はミュンヘン会談，④はポツダム会談の内容〕　**問9** 1．アラゴン　2．ラシュタット　3．サヴォイア

5　**中央アジア史**(p.54〜59)──────

解説 1．草原の道　2．オアシスの道　3．敦煌　4．サマルカンド　5．ソグド　6．エフタル　7．突厥　8．イスラーム　9．アッバース　10．ウイグル　11．トルキスタン　12．パミール高原　13．サーマーン　14．カラハン　15．セルジューク　16．ホラズム＝シャー　17．西遼（カラキタイ）　18．チャガタイ＝ハン　19．ティムール　20．サマルカンド　21．トルコ＝イスラーム　22．ウズベク　23．ブハラ＝ハン　24．ヒヴァ＝ハン　25．コーカンド＝ハン　26．ジュンガル　27．新疆　28．南下　29．綿花　30．ヤークーブ＝ベク　31．左宗棠　32．イリ　33．英露協商　34．中華民国　35．ロシア革命　36．新疆ウイグル　37・38．カザフス

4

タン・ウズベキスタン〔順不同〕
問題演習 問1③〔ブワイフ朝ではなくガズナ朝〕 問2③
〔①aはメソポタミア，②bはザカフカース，④dはモ
ンゴル高原をおおまかにさしている〕 問3②〔①明では
なく清によって占領された。③ウマイヤ朝ではなくアッ
バース朝以降。④匈奴の分裂ではなくウイグルの崩壊・
西走による〕 問4ニ〔ソグディアナ地方は，東トルキス
タンではなく西トルキスタンに位置する。なお，ハ）の
「アーリヤ系住民」はイラン系と同義だと解釈し，この地
がソグド人の地であったことを考えると正文となる〕
問5ウ〔タラス河畔の戦いで唐軍を打ち破ったのはウイ
グルではなくアッバース朝〕

6 アパルトヘイトの歴史(p.60〜62)────
解説 1．ブール 2．南アフリカ(南ア，ブール)
3．南アフリカ連邦 4．アフリカ民族会議 5．アパ
ルトヘイト 6．マンデラ 7．ソウェト 8．国際連
合 9．デクラーク 10．ノーベル平和賞
問題演習 問1② 問2③〔①バスティーユ襲撃後，人権
宣言が出された。②世界人権宣言は第二次世界大戦後，
国際連合の総会で採択された。④人種隔離政策の撤廃後
にマンデラ大統領が就任した〕 問3②〔マンデラと間違
えないように注意すること〕 問4ハ〔イ(1854年) → ニ
(1910年) → ハ(1991) → ロ(1994年)〕 問5アフリカ
民族会議(ANC)
問6 南アフリカでは黒人を差別する人種隔離政策であ
るアパルトヘイトが続いていたが，アフリカ民族会議な
どによる反対運動に加えて国際的な批判や経済制裁もあ
り1980年代末に見直しが始まり，1991年にはデクラーク
大統領により差別諸法が全廃された。1994年には全人種
参加の総選挙が実施され，黒人のマンデラが大統領にな
った。(150字)

7 近現代アメリカ先住民の歴史(p.63〜65)────
解説 1．メイフラワー 2．ピルグリム＝ファーザーズ
(巡礼始祖) 3．フレンチ＝インディアン 4．先住民
強制移住 5．ジャクソン 6．涙の旅路 7．サン
ド＝クリーク 8．ウーンデッド＝ニー 9．フロンティ
ア 10．フランクリン＝ローズヴェルト 11．公民権
問題演習 ※問題文中に「インディアン強制移住法」と記さ
れているものがあるが，現在は「先住民強制移住法」に教
科書などの記述も変わりつつある。 問1② 問2④
〔クーリーは中国系やインド系の下層移民労働者をさす
言葉〕 問3a〔モンロー大統領ではなくジャクソン大統
領が制定した〕
問4 独立時のパリ条約で，アメリカ合衆国はミシシッ
ピ川以東のルイジアナを領有した。その後1803年にはジ
ェファソン大統領がフランスからミシシッピ川以西のル
イジアナを購入した。さらに1819年にスペインからフロ
リダを購入して領土を拡大し，1845年にはメキシコから
独立していたテキサスを併合した。この頃，アメリカで
は領土拡張を天命として正当化する「マニフェスト＝デ
スティニー」がとなえられ，1846年にはオレゴンを併

合した。テキサスをめぐってアメリカ＝メキシコ戦争が
おこり，1848年に勝利してカリフォルニアやニューメキ
シコを獲得し，アメリカの領土は太平洋岸に達した。カ
リフォルニアで金鉱が発見されたこともあり多くの移民
が流入し開拓が進められた。一方，先住民は白人に追わ
れ，1830年にジャクソン大統領が制定したインディアン
強制移住法により，西部の保留地に移された。(368字)
〔領土拡大の歴史を時系列でまとめればよい。インディ
アン強制移住法については領土拡大の流れとは別に記述
した方が読みやすい〕

8 ユダヤ人の歴史(p.66〜71)────
解説 1．出エジプト 2．モーセ 3．イスラエル
4．ダヴィデ 5．ソロモン 6．バビロン 7．ユダ
ヤ 8．旧約聖書(ユダヤ教では『聖書』) 9．ポンペイ
ウス 10．イエス 11．ディアスポラ 12．シナゴーグ
13．啓典の民 14．ハザル＝ハン 15．十字軍 16．ペ
スト(黒死病) 17．ミッレト 18．ゲットー 19．ポグ
ロム 20．ドレフュス 21．シオニズム 22．ニュルン
ベルク 23．水晶の夜(クリスタル＝ナハト) 24．ホロ
コースト
問題演習 問1④ 問2① 問3④〔①ソロモン王はバビ
ロン捕囚以前の前10世紀頃の王。②『旧約聖書』はヘブラ
イ人の伝承や歴史をまとめたユダヤ教の経典。③反対運
動もあったが，阻止できなかった〕 問4③〔①ゲシュタ
ポはナチス＝ドイツの秘密警察。②アウシュヴィッツは
オランダではなくポーランドにある。④イスラエルは第
二次世界大戦後に建国された〕 問5③〔(a)の総督はエピ
クテトスではなくピラト(ピラトゥス)〕 問6インノケ
ンティウス3世 問7a〔アウシュヴィッツはオースト
リアではなくポーランドにある〕 問8ハ〔(イ)ヒンデン
ブルク大統領は1934年に死去し，40年に建設されたアウ
シュヴィッツ収容所には関与していない。ロ)犯人はユダ
ヤ人ではなく元共産党員だったので，反共産党プロパ
ガンダに利用された。ニ)親衛隊の指導者はヒムラー。
また，レームは1934年に粛清された〕 問9ユダヤ人を
パレスチナに移住させ，ユダヤ人国家を設立しようとす
る運動(33字) 問10ゲットー
問11 パレスチナに建国されたヘブライ王国は，前10世
紀頃，ダヴィデ，ソロモン両王の時代に繁栄したが，前
10世紀末に南・北王国への分裂がおこり，北部にイスラ
エル王国が，南部にユダ王国が建国された。イスラエル
王国は前8世紀にアッシリアに滅ぼされた。南のユダ王
国は前6世紀に新バビロニアに滅ぼされ，その際に新バ
ビロニアのネブカドネザル2世によって住民がバビロン
に強制的に移住させられる「バビロン捕囚」がおこった。
前6世紀後半，アケメネス朝ペルシアのキュロス2世が
新バビロニアを滅ぼすとユダヤ人は解放され，帰国を許
された。その後ユダヤ人はイェルサレムにヤハウェの神
殿を再興し，こうした受難の歴史の中でユダヤ教が確立
されていった。前4世紀後半，マケドニアのアレクサン
ドロス大王による東方遠征でアケメネス朝が滅ぼされる
と，パレスチナはマケドニアに支配された。大王の死後

はセレウコス朝シリアがパレスチナの地を支配するようになった。前2世紀半ば，ハスモン朝がユダヤ人の王朝として独立するが，前1世紀半ばにローマの武将ポンペイウスに滅ぼされ，ローマの属州となった。ローマ帝国による属州支配に対してユダヤ人は大規模な反乱（ユダヤ戦争）を2回おこした。しかしローマ帝国によって鎮圧され，神殿は破壊されてユダヤ人はパレスチナを追われて各地に散らばるという民族離散状況となっていった。(574字)〔時系列で書けばよいので構成は難しくないが，問題が指定している期間に注意すること。「紀元前十世紀初頭に成立したダヴィデ王朝以降」〜「ローマ帝政期に至るまで」なので，「出エジプト」は不要であるし，ローマ帝国滅亡後についても書かないこと〕

9 パレスチナ問題(p.72〜80)────

解説 1．フセイン・マクマホン 2．サイクス・ピコ 3．バルフォア 4．シオニズム 5．国際連合 6．イスラエル 7．第1次中東（パレスチナ） 8．パレスチナ難民 9．ナセル 10．スエズ運河 11．第2次中東（スエズ） 12．パレスチナ解放機構 13．第3次中東（6日） 14．シナイ半島 15．ゴラン高原 16．アラファト 17．サダト 18．第4次中東 19．アラブ石油輸出国機構 20．石油危機 21．ベギン 22．エジプト＝イスラエル平和 23．カーター 24．シナイ半島 25．インティファーダ 26．湾岸 27．ラビン 28．パレスチナ暫定自治 29．テルアビブ 30．アッバス 31．ハマース

問題演習 問1⑥〔c（1948年）→ b（1969年）→ a（1993年）〕 問2②〔石油危機（オイル＝ショック）は第4次中東戦争により発生した〕 問3③〔ガザ地区とヨルダン川西岸がイスラエルの支配地域に含まれていないことから，地図は第3次中東戦争以前のものと判断できる。また，多くのパレスチナ難民が発生していることから，第1次中東戦争のものを示していると判断できる。①アラブ諸国が石油戦略を発動したのは第4次中東戦争（1973年）。②スエズ運河の国有化宣言に対してイスラエルとともに第2次中東戦争（1956〜57年）をおこしたのはイギリス・フランスで，逆にアメリカはこの行動を非難した。④は第3次中東戦争（1967年）の説明〕 問4ⅰ）ノルウェーⅱ）イェリコ 問5d〔ラビンではなくベギン〕 問6c〔②1981年のサダト大統領暗殺後，ムバラクが大統領に就任した。②（1981年）→ ⑤（1982年）→ ①（1987年）→ ④（1988年）→ ③（1991年）〕 問7（1）イーデン（2）マドリード（3）ノルウェー〔「ヨーロッパの国」なのでアメリカでは誤答となる〕 問8イスラエル支援国に対して原油輸出の停止・制限措置をおこなった。(31字) 問9 イギリスはアラブ人とフセイン・マクマホン協定を結び，アラブ人がオスマン帝国へ反乱を企てることを条件に戦後の独立を約束した。仏・露とは秘密協定のサイクス・ピコ協定を結び，戦後の中東地域の分割を決めた。ユダヤ人の経済的協力を得るためにバルフォア宣言を発して，パレスチナでのユダヤ国家建設の支援を約束した。(150字)〔「どの集団に対してどのような外交政策

をおこなったか」を明確にしよう〕 問10 第一次世界大戦終了後，イギリスがパレスチナを委任統治領とした。その後，この地域へは1930年代にナチス＝ドイツによるホロコーストから逃れてきたユダヤ人の入植者が増え，先住のアラブ人とユダヤ人入植者との対立が始まった。第二次世界大戦後，国際連合でパレスチナ分割案が決議され，さらに1948年にイスラエルが建国されると，反対するアラブ諸国連盟とのあいだで第1次中東戦争がおこり，多くのパレスチナ難民が発生した。エジプトのナセル大統領がスエズ運河国有化を宣言すると，イギリス・フランス・イスラエルが出兵して1956年に第2次中東戦争がおこった。1964年にパレスチナ人はPLOを結成し，1969年からはアラファトが議長となりパレスチナ解放闘争を推進した。1967年にイスラエルが侵攻して第三次中東戦争となり，イスラエルは勝利し，シリアからゴラン高原，エジプトからシナイ半島など多くの領土を奪った。(383字)〔「1960年代まで」なので第4次中東戦争は書かないこと〕

10-1 冷戦史①──冷戦史概観(p.81〜88)

解説 1．チャーチル 2．人民民主 3・4．ギリシア・トルコ〔順不同〕 5．トルーマン 6．封じ込め 7．マーシャル 8．コミンフォルム 9．共産党 10．チェコスロヴァキア 11．西ヨーロッパ連合 12．ティトー 13．通貨改革 14．ベルリン封鎖 15．コメコン 16．北大西洋条約機構 17．ドイツ連邦共和国 18．アデナウアー 19．ドイツ民主共和国 20．パリ 21．ワルシャワ条約機構 22．日米安全保障 23．スターリン 24．ジュネーヴ4巨頭 25．フルシチョフ 26．平和共存 27．コミンフォルム 28．ポズナニ 29．ハンガリー 30．アイゼンハワー 31．平和五原則 32．アジア＝アフリカ 33．平和十原則 34．非同盟諸国首脳 35．ベルリンの壁 36．キューバ 37．ケネディ 38．部分的核実験禁止 39．地下 40．中ソ対立 41．ド＝ゴール 42．北大西洋条約機構 43．プラハの春 44．ブレジネフ 45．東方外交 46．ニクソン 47．石油危機（オイル＝ショック） 48．全欧安全保障協力 49．第2次冷戦 50．アフガニスタン 51．グレナダ 52．ゴルバチョフ 53．東欧革命 54．連帯 55．チャウシェスク 56．ベルリンの壁 57．マルタ 58．東西ドイツ 59．独立国家共同体 60．同時多発テロ

問題演習 問1④〔①鄧小平ではなく毛沢東。②アメリカではなくソ連。③フルシチョフではなくゴルバチョフ〕 問2②〔キューバ革命は1959年のできごと〕 問3ア〔ア）Aはフランス管理地区。イ）Bはソ連管理地区。また，パリ解放の中心勢力はイギリス・フランス。ウ）Cはアメリカ管理地区。また，ベルリンを陥落させた中心勢力はソ連。エ）Dはイギリス管理地区。また，チャーチルはポツダム会談の途中でアトリーに交代している〕 問4①〔アメリカのソ連承認は第二次世界大戦以前の1933年〕 問5ア〔アルバニアは当初参加し，1968年に脱退〕 問6c〔①レーガンではなくブッシュ（父）〕

問7　大戦後ドイツとベルリンは米英仏ソの分割管理となったが，1948年米英仏の西側地区で通貨改革を強行すると，反対したソ連がベルリン封鎖で対抗し，49年に西のドイツ連邦共和国と東のドイツ民主共和国が分立した。西独がパリ協定で主権を回復して翌55年NATOに加盟すると，ソ連は対抗してワルシャワ条約機構を結成した。西への人口流出に悩む東独は61年にベルリンの壁を構築し対立は激化した。70年頃からデタントがすすみ，西独首相ブラントの東方外交により東西ドイツ基本条約の締結と国連同時加盟が実現した。89年，東欧革命のさなかにベルリンの壁が開放され，90年には東西ドイツ統一が実現した。(279字)

問8　(1)アメリカは，ギリシアとトルコに軍事援助を与えることでソ連の拡大を封じ込めるトルーマン＝ドクトリンと，ヨーロッパの経済復興のために援助をおこなうマーシャル＝プランを発表した。一方，ソ連はこの動きに対抗して各国共産党の情報交換機関としてコミンフォルムを結成した。(129字)

(2)東欧の民主化の気運が高まり，ポーランドでは複数政党制下の選挙で「連帯」が勝利して非共産党政権を成立させた。またハンガリーやチェコスロヴァキアも複数政党制に移行した。東ドイツでは西側への脱出者が急増し，ベルリンの壁が開放された。ルーマニアではチャウシェスクの独裁体制が崩壊した。(138字)

〔(1)(2)とも盛り込むべき内容が多いので，過不足なくまとめられるよう，年表をつくって整理するなどして，歴史の「幹」は何なのかを確認しながら書き進めていくこと〕

問9　1989年は東欧の社会主義諸国で自由化，民主化を求める運動，いわゆる東欧革命が広がった年で，この1年でほとんどの東欧諸国で社会主義体制が崩壊し，冷戦が終結した年ともなった。この風刺画は，アメリカなど資本主義陣営が，資本主義社会にも風刺画に登場するような困窮者は存在しているのに，そのことに気付かないで冷戦の勝利にばかり気をとられて傲慢な態度をとっていることを批判している。(184字)〔東ヨーロッパの情勢は書きやすいが，「批判されている社会状況」は注意して書くこと。この風刺画はアメリカの新聞に掲載されており，セリフが「我々」であることから，この困窮者はアメリカ社会の人間だということに気付くこと，つまり，アメリカの社会状況について問われている〕

10-2　冷戦史②──核問題の展開(p.89～94)

解説 1．原爆(原子爆弾)　2．長崎　3．ソ連　4．第五福竜丸　5．ラッセル・アインシュタイン　6．原水爆禁止　7．広島　8．パグウォッシュ　9．スプートニク1号　10．ガガーリン　11．部分的核実験禁止　12．地下　13．核拡散防止　14．アポロ11号　15．戦略兵器制限交渉　16．核戦争防止　17．全欧安全保障協力　18．スリーマイル　19．スペースシャトル　20．チェルノブイリ　21．中距離核戦力(INF)全廃　22．戦略兵器削減　23．包括的核実験禁止　24．オバマ　25．核兵器禁止

問題演習 問1　②〔核拡散防止条約(核不拡散条約，NPT)は1968年〕　問2　③〔中華人民共和国ではなくイギリス〕　問3　a〔b)民主党のクリントンではなく共和党のレーガン。c)中距離核戦力(INF)全廃条約は1987年で，第1次戦略兵器削減条約は1991年。d)反ゴルバチョフ＝クーデタ(1991年)は軍人ではなく共産党保守派によるもの〕　問4　e〔1952年に最初に水素爆弾を開発したのは，ソ連ではなくアメリカ〕　問5　ウ〔ア)1968年。イ)1973年。ウ)1963年。エ)1996年〕　問6　①C　②C　問7　(1)①〔ソ連の原爆実験成功は1949年で，朝鮮戦争以前〕　(2)③〔SALTⅠはNPTとは関係なく，また，ICBMなどの戦略核兵器の削減ではなく，保有数の上限を決めた協定〕　問8　(1)4，3，6，5〔1(1945年)→4(1949年)→3(1952年)→6(1953年)→5(1957年)→2(1958年)〕　(2)1963年に米英ソの提唱で結ばれた部分的核実験禁止条約は大気圏・宇宙・水中の核実験を禁止したが，地下の核実験については禁止しなかった。また，フランスと中国が参加しなかったこともあり，核軍拡の歯止めにはならなかった。(105字)

問9　第二次世界大戦末期の1945年に広島・長崎に原爆が投下され，日本は被爆国となった。その後，1954年にアメリカがビキニ原水爆実験をおこない，日本の漁船第五福竜丸が被爆した事件を契機に，日本から原水爆禁止運動が始まった。国際的には1955年のラッセル・アインシュタイン宣言により，1957年にカナダでパグウォッシュ会議が開かれ，科学者たちが核兵器廃絶を訴えた。1962年のキューバ危機以降，米ソは核戦争の恐ろしさを痛感し核軍縮に歩み寄りはじめた。1963年には部分的核実験禁止条約が締結され地下以外の核実験が禁止された。1968年には米英ソ仏中以外に核保有国を拡大しないよう核拡散防止条約が調印された。(286字)〔1968年までを時系列でまとめる〕

問10　第二次世界大戦後，アメリカがソ連に対する封じ込め政策を開始すると，ソ連も対抗して核を保有した。またアメリカがNATOを，ソ連がワルシャワ条約機構を結成するなど冷戦が本格化するなかで核軍拡競争がおこった。米ソの緊張は1962年にキューバ危機を招いたが，危機回避後，緊張緩和の時代となり，1963年に部分的核実験禁止条約が締結された。一方，米ソだけでなく英仏中も核保有を進めるなか，68年に核拡散防止条約が結ばれて核軍縮が進んだ。また米ソは1972年に戦略兵器制限交渉もおこなった。1980年代は一転して新冷戦となったが，米ソとも財政の悪化もあり，核軍縮をさらに進め，1987年に中距離核兵器全廃条約を結び，1989年には冷戦の終結を宣言した。核兵器の開発競争は冷戦を激化させ，核抑止力理論に基づく軍拡競争を招いたが，巨額の軍事費の負担による財政難もあり，結果として冷戦の終結をもたらす役割もはたした。(386字)〔「冷戦期の国際政治に核兵器が果たした歴史的役割」の位置付けが難しい。また，「各国の核保有」なので，米ソだけでなくイギリス・フランス・中国についても言及すること〕

11 歴代大統領でみるアメリカ合衆国史（p.95〜106）──
[解説] 1．ワシントン　2．連邦派　3．トマス＝ジェファソン　4．ルイジアナ　5．アメリカ＝イギリス（米英）　6．モンロー　7．ミズーリ　8．州権　9．モンロー教書　10．ジャクソン　11．先住民強制移住　12．ゴールドラッシュ　13．アメリカ＝メキシコ　14．カンザス・ネブラスカ　15．共和党　16．リンカン　17．アメリカ連合国　18．南北　19．ホームステッド　20．奴隷解放　21．ゲティスバーグ　22．アラスカ　23．大陸横断鉄道　24．パン＝アメリカ　25．マッキンリー　26．アメリカ＝スペイン（米西）　27．フィリピン　28．ハワイ　29．プラット条項　30．ジョン＝ヘイ　31．セオドア＝ローズヴェルト　32．棍棒外交　33．パナマ運河　34．タフト　35．ドル外交　36．ウッドロー＝ウィルソン　37．宣教師外交　38．十四カ条　39．国際連盟　40．ハーディング　41．ワシントン　42．移民　43．ドーズ　44．不戦　45．フーヴァー　46．世界恐慌　47．フランクリン＝ローズヴェルト　48．ニューディール　49．農業調整　50．全国産業復興　51．ワグナー　52．善隣外交　53．大西洋憲章　54．トルーマン　55．マッカーシズム　56．封じ込め　57．朝鮮　58．アイゼンハワー　59．ダレス　60．公民権　61．巻き返し　62．ケネディ　63．ワシントン大行進　64．キューバ　65．ジョンソン　66．偉大な社会　67．公民権　68．北ベトナムへの爆撃（北爆）　69．ニクソン　70．アポロ11号　71．ドル＝ショック　72．ウォーターゲート　73．中華人民共和国　74．ベトナム（パリ）和平　75．フォード　76．サミット　77．カーター　78．エジプト＝イスラエル平和　79．レーガン　80．新自由　81．グレナダ　82．中距離核戦力（INF）全廃　83．ブッシュ　84．マルタ　85．湾岸　86．クリントン　87．ブッシュ　88．同時多発テロ　89．イラク　90．プラハ　91．キューバ

[問題演習] 問1①〔②ワシントンではなくトマス＝ジェファソン。③民主党ではなく共和党からの選出であり、北部を基盤とした。④リンカンではなくポーク〕　問2(1) a・3　b・7　c・2　d・6〔インディアン強制移住法制定（1830年）→テキサス併合（45年）→アメリカ＝メキシコ戦争勃発（46年）→カルフォルニア領有（48年）→カンザス・ネブラスカ法制定（54年）→リンカン、大統領に当選（60年）→南北戦争勃発（61年）→ホームステッド法制定（62年）→南北戦争終結（65年）→最初の大陸横断鉄道完成（69年）〕　(2)①〔この資料は1823年のモンロー教書。1行目にアメリカの不干渉政策が記されていることや、文末にはヨーロッパによる干渉は「非友好的意向の表明」とみなす旨が記されているところから、相互不干渉を表明したものと判断できる〕　問3②　問4④〔①テキサスは戦争の結果ではなく、テキサス共和国の要請で1845年に併合された。また、アメリカ＝イギリス（米英）戦争は1812〜14年。②アメリカ＝スペイン（米西）戦争の結果、プエルトリコはスペイン領からアメリカ領になった。③トルーマンではなくフランクリン＝ローズヴェルト〕　問5②〔棍棒外交はマッキンリーではなくセ

オドア＝ローズヴェルトがおこなった〕　問6②〔フーヴァー＝モラトリアムはニューディール以前のフーヴァー大統領の政策〕　問7ハ〔トルーマンの在任は1945〜53年。アイゼンハワーの在任は1953〜61年〕　問8 c

問9 c　問10 c〔ベトナム戦争からの撤退を実現したのはニクソン大統領〕　問11社会主義勢力がアジアに広がるのを阻止し、自由主義世界を守る正義の戦いであると位置づけたから。（46字）

12 ヨーロッパ統合の歴史（p.107〜112）──
[解説] 1．クーデンホーフ＝カレルギー　2．シューマン　3．ヨーロッパ石炭鉄鋼共同体　4．ローマ　5．ヨーロッパ経済共同体　6．ヨーロッパ原子力共同体　7．ヨーロッパ自由貿易連合　8．ヨーロッパ共同体　9．イギリス　10．ギリシア　11．スペイン・ポルトガル〔順不同〕　12．単一欧州議定書　13．シェンゲン　14．マーストリヒト　15．ヨーロッパ連合　16．ノルウェー　17．ユーロ　18．トルコ　19．リスボン　20．イギリス　21．ブリュッセル　22．ストラスブール

[問題演習] 問1②　問2②〔ヨーロッパ経済共同体の発足は1958年〕　問3④〔a）ギリシアは1981年にヨーロッパ共同体（EC）に加盟した。b）イギリスのEC加盟は発足（67年）後の73年〕　問4①　問5 a〔シューマン＝プラン発表（1950年）→ECSC発足（1952年）→ローマ条約調印（1957年）→EURATOM設立（1958年）〕　問6 a

問7 b　問8 d〔a）シューマンはフランスの外相。b）マーストリヒト条約によって発足したのはヨーロッパ連合（EU）。c）スイスはEUに加盟していない。d）ノルウェーは1994年の国民投票で加盟しないことを選択した〕　問9③〔ヨーロッパ経済協力機構（OEEC）が発展したのは経済協力開発機構（OECD）〕　問10③〔イギリスはアイルランド・デンマークとともに加盟した〕

問11　EUは通貨統合を実現し、共通外交やEU大統領をおくなど将来的には政治統合を見据えた協力機構である点。（50字）

問12　第二次世界大戦後、独仏伊ベネルクス3国の6カ国は資源の共同管理を目的に1952年にECSCを設立した。さらに58年に加盟国間の関税引下げや資本と労働力の移動の自由などを目的とするEECと原子力開発の協力機関のEURATOMを設立し、3組織を67年に合併してECとなった。73年にイギリスなど3カ国が加盟し拡大ECとなり、80年代には加盟国が12カ国に増えアメリカや日本に対抗する経済圏となった。マーストリヒト条約に基づき93年にEUが誕生し将来の政治統合を見据え、99年には共通通貨ユーロを導入した。（241字）〔年表をつくって組織の結成年や条約締結年などを確認しながら過不足なく書いていこう〕

13 女性の権利の歴史（p.113〜117）──
[解説] 1．啓蒙　2．人権　3．オランプ＝ド＝グージュ　4．ロラン　5．マラー　6．ナポレオン　7．ヴィクトリア　8．ナイティンゲール　9．マリ＝キュリー　10．カルティニ　11．イプセン　12．ジョン＝ステュア

ート＝ミル　13．第一次世界大戦　14．ニュージーランド　15．イギリス　16．ドイツ　17．アメリカ　18．フランス　19．日本　20．女性差別撤廃

問題演習 問1 ① 〔古代ギリシアのポリス社会では，女性参政権は認められなかった〕 問2 A）ジョン＝ステュアート＝ミル　B）1793年（ジャコバン）　設問1．『人形の家』　設問2．d〔ヴァイマル憲法では女性にも参政権が認められた〕　設問3．c〔イタリア統一戦争ではなくクリミア戦争。また，国際赤十字を設立したのはゴードンではなくデュナン〕

問3　19世紀の国民国家形成の過程では女性は家庭という私的空間に閉じ込められ，社会という公的空間への進出を認められなかった。しかし19世紀半ば頃から，女性の社会進出が始まり，クリミア戦争ではイギリスのナイティンゲールが従軍看護師として活躍し，国際赤十字の設立にも影響をあたえた。女性参政権実現をめざす運動も欧米各国で始まった。20世紀初頭の第一次世界大戦は総力戦となり，女性も軍需工場に動員されるなどさまざまな分野への社会進出が進んだ。その影響もあり，大戦後，各国で女性参政権が実現した。イギリスでは1918年，ドイツではヴァイマル憲法により1919年，アメリカではウィルソン大統領時代の1920年に承認された。大戦中にロシア革命がおこり社会主義政権が成立すると，ソヴィエト＝ロシアでも女性参政権が実現した。（340字）〔「国民」の使い方が難しい。解答例では「国民国家」でもちいたが，第一次世界大戦中の「国民」の総力戦としてもちいることもできるだろう〕

問4　フランスでは，フランス革命時の人権宣言で人間の平等がうたわれ，女性も革命に参加したが，ナポレオン法典では家父長制のもと，女性は従属的地位にとどめられた。産業革命期になると工場や炭鉱で働く女性が急増したが，女性の労働条件は児童とともに劣悪であった。一方，看護師として活躍したナイティンゲールのように専門的職業に進出する女性も増え，キュリーのように化学の発展に寄与しノーベル賞を受賞する女性もあらわれた。また，インドネシアのカルティニや日本の津田梅子など女子教育に尽力する女性も登場した。総力戦となった第一次世界大戦では，従軍する男性にかわって女性がさまざまな分野に社会進出したこともあり，この時期に，イギリスでは第4次選挙法改正(1918)で，ドイツでは敗戦後のヴァイマル憲法で，アメリカではウィルソン大統領時代の1920年に女性参政権が実現していった。一方，社会主義的平等の観点からソ連ではロシア革命後に女性参政権が実現した。イスラーム圏では，革命後のトルコで1934年に女性参政権が承認された。しかし，第二次世界大戦後になっても，社会的な女性差別は残った。1960年代より，世界的なベトナム反戦運動やアメリカの公民権運動の高揚のなかで，女性差別撤廃をめざすフェミニズム運動も広がり，1979年に国連総会は女性差別撤廃条約を採択した。日本でもこれを受けて男女雇用機会均等法が成立した。（583字）〔キーワードをつないでいけばプロットができあがるだろう。また，「フェミニズム」を正確にもちいるためには，ふだんから世界史

の学習にとどまらず，広く社会の問題に関心をもつ必要がある〕

⓮　感染症の歴史(p. 118～122)────

解説 1．ユスティニアヌス　2．モンゴル　3．荘園　4．ユダヤ　5．北里柴三郎　6．ボッカチオ　7．カミュ　8．スペイン　9．ジェンナー　10．種痘　11．世界保健機関　12．産業革命　13．コッホ　14．イギリス　15．公衆衛生　16．第一次世界大戦　17．パストゥール　18．フレミング　19．国際連合

問題演習 問1 ③　問2 ア〔(イ)バラ戦争(1455～85年)中ではなく百年戦争中。ウ）大シスマは1378～1417年で，ペスト流行よりあとのできごと。エ）戦術は火器をもつ歩兵中心に変化した〕　問3 e〔(d)ツベルクリンは19世紀末にコッホが創製した注射液〕

問4　(1)黒死病流行の要因としては，流行以前にすでにモンゴルによる世界的な交易ネットワークが成立していたこと，スペインかぜについては，第一次世界大戦で世界各地から兵士が動員させられたことがあげられる。（95字）〔伝染病流行の要因を「地域間移動の頻度の増加」という視点から考えよ，という問題なので，そこに焦点をしぼること〕

(2)短期的影響としては，人口激減によって領主が労働力確保のため農民の待遇を向上させたこともあり農奴的身分からの解放が進んだが，一方で「封建反動」の動きがおこり，それに対抗して農民反乱も発生するなど社会的混乱が続いた。長期的影響としては，荘園制という経済的基盤を失った諸侯は国王の廷臣となり，王権が強くなった。一方で教皇権はますます衰退し，その結果，封建社会は大きく変容し，国王による中央集権につながった。（200字）〔短期的影響と長期的影響をしっかり区別して書くこと〕

⓯　地球環境と人類(p. 123～126)────

解説 1．間氷期　2．生産　3．インド＝ヨーロッパ　4．インダス　5．ローマ　6．遠隔地貿易　7．大開墾　8．東方植民　9．蘇湖熟すれば天下足る　10．ペスト(黒死病)　11．三十年　12．産業革命　13．地球温暖化　14．オゾン層　15．レイチェル＝カーソン　16．国連人間環境　17．ワシントン　18．環境と開発に関する国連　19．持続可能な開発　20．京都　21．パリ

問題演習 問1 ④〔京都議定書の採択・発効はそれぞれ1997年と2005年〕　問2 ④〔国連環境開発会議（地球サミット，環境と開発に関する国連会議）は1992年〕　問3 b〔オゾン層の破壊はフロンガスやメタンガスが原因だと考えられている〕

問4　日本では南北朝の混乱の時期で，倭寇が活発化した。中国では元の衰退期の混乱のなか紅巾の乱がおき，元にかわって明が成立した。ヨーロッパでは百年戦争の混乱期のさなかにアジアとの交流ルートを通じて黒死病が伝わって大流行し，人口が激減した。（115字）〔キーワードが大きな手がかりとなるので，書くべき方向性はつかめるはず〕

第2部　文化史・交流史

⓰　文字の歴史（p. 128〜131）————

解説 1．シャンポリオン　2．ロゼッタ゠ストーン
3．グローテフェント　4．ローリンソン　5．ベヒス
トゥーン　6．ヴェントリス　7．殷墟　8．フェニキ
ア　9．アラム　10．突厥　11．アラビア　12．突厥
13．ヌルハチ　14．アショーカ　15．ソンツェン゠ガン
ポ　16．フビライ　17．スコータイ　18．耶律阿保機
19．陳　20．世宗　21．キープ

問題演習 問1③〔（a）神聖文字（ヒエログリフ）ではなく楔
形文字〕　問2⑴イ　⑵イ　⑶エ〔ロゼッタ゠ストーンに
は，上段に神聖文字，中段に民用文字（デモティック），
下段にギリシア文字が刻まれている〕　⑷エ〔女真文字は
漢字から派生〕　⑸イ　⑹ア　⑺エ　⑻イ〔a）正文。b）
モンゴル文字はアラム文字系〕　⑼ア　⑽ウ
問3　1．インド洋交易が活発化し，インドから仏教や
ヒンドゥー教，サンスクリット語などが伝わり，東南ア
ジアの「インド化」が進んだ。その過程でインドの文字も
伝わり，東南アジア各地の文字に発展した。（91字）〔①
の文字はいずれも古代インドのブラフミー文字から派生
した文字。これに気づけば，東南アジアにインドの影響
がおよんだ，つまり「インド化」を想起できるはず〕
2．ムスリム商人がインド洋海域での交易活動を開始す
ると東南アジアにイスラーム教が広まった。とくに13世
紀頃からはスーフィーが盛んに活動し，「コーラン」の文
字であるアラビア文字の使用も普及した。（93字）〔②の
文字がアラビア文字であることに気づけば，イスラーム
教の伝播を想起できるはず〕
3．ベトナム北部は10世紀まで中国の支配を受けていた
ことから漢字が使用されていた。13世紀に陳朝が元を撃
退し民族意識が高揚し，漢字をもとにチュノムが作成さ
れた。（76字）〔③は「元になった文字＝漢字」と「それをま
ねて作った文字＝チュノム」が混ざった文章である。漢
字の導入とチュノム作成の背景について述べること〕

⓱　情報伝達の歴史（p. 132〜135）————

解説 1．粘土版　2．パピルス　3．オストラコン
4．羊皮紙　5．甲骨　6．青銅器　7．木簡　8．紙
9．蔡倫　10．マヤ　11．タラス河畔　12．高麗
13．グーテンベルク　14．モース　15．ロイター
16．ベル　17．エディソン　18．マルコーニ　19．ラジ
オ　20．フランクリン゠ローズヴェルト　21．ゲッベル
ス　22．テレビ　23．IT革命

問題演習 問1④〔電話の発明は19世紀後半〕　問2①〔②
無線電信を発明したのはアークライトではなくマルコー
ニ。③19世紀後半ではなく20世紀前半。④20世紀前半で
はなく後半〕　問3④〔①映画を発明したのはノーベルで
はなくエディソン。②20世紀前半ではなく19世紀後半。
③インターネットの普及は1990年代以降〕　問4⑴A）11
B）21　C）27　D）2　E）40　F）7　G）13　H）41
I）42　J）32　K）30　L）43　M）12　N）39　O）34

P）18　Q）33　R）5　⑵火薬，羅針盤　⑶活版印刷の
発明以前は，羊皮紙をもちいた手作業による写本が中心
であり，高価で数にも限りがあったから。（49字）
問5⑴(a)活版印刷術，(b)グーテンベルク　⑵コンピ
ューター

⓲　暦の歴史（p. 136〜138）————

解説 1．月　2．ヒジュラ　3．ラマダン　4．閏
5．太陽　6．エジプト　7．ウマル゠ハイヤーム
8．ユリウス　9．グレゴリウス　10．革命　11．第一
共和政　12．ナポレオン1世　13．郭守敬　14．授時
15．貞享　16．崇禎暦書　17．日本　18．ムスタファ゠
ケマル

問題演習 問1②〔①・③顧炎武は明末清初の考証学者〕
問2④〔共和暦（革命暦）制定は総裁政府時代ではなくジ
ャコバン派による国民公会時代〕　問3②〔①イスラーム
教誕生以前，カーバ神殿は多神教の神殿だった。③イス
ラーム暦は太陰暦。④メッカではなくメディナ〕
問4B〔太陽のピラミッドはテオティワカン文明の遺跡〕
問5b〔日本は清の冊封を受けていない〕

**⓳-1　モノの歴史①——茶・コーヒー・陶磁器・香
辛料**（p. 139〜142）————

解説 1．漢　2．唐　3．馬　4．栄西　5．東インド
会社　6．黒人奴隷　7．ボストン茶会　8．中国貿易
独占　9．航海　10．アヘン　11．スーフィー　12．オ
ランダ　13．コーヒーハウス　14．世論　15．ジャワ
16．ハイチ　17．禁酒　18．海の道　19．唐三彩
20．景徳鎮　21．染付　22．マイセン　23．モルッカ
24．季節風　25．東方貿易（レヴァント貿易）　26．カー
リミー　27．ポルトガル　28．オランダ　29．バンテン

**⓳-2　モノの歴史②——銀・織物・アメリカ大陸から
もたらされたモノ**（p. 143〜148）————

解説 1．ドラクマ　2．ディルハム　3．アウクスブル
ク　4．ポトシ　5．価格革命　6．アカプルコ
7．一条鞭法　8．地丁銀　9．石見　10．商業革命
11．グーツヘルシャフト　12．茶　13．銀　14．アヘン
15．三角貿易　16．金本位　17．フランドル　18．スペ
イン　19．オアシスの道　20．絹馬交易　21．ビザンツ
22．ササン　23．東方貿易（レヴァント貿易）　24．明
25．キャラコ　26．産業革命　27．ジョン゠ケイ
28．ハーグリーヴズ　29．力織機　30．南部　31．ガン
ディー　32．タバコ　33．タバコ゠ボイコット　34．ト
ウモロコシ　35．ジャガイモ　36．アイルランド
37．サツマイモ　38．トマト　39．カカオ

問題演習 問1③〔①当時女性はまだ参政権を得ておら
ず，コーヒーハウスに集うことはなかった。②カルヴァ
ンは16世紀にスイスで活動した宗教改革者。④ワット゠
タイラーの乱は14世紀のできごと〕　問2⑤　問3ウ〔茶
法は，イギリス東インド会社が13植民地で販売する茶を
免税とする法律〕　問4③〔アカプルコ貿易はポルトガル
商人ではなくスペイン商人が担った〕　問5c〔「コロン

ブスの交換」を思い出そう〕

問6 （1）この紛争はアメリカ合衆国での南北戦争である。奴隷制による綿花のプランテーションが発達し自由貿易を主張した南部と，工業化により資本主義が発達し奴隷制反対と保護貿易を主張した北部は対立していた。(97字)〔綿花輸出グラフの読みとりだが，問題そのものは南北戦争の構図を問うオーソドックスなもの〕

（2）大恐慌の発生後，アメリカはフランクリン＝ローズヴェルト政権のもとでニューディール政策をとり，政府主導で経済回復をめざし，外交では善隣外交を展開し市場拡大をはかった。イギリス・フランスは自国の植民地との排他的なブロック経済をとった。一方，ドイツではナチ党政権が誕生し，イタリアでもすでに成立していたファシスト政権のもと，植民地や資源にとぼしく経済基盤の弱い両国では全体主義が台頭し，対外侵略を進めた。(199字)〔これも，コーヒー輸出グラフの読みとりだが，問題としては大恐慌後の各国の対応を問うもの〕

問7 16世紀以降ポルトガルはアジアに進出し，<u>日本銀</u>と絹や陶磁器などの中国物産を交換する日明貿易で利益を得た。同時期にスペインはアメリカ大陸で<u>ポトシ</u>などの銀山を開発し，その銀をマニラに運び中国物産と交換するアカプルコ貿易をおこなった。大量に銀が流入した明では税を銀納に一本化する<u>一条鞭法</u>が導入された。またアメリカ大陸の銀はヨーロッパにも流入し，<u>価格革命</u>がおきて物価が高騰した。<u>アントウェルペン</u>などの大西洋岸を中心とした西欧では商工業が発展する一方，東欧ではグーツヘルシャフトのもとで西欧への輸出用穀物が生産されるなど，国際分業体制が始まった。17世紀前半，オランダは東インド会社を設立してアジア貿易に進出し首都アムステルダムは国際商業と金融の中心として発展した。しかし，17世紀後半の英蘭戦争の結果，覇権はイギリスに移った。18世紀，イギリスではインド産綿織物の輸入が増加し，それに対応するため18世紀後半に産業革命が始まった。また，対中貿易では茶などの中国物産の対価として銀による支払いが続いていた。(443字)〔語群から論述の方向性はみえてくると思うが，「16〜18世紀の銀を中心とした世界経済の一体化の流れ」という大きな設問なので，全体の構成をしっかりおこなうこと。また，銀と直接関係のないことにはふれないこと〕

20-1 東西交流の歴史①——「草原の道」「オアシスの道」(p. 149〜152)————————

解説 1．スキタイ 2．匈奴 3．フン 4．五胡 5．柔然 6．突厥 7．エフタル 8．ウイグル 9．トルキスタン 10．カラハン 11．アヴァール 12．カール大帝 13．マジャール 14．オットー1世 15．ハンガリー 16．プラノ＝カルピニ 17．ルブルック 18．ルイ9世 19．絹 20．隊商交易 21．カナート 22．ソグド 23．バクトリア 24．張騫 25．敦煌 26．大乗仏教 27．班超 28．仏図澄 29．法顕 30．鳩摩羅什 31．景教 32．玄奘 33．製紙 34．ムスリム商人 35．マルコ＝ポーロ 36．モンテ＝コルヴ

ィノ 37．ヘディン 38．スタイン 39．天山北路 40．天山南路 41．西域南道 42．敦煌 43．西域 44．クチャ(亀茲) 45．西域都護府 46．サマルカンド 47．ブハラ

20-2 東西交流の歴史②——「海の道」，ヨーロッパ人の海外進出とその後の展開(p. 153〜160)————

解説 1．季節風 2．香辛料 3．港市国家 4．サータヴァーハナ 5．エリュトゥラー海案内記 6．扶南 7．チャンパー 8．大秦王安敦 9．ヒンドゥー 10．法顕 11．シュリーヴィジャヤ 12．義浄 13．蕃坊 14．黄巣の乱 15．ジャンク 16．陶磁器 17．泉州 18．市舶司 19．火薬 20．杭州 21．ザイトン 22．フビライ 23．マジャパヒト 24．モルッカ(マルク・香料) 25．前期倭寇 26．海禁 27．鄭和 28．マラッカ 29．琉球 30．ダウ 31．マリンディ 32．スワヒリ 33．チョーラ 34．パガン 35．マラッカ 36．ヴィジャヤナガル 37．イブン＝バットゥータ 38．カーリミー 39．アデン 40．商業の復活 41．ヴェネツィア 42．東方貿易(レヴァント貿易) 43．トレド 44．世界の記述(東方見聞録) 45．モンテ＝コルヴィノ 46．羅針盤 47．アメリカ大陸 48．商業革命 49．バルトロメウ＝ディアス 50．ヴァスコ＝ダ＝ガマ 51．カブラル 52．ディウ沖 53．ゴア 54．マラッカ 55．マカオ 56．コロンブス 57．マゼラン 58．マニラ 59．バタヴィア 60．アンボイナ 61．台湾 62．アチェ 63．バンテン 64．マタラム 65．アユタヤ 66．後期倭寇 67．朱印船 68．日本町 69．鎖国 70．華僑 71．広州 72．公行

問題演習 **問1** ③〔マラッカ王国は清ではなく明との海上交易で繁栄した〕 **問2** （1）①〔②染付は漆器ではなく陶磁器。③製紙法は中国からイスラーム世界へ伝わった。④東南アジアの香辛料がヨーロッパへ輸出された〕（2）②〔aは「草原の道」，cは「海の道」。また，④〜⑥「王の道」はアケメネス朝ペルシアで整備された公道〕 **問3** ①〔仏教がはじめて中国に伝わったのは1世紀頃〕 **問4** ④〔徐光啓は明末の16世紀後半〜17世紀前半の人物〕 **問5** ①〔レパントの海戦に敗れたのはオスマン帝国〕 **問6** (a)馬，(b)マルコ＝ポーロ **問7** チョーラ朝 **問8** ③〔タラス河畔の戦いはアッバース朝時代のできごと〕 **問9** d〔『エリュトゥラー海案内記』を著したのはペルシア人ではなくギリシア人〕 **問10** 紀元前後のローマ・インド間の海上交易については，1世紀頃にギリシア人の船乗りが『エリュトゥラー海案内記』を書き残している。それによれば，アラビア半島南西岸とインド西岸とのあいだに季節風(モンスーン)を利用する航路が発達し，インドとローマ帝国は「海の道」による交易をさかんにおこなっていた。インドからは香辛料や綿布などが輸出され，ローマからは金貨やガラスなどがもたらされた。前1世紀頃デカン高原に成立したサータヴァーハナ朝は，このインド洋交易で栄えた。また「海の道」は東南アジアから中国にもつながっており，現在のベトナム南部に位置する港市国家扶南の港

オケオからは漢の鏡やローマ金貨が発掘されている。(300字)〔交易のあり方については季節風を利用したことや具体的な交易品を記すこと。また，サータヴァーハナ朝やオケオは「影響」に関連してもちいると良い〕

問11 ヴェネツィアとジェノヴァは，両都市とも地中海に面した北イタリアの都市で，中世に都市共和国となった。11～12世紀の商業ルネサンスの頃に遠隔地貿易が活性化するなかで，ヴェネツィアもジェノヴァも，アジアからの香辛料とヨーロッパ産の銀や毛織物を扱う東方貿易で繁栄した。また，カーリミー商人などのムスリム商人との交易も両都市に繁栄をもたらした。(166字)〔取り上げる二つの都市は任意だが，書きやすさなどを考慮してヴェネツィアとジェノヴァとした。リューベックとハンブルクなどでも良いし，泉州や広州などアジアの海港都市を取り上げる方法もあるだろう〕

21 交通・運輸の歴史(p. 161～168)————
解説 1．ガレー 2．三段櫂船 3．ダウ 4．ジャンク 5．ヴァイキング 6．亀甲 7．大航海 8．ガレオン 9．アカプルコ 10．東インド会社 11．蒸気 12．フルトン 13．文帝 14．煬帝 15．フビライ 16．石炭 17．レセップス 18．ウラービー(オラービー) 19．ナセル 20．第2次中東 21．バルボア 22．アメリカ合衆国 23．トレヴィシック 24．スティーヴンソン 25．リヴァプール・マンチェスター〔順不同〕 26．大陸横断鉄道 27．ジーメンス 28．シベリア鉄道 29．バグダード鉄道 30．日清 31．南満州鉄道株式会社 32．幹線鉄道の国有化 33．ダイムラー 34．フォード 35．戦車 36．ライト 37．リンドバーグ 38．サラミス 39．アクティウム 40．ディウ沖 41．マムルーク 42．プレヴェザ 43．レパント 44．エリザベス1世 45．フェリペ2世 46．ネルソン 47．トラファルガー 48．ナヴァリノ 49．北洋 50．潜水艦 51．ミッドウェー

問題演習 **問1** ④〔①ガレー船。②蒸気船。③ジャンク船〕 **問2**③ **問3**④〔(b)アデンはアラビア半島の南端に位置する〕 **問4**③〔①アントニウスは敗北し，オクタウィアヌスが勝利した。②イギリス艦隊が勝利した。④アメリカ艦隊が勝利した〕 **問5**②〔最初の市舶司がおかれたのは揚州ではなく広州〕 **問6**(1)鄭和 (2)駅伝制(ジャムチ，站赤) (3)ダウ船 (4)マンチェスター (5)フルトン，サバンナ号 (6)c (7)アブデュルハミト2世，イスタンブル (8)鉄道敷設権 (9)ウラジヴォストーク (10)電気機関車(電車)

22 中国文化史(p. 169～179)————
解説 1．孔子 2．孟子 3．易姓革命 4．荀子 5．董仲舒 6．五経 7．訓詁学 8．科挙 9．孔穎達 10．士大夫 11．周敦頤 12．朱熹(朱子) 13．四書 14．陸九淵 15．四書大全 16．陽明学 17．王守仁(王陽明) 18．考証学 19．黄宗羲 20．銭大昕 21．公羊 22．康有為 23．老子 24．太平道 25．雲崗 26．浄土宗 27．清談 28．寇謙之 29．ゾ

ロアスター教 30．禅宗 31．白蓮教 32．全真教 33．チベット仏教 34．ツォンカパ 35．イエズス会(ジェズイット教団) 36．法顕 37．仏国記 38．玄奘 39．大唐西域記 40．義浄 41．南海寄帰内法伝 42．プラノ＝カルピニ 43．ルブルック 44．モンテ＝コルヴィノ 45．マルコ＝ポーロ 46．世界の記述(東方見聞録) 47．マテオ＝リッチ 48．坤輿万国全図 49．アダム＝シャール 50．皇輿全覧図 51．カスティリオーネ 52．円明園 53．陶淵明(陶潜) 54．四六駢儷体 55．李白 56．杜甫 57．韓愈 58．欧陽脩 59．蘇軾 60．元曲 61．西廂記 62．西遊記 63．紅楼夢 64．司馬遷 65．班固 66．司馬光 67．集史 68．永楽大典 69．康熙字典 70．四庫全書 71．顧愷之 72．呉道玄 73．院体画 74．文人画 75．徽宗 76．董其昌 77．唐三彩 78．青磁 79．染付 80．赤絵 81．始皇帝 82．王羲之 83．顔真卿 84．蔡倫 85．木版印刷術 86．火薬 87．羅針盤 88．郭守敬 89．本草綱目 90．徐光啓 91．天工開物 92．海国図志

問題演習 **問1**②〔a(宋代) → c(明代) → b(清代)〕 **問2** 設問1．ア〔アの顧憲成は明代の政治家・学者〕 設問2．イ〔『資治通鑑』を著したのは欧陽脩ではなく司馬光〕 設問3．ア〔イは唐代の儒学者。ウ・エは唐代の書家〕 設問4．エ〔エの『聊斎志異』は清代の伝奇短編集〕 設問5．ウ〔アは唐代の画家。イは唐代の書家。エは元代の科学者・官僚〕 設問6．イ〔『金瓶梅』は明末の新興商人層の欲望に満ちた生活を描いた口語小説〕 設問7．ア〔李贄は男女平等などを主張し，危険思想家として迫害され，獄中で自殺した〕 設問8．ウ〔フェルビーストではなくブーヴェ。フェルビーストは中国名を南懐仁といい，「坤輿全図」を作成したり大砲を製造するなどした〕 **問3** 設問1．①〔王維は盛唐時代の詩人〕 設問2．④〔『資治通鑑』の著者は王安石ではなく司馬光。また，司馬光は唐宋八大家には入っていない〕 設問3．②〔『四書大全』ではなく『四書集注』〕

問4 元はモンゴル人が建てた王朝であり，漢民族は漢人・南人に区別され，科挙が一時中止されるなど，中国の伝統的な知識層である儒教知識人は冷遇されることが多かった。明は漢人の王朝で，中国文化の回復につとめた。朱子学を官学とし，科挙制を整備した。永楽帝の時代には科挙での経典解釈の正しい基準を示すため，『四書大全』『五経大全』などが編纂された。一方，朱子学への批判から王陽明が陽明学を創始した。また，明末清初にかけてはイエズス会の宣教師の活動の影響もあり，科学技術への関心も高まった。清は女真族が建てた王朝であるが，元とは異なり，科挙を重視し，『康熙字典』『四庫全書』などの大規模な編纂事業をおこなって漢人の知識人を優遇した。儒学では文献を実証的に研究する考証学が発達した。清末に欧米列強による進出が始まると，康有為などが実践的な変革を主張する公羊学を展開した。(375字)〔盛り込むべき内容は多いので細かい事象にふれずに整理して書くこと。支配体制と社会情勢に関連させることを忘れないようにしたい〕

12

【解説】1．ドーリア　2．イオニア　3．コリント　4．コロッセウム　5．水道橋　6．凱旋門　7．ビザンツ　8．ハギア＝ソフィア　9．バシリカ　10．ロマネスク　11．ピサ　12．ゴシック　13．ケルン　14．ルネサンス　15．サンタ＝マリア　16．サン＝ピエトロ　17．バロック　18．ヴェルサイユ　19．ロココ　20．サンスーシ　21．アール＝ヌーヴォー　22．ガウディ　23．フェイディアス　24．ミロのヴィーナス　25．ラオコーン　26．サモトラケのニケ　27．イコン　28．遠近　29．ジョット　30．ボッティチェリ　31．ドナテルロ　32．レオナルド＝ダ＝ヴィンチ　33．モナ＝リザ　34．ミケランジェロ　35．ダヴィデ像　36．ラファエロ　37．フランドル　38．ファン＝アイク　39．ブリューゲル　40．デューラー　41．ホルバイン　42．エル＝グレコ　43．ムリリョ　44．ベラスケス　45．ルーベンス　46．レンブラント　47．フェルメール　48．ワトー　49．古典　50．ダヴィド　51．ロマン　52．ドラクロワ　53．ゴヤ　54．写実　55．クールベ　56．自然　57．ミレー　58．印象派　59．マネ　60．モネ　61．ルノワール　62．後期印象派　63．セザンヌ　64．ゴーガン　65．ゴッホ　66．ミュシャ　67．ロダン　68．表現　69．ムンク　70．マティス　71．立体派　72．ピカソ　73．超現実　74．ダリ　75．ウォーホル　76．バッハ　77．ヘンデル　78．モーツァルト　79．ベートーヴェン　80．シューベルト　81．ショパン　82．ヴァーグナー　83．ヴェルディ　84．スメタナ　85．ドヴォルザーク　86．ドビュッシー　87．ストラヴィンスキー　88．シェーンベルク　89．ジャズ

【問題演習】問1④〔④はイタリアのラヴェンナにある建築物。①はドイツのポツダムにあるロココ様式の建築物。②はドイツのケルンにあるゴシック様式の建築物。③はフランスのヴェルサイユにあるバロック様式の建築物〕　問2②　問3(1)ドーリア式　(2)ロマネスク様式　(3)サンスーシ宮殿　問4①　問5②〔『四使徒』はドイツのデューラーの作品〕　問6設問1．ア　設問2．超現実主義（シュルレアリスム）　設問3．ア〔イからエはいずれも説明としては適切ではない〕　設問4．ル＝コルビュジエ